터번의 문화정치

-시크의 초국가적 민족주의-

터번의 문화정치

-시크의 초국가적 민족주의-

김 경 학 저

전남대학교출판부

▌책을 내면서

인도를 지역으로 삼아 인류학적 연구를 해 오는 필자는 인도에서 터번을 두른 사람들을 자주 접하게 된다. 그러나 터번을 착용하고 있는 인도 사람들도 그 사람이 누구냐에 따라 터번착용의 방식과 모양새에 차이가 있다. 예컨대 라자스탄 주 남성의 터번 착용과 본 연구서의 대상인 시크의 터번착용 간에는 그 방식과 모양새 그리고 그 의미에 있어서 큰 차이가 있다. 라자스탄 남성들의 터번착용과는 달리 시크에게 터번착용은 종교적 요구이면서 시크 정체성을 규정해 주는 핵심적 상징물이다.

필자는 인도사회에 대한 연구를 주로 힌두교를 믿는 힌두를 중심으로 십여 년 이상 수행해 왔다. 세계 도처에 거주하는 인도인 디아스포라에 관심을 가진 지난 4-5년 사이에 시크 집단은 필자에게 가장 매력적인 연구대상으로 자리 잡았다. 인도의 전체 인구 가운데 약 2%에 불과한 시크들은 해외에 거주하는 전체 인도인 디아스포라 인구의 약 15%나 차지하고 있을 정도로 해외 진출이 활발했다. 게다가 해외에 나가 사는 상당수의 시크들이 정착 사회의 눈을 의식하지 않고 터번을 착용하고 턱수염을 길고 다니는 등 자신들의 종교적 정체성을 '뚝심 좋게' 지키고 있다.

필자가 시크 사회에 대해 특별한 관심을 보이게 된 것은 '인도인 디아스포라' 연구와 '아시아 민주주의와 국가폭력'에 대한 한국학술진흥재단의 프로젝트를 수행하면서였다. 시크들은 역사적으로 북미와 영국으로 국제 이민을 유난히 많이 갔다. 캐나다 밴쿠버의 시크 사회에 대한 현지조사를 수행하면서 해외 시크들의 종교적 상징물의 유지와 포기의 메커니즘 뿐 만 아니라 '초국가적 시크 민족주의'의 현주소를 말해주는 '칼리스탄 운동'(Khalistan movement)의 양상들을 볼 수 있었다. 사실 현대 칼리스탄 운동은 1984년 인도 델리에서 자행된 '시크 대학살'과 밀접하게 관련되어 있다. 지난 3년에 걸친 시크 대학살과 저항운동에 관한 연구는 글로벌 시크 민족주의와 시크 디아스포라 연구로 다시 연결되어 있다.

본 연구서는 시크 사회에 대한 필자의 지난 몇 년의 기존 연구 논문들에 일부 새로운 글들이 합쳐진 시크 관련 전문 학술서적이다. 지난 3-4년 동안에 수행된 인도인 디아스포라와 델리 대학살에 관한 연구 결과물은 "정체성의 정치: 캐나다 시크사회를 중심으로"(『한국문화인류학』 2006), "국제이주와 펀자브의 이주문화"(『국제지역연구』 2007), "국가폭력의 양상과 그 성격: 1984년 인도 시크 대학살 사건을 중심으로"(『민주주의와 인권』 2007), "델리 시크 대학살 이후 시크의 저항: 인도 국내외 칼리스탄 운동을 중심으로"(『민주주의와 인권』 2008)라는 제목으로 국내의 전문 학술지에 각각 발표된 바 있다. 이들은 본 연구서의 제4장, 5장, 7장에 알맞게 재편집되었다. 또한 제3장은 『국제지역연구』에 발표된 "시크 종족성의 성격: 근원주의와 상황주의의 통합적 접근"(2003)이 그리고 제2장은 『인도연구』에 "인도 근대 사회의 카스트의 지속과 변화: 카스트의 위계에서 생활양식으로의 전환"(1999)이 각각 본 연구서의 구성에 따라 재편집되었다. 한편 본 연구서의 제1장과 2장의 시크와 시크교의 역사 및 카스트에 관련된 내용은 책의 출판을 위해 별도로 새롭게 작성되었다. 기존 연구물과 새롭게 작성된 글들은 내용 면에서 상호 중복되지 않게 재편집되었으며, 이 과정에서 불필요한 부분은 삭제되고 서술 상 필요한 부분은 보완되었다. 그리고 본 연구서에 게재된 사진들은 글의 내용의 이해를 돕기 위해 필자, 그리고 함께 연구하였던 동료의 사진자료와 관련 인터넷 사이트에서 수집되었다.

본 연구서가 나오기까지 필자는 많은 사람에게 신세를 졌다. 인도인 디아스포라 연구에 늘 방향을 제시해 주시는 필자의 박사논문 지도 교수이신 라빈드라 쿠마르 제인(Prof. Ravindra Kumar Jain) 교수님께 감사드린다. 그리고 지난 3년 동안 '인도인 디아스포라'와 '아시아 민주주의와 국가폭력'을 함께 연구하였던 모든 선생님들께 이 자리를 빌려 감사함을 전한다. 특별히 필자와 시크 연구를 위해 캐나다 밴쿠버와 인도 펀잡에서 현지조사를 함께 하였던 전남대학교 조정규 박사에게 그간의 고마움을 표한다. 또한 캐나다와 인도에서 필자에게 자신들의 이야기를 허심탄회하게 해주고 필요한 정보와 인터뷰 대상을 소개해 주는 등 필자의 연구에 적극적인 도움을 준 모든 시크들에게 깊은 감사를 표한다.

마지막으로 필자의 연구물에 산뜻한 겉옷을 위해 표지 작업을 해준 전남대학교 인류학과 박사과정 신창운과 책의 출판에 도움을 준 전남대학교와 출판부 편집진에게도 감사를 드린다.

2008년 11월

김 경 학

책을 내면서_ 5

제1부 시크 역사와 시크 민족주의

제1장 시크교와 시크역사_ 13
1. 구루의 시대 ___13
2. 19세기 '싱사바 운동'과 '아칼리 운동' ___23
3. 인도 독립과 편잡의 분리 ___35

제2장 시크와 카스트_ 41
1. 시크교와 카스트 차별 ___41
2. 다양한 시크 카스트 ___51

제3장 시크 종족성과 정체성_ 56
1. 시크 정체성 ___58
2. 독립이후 인도 정치와 편잡의 정치적 상황 ___64
3. 시크의 소수화와 시크 종족성의 전개과정 ___68
4. 종족성과 정체성: 근원주의와 상황주의의 조화 ___73

제4장 시크 대학살과 칼리스탄 운동의 전개_ 75
1. 편잡의 정치적 지형과 시크 정치 ___76
2. 1984년 델리 시크 대학살 사건 ___83
3. 델리 시크 대학살 이후의 편잡 정치와 시크의 저항 ___107

제5장 시크의 초국가적 민족주의_ 124
1. 해외 시크의 칼리스탄 운동___124
2. 터번의 문화정치 :
캐나다 시크의 정체성의 정치___132
3. 왜 해외에서 시크 저항은 지속되나?___165

제2부 시크사회의 사회 · 문화적 경관

제6장 시크 지배적인 인도 농촌사회의 사회 · 문화적 성격_ 177
1. 인도 시골마을, 사단와스___177
2. 시크 지향적 생활 방식___183
3. 위계의 약화 : 카스트의 내부 관계___191
4. 서로 다른 카스트간의 상호 관계___195
5. 위계에서 생활양식으로___202

제7장 국제 이주와 시크의 '이주문화'_ 204
1. '이주문화'와 시크의 국제이주___208
2. 편잡 지방의 '이주문화'의 현주소___216
3. 편잡의 국제이주 전망___241

참고문헌_ 244

찾아보기_ 258

제1부

시크 역사와 시크 민족주의

제1장___**시크교와 시크역사**

제2장___**시크와 카스트**

제3장___**시크 종족성과 정체성**

제4장___**시크 대학살과 칼리스탄 운동의 전개**

제5장___**시크의 초국가적 민족주의**

제1장 시크교와 시크의 역사

1. 구루의 시대

시크교의 창시자인 구루 나낙(Guru Nanak: 1469년~1539년)이 활동하던 시크교 초기 시대에 나낙을 추종하던 사람들은 '나낙의 공동체'(Nanak Panthi)로 불렸다. 당시 나낙의 제자가 되기 위해서는 신에게 헌신하고 신을 사랑하는 마음인 '박티'(*bhakti*)를 인생의 중심으로 삼고 신의 이름을 찬양하면서 신의 본질에 대해 깊이 명상할 것이 요구되었다. 그러나 당시에는 나낙을 추종한 사람들과 힌두와 무슬림을 구분 지을 필요를 느끼지 못하였다(Oberoi, H. 1994). 따라서 이들은 힌두 축제를 즐기고 카르마(*karma*)와 삼사라(*samsara*)와 같은 힌두 철학과 믿음을 지니고 있었다.

펀잡에 살고 있던 시크들은 17세기까지도 펀잡의 힌두와 무슬림으로부터 자신들의 정체성을 구분 짓는 일에 큰 관심이 없었다. 이들은 의례를 지향하는 브라만주의(brahmanism)에 따른 삶의 방식이 아닌 단순하고 정결한 삶을 영위하는 것 자체가 자신들을 다른 종교집단으로부터 쉽게 구분시켜 줄 수 있을 것이라 믿고 있었기 때문이었다(Shackle, C. 1995). 이 당시에 '시크'(Sikh)란 구루의 '제자'를 의미할 뿐이었다. 사실 구루 나낙은 특별한 종교운동을 창도하기보다는 타인을 구원으로 이끄는 데에 관심이 있었으며, 이것이 바로 그의 핵심적 가르침의 내용이었다.

이렇게 시크시대의 초기에 자신들만의 정체를 의도적으로 구분지으려 하지 않았지만, 시크 공동체는 나름대로 자신들을 구분지을 일부 근거가 필요했던 것으로 보인다. 우선 구루 나낙은 힌두와 무슬림 경전이 아닌 자신의 찬양집을 제자들에게 사용하도록 하였다. 그는 자신에게 현현된 신을 통해 드러나는 진리가 자신의 찬양집에 고스란히 깃들어 있다고 주장하였다. 그러나 나낙이 강조했던 박티는 특정하게 신을 형상화한 이미지를 숭배하는 것이 아닌 형상 없는 신을 향한 헌신이었다. 그는 대중적인 의례주의에 매몰되어 있는 힌두 의례의 문제점을 지속적으로 지적하였다. 특히 그는 힌두 카스트제도를 비판하면서 브라만, 크샤트리아, 바이샤를 '재생 카스트'(twice-born caste)로 분류하여 이들 신분의 우월성을 상징하는 '성사(聖絲) 착용'을 스스로 거부하였다. 그는 힌두 브라만처럼 신과 인간을 중재하는 존재를 부인함으로써 자신과 추종자들이 힌두가 아님을 강조하고자 하였다. 한 마디로 시크교 초기 시대에 구루 나낙은 시크의 정체성을 드러내는 외부적인 상징물을 강조하기보다는 종교를 내면화하는 일에 시크 공동체의 주요 관심을 집중시키고자 하였다(McLeod, W. H. 1980).

시크 칼사단(the Khalsa order)의 출현 이전 즉 초기 시크 공동체 시대에 시크 공동체의 정체성을 드러낼 수 있는 외부적 상징물의 존재는 알려진 바 없었다. 따라서 당시까지는 머리를 자르지 않음을 뜻하는 '케스'(*kes*)의 중요성이 시크 공동체 내에서 언급된 바 없었다. 현재까지 초기 시크 공동체 전개에 대한 내용을 전달해 줄 수 있는 이용가능한 원전이라 인정되는 '바이 구르다스'(Bhai Gurdas)에 따르면, 시크는 이기적이고 질투심이 많고 내세우기 좋아하는 힌두와 무슬림과는 달리 이타적이고 공동체를 섬기

그림 1. 시크교 창시자 구루 나낙

며 신을 사랑하는 마음이 충만한 사람들로 묘사되어 있다. 바이 구르다스 원전은 의례주의에 매몰되어 있을 뿐 신을 생각하며 늘 자성하고 있지 않는 사람은 시크가 될 수 없다고 강조하고 있다. 또한 이 원전에는 '정신적으로 깨어 있는 자'를 의미하는 '구루므크'(*gurumukh*)는 모든 미신을 거부하고 신을 통해 행복을 느끼는 사람으로서 세상의 욕심을 뛰어 넘어 신의 이름에 대해 명상하는 자임을 강조하고 있다(Singh, J. 1998).

초기 시크 공동체 입문식의 절차에서도 시크 신앙을 외형적으로 드러내는 상징이 사용되기 보다는 입문식에 임하는 시크의 정신적인 고양만이 강조되었다. 따라서 진정한 구루므크는 죽은 후 신과 합일될 수 있는 존재이지만, 신을 명상치 않는 '만무크'

(*manmukh*)는 윤회의 틀에서 빠져나올 수 없어 윤회의 업을 받을 것이라는 믿음이 지배적이었다(Singh, J, 1998). 이상 살펴본 바대로 창시자 구루 나낙은 자신의 신앙을 외형적인 상징들을 통해 드러낼 필요가 없음을 강조하였다. 시크의 독자적인 정체성을 점차로 드러내는 외형적 표지가 등장하고 발전되기 시작한 것은 구루 나낙의 제자들에 의해서였다.

3대 구루인 구루 아마르다스(Guru Amar Das: 1479년~1574년) 시기부터 독자적인 시크 정체성의 구성을 위한 움직임이 시작되었다. 당시 시크들은 시크로 개종한 부모들의 자녀였기 때문에 시크가 된 태생적 시크들이었다. 즉 당시 시크들은 시크교에 관련된 제도화된 틀들이 없었기 때문에 구루 나낙 이후의 구루들은 다소 제도화된 시크 신앙의 필요성을 느끼기 시작했다. 구루 아마르다스는 고인드왈(Goindwal) 지역에 특정한 우물을 만들어 이를 성지화시킴으로써 일종의 시크교 성전(聖殿)을 세웠다. 이를 통해 힌두들이 성지 하르드와르(Hardwar)나 갠지스(Ganges)로 성지순례를 가듯이 시크들은 고인드왈로 성지순례를 하도록 하였다. 사실 성지를 만든 일은 창시자 나낙의 가르침에 위배되는 일이었다. 나낙이 어떤 종교적 상징도 거부했기 때문이었다. 창시자에 의해 강조된 신앙적 그림자 때문에 고인드왈과 같은 성지는 신의 말씀인 '구르바니'(*gurubani*)에 비교하자면 그 중요성은 떨어졌다. 즉 성지와 같은 상징보다는 신의 말씀이 여전히 더 중요하게 여겨졌다는 의미이다(Singh, M. 1996).

아마르다스는 일종의 구역장을 의미하는 '만지'(*manji*) 체계도 만들었다. 만지는 구루를 대신하여 사람들에게 입문식을 행할 수 있고, 일 년에 한번씩 축제 '배사키'(Vaisakhi)에 구루와의 전체 모임에 참석하였다. 이 자리에서 만지들은 자신의 상황을 전달하고 상호 의견을 교환하였다. 모든 시크들에게 일 년에 두 번 즉, 축제 배사키와 디왈리(Diwali)에 성지 고인드왈의 집회에 참석할 의무가 부과되는 등 점차 제도화된 시크 독자성이 드러나기 시작하였다(Singh, T. 1984). 아마르다스 시기에도 많은 시크의 조상은 힌두였기 때문에 상당한 시크들이 힌두 베다 경전의 영향에서 완전히 자유롭지 못함을 아마르다스는 알고 있었다. 따라서 구루 아마르다스는 구루 나낙의 가르침을 모은 경전 즉 '고인드왈 포티스'(Gindval Pothis)를 만들어 이를 구역별 집회에서 시크 경전으로 사용하게 요구함으로써 시크의 종교적 모임에 더 이상 힌두 경전이 동원되지 않도록 노력하였다(Singh, P. 1999: 79).

제 5대 구루였던 구루 아르잔(Guru Arjan: 1563년~1606년) 시절에 힌두 자트(Jats) 카스트들의 대대적인 개종에 따라 시크교는 펀잡 중부지역에서 강력한 신앙적 입지를 굳히게 되었다. 구루 아르잔은 후일 가장 신성한 시크 성지인 '황금사원'(Golden Temple)이 된 '하만디르 사힙'(Hamandir Sahib)을 세우고, 그 속에 구루들의 말씀인 '아디 그란티'(Adi Granthi)를 비치함으로써 당시에 시크 정체성을 고양시키고자 하였다. 아디 그란티는 초대부터 5대에 이른 구루들의 말씀이 집대성된 경전이며 후일 '구루 그란티 사힙'의 원전이 되었다. 아디 그란티의 집대성으로 시크 종교적 집회에는 더 이상 베다경전이나 쿠란이 동원될 필요가 없었다. 시크 교세의 확장이 외형적으로 두드러지게 되자 당시 구루였던 아르잔은 1606년 무갈제국 황제였던 자항기르(Jahangir)에 의해 순교를 당하였다. 그러나 그의 순교는 평화적인 성격의 종교운동을 지향했던 시크교가 상무적(尙武的)인 성격으로 전환되게 된 계기가 되었다.

아르잔의 아들인 6대 구루 하르고빈드(Guru Hargobind: 1595년~1644년)는 '미리-피리'[1](*miri-piri*) 개념을 도입하여 구루의 세속적이

1) 제 6대 구루 하르고빈드는 두 개의 칼을 그의 대관식에서 부여받았는데 그 중 하나는 영적권위를 상징하는 피리(*piri* :페르시아어의 종교지

고 종교적인 권위라는 개념을 도입하였다. 그는 아버지의 순교를 되새기며 펀잡의 암리차르(Amritsar)에 견고한 도성을 구축하였다. 그리고 시크 종교적 권위의 상징인 '황금사원' 맞은편에 시크의 세속적인 권위의 상징인 '아칼 타크트'(Akal Takht)를 만들었다. 구루 하르고빈드는 세속적인 권위와 종교적인 권위의 결합을 상징하는 두 자루의 칼을 착용함으로써 미리-피리 전통을 공고히 하였으며, 이러한 전통은 마지막 10대 구루였던 구루 고빈드 싱(Guru Gobind Singh: 1666년~1708년) 시대에 정점에 이르렀다.

고빈드 싱은 근대 시크 정체성의 기초를 다지는 획기적인 역할을 하였다. 고빈드 싱은 1699년 시크의 신년에 해당하는 배사키 축제에서 칼사(Khalsa)단을 발족시켜 시크로 하여금 5Ks라는 외형적 상징물을 항시 착용하도록 요구하였다. 5Ks는 케스(*Kes*: 자르지 않은 머리), 캉가(*Kangha* : 머리 빗), 카차(*Kaccha* : 순결을 상징하는 하의), 카라(*Kara* : 헌신의 상징인 철제 팔지), 키르판(*Kirpan* : 자기 방어와 명예, 힘의 불굴의 정신의 상징인 검)을 말하는데, 고빈드 싱은 시크들의 외형적 상징물들을 엄수하는 행동규범을 강조하였다. 성년식을 거행함으로써 정식으로 착용되는 5Ks의 엄수는 시크가 외형적으로 힌두와 무슬림과 구분되는 중요한 계기로 작용하였다. 칼사 시크 남성에게는 '싱'(Singh)이, 여성에게는 코르(Kaur) 라는 공통된 성이 부여되었다.

고빈드 싱은 힌두의 화신(*avatar*) 개념, 카스트제도, 브라만적 의례 등의 부절적성을 지적함으로써 시크를 힌두로부터 구분 짓고자 하였다. 다른 한편으로 할랄(*halal*) 고기를 먹지 못하게 하고 여성들의 얼굴을 가리는 파르다(*pardha*) 관습을 중지시킴으로써

도자를 뜻하는 *pir*에서 나옴)를 부여받았으며 다른 하나는 세속적 권위를 상징하는 미리(*mir* : 지휘관을 의미하는 *amir*에서 나옴)를 부여받았다고 한다(Jeffrey, R. 1987).

시크를 무슬림으로부터도 구분 짓고자 하였다. 사실 1699년에 구루 고빈드 싱이 시크들에게 터번착용을 시크 행위 규범의 하나로 강조했는가는 확실치 않지만, 머리를 자르지 않은 케스다리(*keshdhari*)가 외형상으로 시크의 전형적인 상징으로 자리를 잡게 되었다. 오늘날에도 터번착용은 머리를 기른 케스다리 시크를 다른 신앙인들로부터 구분지어 주는 외형적으로 가장 분명한 시크의 상징이다. 사실 구루 고빈드 싱이 담배와 같은 중독성 물질을 소비하지 말 것, 할랄 고기를 먹지 말 것, 간통하지 말 것과 함께 머리를 자르지 말 것을 시크가 지켜야할 계율의 하나로 강조했기 때문에, 케스다리를 정상적인 시크로 보는 전통이 당시부터 있었다고 추정할 수 있을 것이다.

고빈드 싱이 칼사를 제도화 한 것은 시크와 타 종교를 구분지음으로써 시크만의 정체성을 강조하기 위해서였으며, 이러한 그의 노력은 시크로서의 의식을 고양시켰다. 고빈드 싱이 칼사의 모든 규범을 만들지는 않았지만, 그가 만든 규범에 시간이 지나면서 다른 항목들이 추가되어 종국에 가서 라히트나마(*rahitnama*)라는 형태의 공식적인 시크의 규칙과 규율이 등장하게 되었다.

구루 고빈드 싱은 칼사 입문식을 거친 후 5Ks가 의무적으로 요구되는 아므리트다리(*amritdhari*)와 그렇지 않은 사하즈다리(*sahaj-dhari*) 모두에게 칼사라는 용어를 사용함으로써 그는 모든 시크 제자들에게 칼사라는 용어를 적용하였다. 이는 비록 5Ks를 엄격하게 지키지 않는 사하즈다리 가운데서도 뛰어난 시크들이 있었기 때문에 그가 이런 결정을 했었을 것으로 추정한다. 이런 점에도 불구하고 그가 외형적인 상징물을 시크들에게 적용할 것을 요구하는 칼사를 제도화 한 것은 우선적으로 시크를 이슬람 신자들과 구분 짓고자 하는 의도가 있었지 않았을까 추정된다. 사실 펀잡지방은 북쪽으로부터 인도로 들어오는 관문이었고 당시 인도에

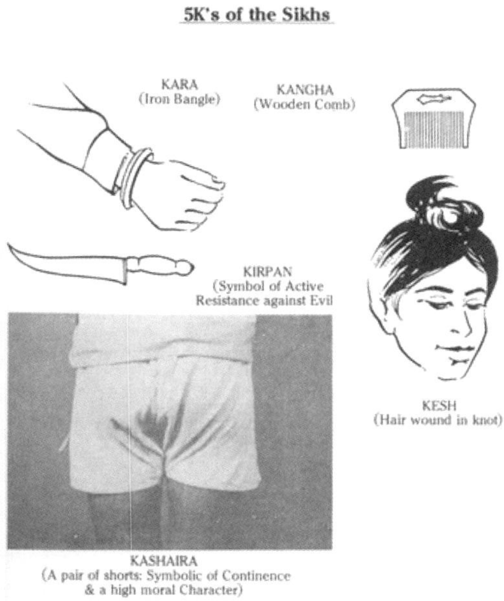

그림 2. 시크 칼사가 엄수해야 할 5Ks

침입했던 가장 강력한 세력이 이슬람 세력이었기 때문에 이러한 추정이 가능할 것으로 보인다.

구루 고빈드 싱이 칼사단을 창단한 중요한 계기는 그의 아버지 구루 테그 바하두르(Guru Tegh Bahadur: 1621년~1675년)가 1675년 무갈 황제 아우랑제브(Aurangzeb)의 손에 의해 델리(Delhi)에서 공개적으로 참수당한 사건이었을 것으로 추정한다. 또한 고빈드 싱은 당시 무슬림 세력이 두려워 자신이 시크임을 감추고자 했던 제자들이 있음을 인지하고서, 제자들을 용맹스럽게 훈련시킴으로써 그들이 당당하게 무갈제국에 대항할 수 있도록 하고자 칼사단을 세웠을 것으로 추정하고 있다. 이때부터 칼사단 시크들은 5Ks라는 외형적인 상징물들의 착용을 엄수함으로써 자신들의 정체성을 강력한 상무적 집단으로 인식시키게 되었다. 당시에도 외부적으로 시크 정체성을 가장 중요하게 드러내는 상징은 터번착용이었으며, 오늘날에도 터번착용은 시크의 가장 주요한 상징으로 인식되고 있다. 터번을 착용함으로써 시크와 비 시크가 외형적으로 쉽게 구별되기 때문이다(Takhar, K. O. 2005).

1708년 구루 고빈드 싱은 죽기 전에 반다 바하두르(Banda Bahadur)를 군총사령관으로 지명하여 시크교와 시크 공동체의 안위를 지키도록 명령하였다. 바하두르는 시크 공동체인 '판쓰'(Panth)를 이끌면서 무갈제국과의 여러 번의 전투에서 승전하였다. 비록 바하두르가 펀잡의 시르힌드(Sirhind) 지역에 시크 정권을 세웠지만 오래 지속하지는 못하고 무갈 황제 바하두르 샤(Bahadur Shah)에 의해 체포되어 델리에서 참수되었다. 당시 무갈제국의 시크에 대한 탄압이 극심하여 많은 시크 칼사들의 피해가 뒤따랐다. 무갈제국의 탄압을 두려워 한 상당수의 칼사 시크들은 칼사의 외형적 상징물들을 감추기 시작하였는데, 이것을 계기로 하여 시크 집단 내에 사하즈다리 시크의 수가 급격히 늘어났다.

그러나 1799년 마하라자 란지트 싱(Maha Raja Ranjt Singh: 1780년~1839년)은 19세의 나이로 권력을 장악한 후 펀잡지역에서 무갈제국 세력을 패망시키고, 펀잡지역의 중부와 서부, 물탄(Multan), 캐시미르(Kashmir), 페샤와르(Peshawar) 지방에 걸친 영역에 '시크제국'(Sikh Empire)을 세웠다. 란지트 싱은 시크임에도 불구하고 종교에 심취한 사람은 아니었기 때문에 특정 종교에 편향되지 않으면서 자신의 왕국을 통치하였다. 그는 펀잡 지역에 단순히 시크 왕국을 세우기보다는 '펀자비' 왕국을 세우려 하였다. 시크교에 대한 거리두기에도 불구하고, 그는 암리차르의 하만디르 사힙의 지붕을 금색으로 도색하여 현재의 황금사원을 만든 장본인이었다. 란지트 싱의 시대에서도 상당수의 시크가 힌두 관습을 여전히 따르고 있었기 때문에 힌두와 시크를 명확히 구분하는 일이 어려웠다(Grewal, J. S. 1998).

란지트 싱은 펀잡을 제외한 인도 대부분의 지역을 장악한 영국 식민정부와 화친조약을 맺었다. 이에 따라 란지트 싱은 서트레즈(Sutlej) 강 이남을 넘보지 않았으며, 영국식민정부의 통치를 받는 펀잡 내의 다른 지역의 내정에 간여하지 않았다. 1839년 병환으로 란지트 싱이 사망하자 시크 제국은 권력을 둘러싸고 란지트 싱의 친인척들 간의 갈등이 일어나 극심한 내분을 경험하였다(Singh, H. 1992). 이 틈을 타 영국군은 시크 제국을 공격하였는데 흔히 이 전투를 첫 번째 '앵글로-시크 전쟁'(First Anglo-Sikh war)이라 칭한다. 시크 제국은 영국군과의 전투에서 패전한 후 1846년에 항복하게 되었으며, 펀잡은 1849년에 영국식민정부에 의해 완전 복속되었다. 시크 제국의 마지막 황제인 달입 싱(Dalip Singh; 1838년~1893년)은 영국에 유배된 후 기독교로 개종하였으며 1893년에 프랑스 파리에서 사망하였다.

2. 19세기 '싱사바 운동'과 '아칼리 운동'

1849년 펀잡이 영국식민정부에 의해 복속된 후 외형상 5Ks를 착용한 아므리트다리 시크를 용맹하게 보았던 달하우지(Lord Dalhousie) 총독은 그들에게 영국군대에 입대할 것을 적극 권장하였다. 시크들이 영국 군대에 입대하자, 식민정부는 시크 사제인 그란티의 도움을 받아 신병의 입문식을 거행하고, 시크 병사들이 칼사의 상징물들의 착용을 엄수하도록 함으로써 시크 병사들의 외모에 신경을 썼다(Oberoi, H. 1994). 당시 영국군대는 시크 군인의 용맹성이 터번을 두르고 단도를 착용한 시크 칼사의 외모로부터 유래하는 것으로 생각했기 때문이었다. 이처럼 입문식을 거친

그림 3. 구루 그란티 사힙, 구르드와라의 중심 예배당의 핵심적인 위치에 구루 그란티 사힙이 모셔져 있다.

후 5Ks를 엄수한 시크를 진정한 시크로 인식했던 영국 식민정부가 시크 정체성을 칼사 시크로 보는 시각을 강화시키게 된 셈이다. 즉 영국식민정부의 눈에는 칼사 시크가 진정한 시크였다.

1855년 펀잡 센서스에서 시크는 여전히 힌두로 분류되고 있었다(McLeod, W. H. 1992). 1868년 센서스에 와서야 시크가 최초로 힌두로부터 구분되었지만 여전히 시크와 힌두 간의 경계는 분명치 않았다. 1891년 센서스에서는 칼사 시크만이 시크로 간주되었고, 외형적으로 5Ks를 엄수하지 않는 사하즈다리의 대부분은 여전히 힌두로 간주되었다. 19세기까지도 시크교의 의례에 일부 힌두 신들이 등장하고 브라만에게 의례집전을 부탁하는 일부 시크들이 여전히 있었다. 또한 많은 시크들이 힌두식 혼인을 따랐다.

그러나 싱사바(Singh Sabha)에 의해 시크 혼인의례 절차에 대한 규정이 만들어지고, 1909년에 아난드 혼인법(Anand marriage act)이 시크에게 적용되면서 시크는 시크식의 혼인 의례를 따르기 시작했다. 예컨대 혼인 의례에서 신부와 신랑이 신성한 불 주위를 일곱 번 도는 힌두식과는 달리 시크들은 시크 경전인 구루 그란티 사힙을 네 번 도는 절차를 따르기 시작했다(Oberoi, H. 1994).

'라히트나마'(*Rahitnama*)라는 시크 행동규범이 있었지만 19세기 무렵까지 시크들의 행동을 법적으로 통제할 권위 있는 기관은 없었다.[2] 힌두 관습을 여전히 따르고 있는 시크들을 문제 삼기 시작한 것은 19세기 후반 무렵에 활발하게 활동하였던 여러 싱사바들(Singh Sabhas)이었다. 최초의 싱사바는 1873년에 암리차르에서 발족하였으나 다양한 싱사바가 가장 활발하게 활동한 것은 1880년대 들어서였다. 초기 싱사바들은 힌두 관행을 따르는 시크들을 계도하고 구루바니를 엄격하게 지키는 일에는 열중하였으나 칼사로서의 외형적 정체성을 엄격하게 지키도록 하는 데는 큰 관심이 없었다.

19세기 말 시크 신앙의 정화에 책임을 지고 있었던 기관은 싱사바들이었다. 이들 기관들은 시크 공동체로부터 힌두 브라만적 의례를 추방시키고, 젊은 시크 세대에게 시크로서의 정체성과 자부심을 심어주었으며, 학교 개교 및 도서와 신문 출판을 통해 펀자비 언어의 보급에 책임을 다 하였다(Singh, H. 1994). 이러한 싱사바의 노력은 시크교에서 힌두 브라만적 흔적을 없애고자 하는 일련의 노력으로 여겨졌다.

한편 1877년 라호르(Lahor) 지역에 아리야 사마즈(Arya Samaj) 분원이 개원되자 펀잡 지역의 시크교는 생존의 위협을 느끼기 시작했다. 당시 아리야 사마즈는 시크를 힌두의 단순한 일개 종파에 불과하다고 선전하고 다녔다. 이러한 아리야 사마즈의 선전은 싱

2) 시크의 행동규범은 1945년 '구르드와라 중앙운영위원회'에 의해 '레하트 마르야다'(Rehat Maryada)라는 공식적인 칼사 시크 행동규범이 승인되면서 시크 행동규제에 정당성이 부여되었다. 레하트 마르야다의 공식적 승인 이전에도 물론 라하트나마와 같은 칼사 행위 규범이 있었지만 내부 조항 간에 모순과 대치가 되는 등 시크 전체에 일관적으로 적용하기 어려운 점 등이 있었다. 사실 레하트 마르야다의 내용의 대부분은 1699년 고빈드 싱이 칼사를 세우면서 규정한 레하트의 기록들에서 유래하고 있다(McLeod, W. H. 1987).

사바로 하여금 시크가 칼사 행동규범을 보다 엄격하게 지키게 하는 계기로 작용하였다. 당시 나바(Nabha)가 지은 '우린 힌두가 아니다'(we are not Hindus)라는 소책자는 그 당시 아리야 사마즈가 시크를 힌두의 일개 종파에 불과하다는 주장을 반박하기 위한 일종의 대응적 산물이었다(Grewal, J. S. 1998). 그의 소책자는 19세기 말과 20세기 초에 시크로서의 독자적인 정체성이 강조되었음을 역설한 바 있었다.

사실 아리야 사마즈는 힌두 카스트구조의 위계질서를 거부하고 브라만의 독점적인 사제직을 인정하지 않으면서 일종의 정통 힌두교에 비판적이었다. 이 점은 시크의 입장에서는 자신들의 독자적 정체성을 고양시키는데 아리야 사마즈가 일조하였다고 볼 수도 있다. 당시 아리야 사마즈 운동의 주창자인 스와미 다야난드(Swami Dayanand)는 펀잡에 도착하자마자 시크교와 시크 구루들을 공개적으로 비판하고 다니면서 시크교를 힌두교의 일개 종파에 불과하다고 설파하였다. 그러나 이러한 공개적인 그의 시크교에 대한 공격은 오히려 싱사바 열성 운동원들로 하여금 아리야 사마즈의 선전에 적극적으로 대응하게 만들었다. 즉 스와미 다야난드의 주장에 잠시 자신의 종교적 정체성의 혼란을 겪었던 일부 시크들이 아리야 사마즈의 시크에 대한 공개적 비판으로 인해 오히려 '시크는 힌두의 분파가 아니다'라는 점을 스스로 깨닫게 되었다(Singh, K. 1963).

19세기 말에 싱사바 운동이 펀잡 지방에서 활성화 된 또 다른 계기는 펀잡에서의 기독교 선교사들의 선교활동에서 찾을 수 있다. 카스트의 위계질서 없는 평등사회를 지향한다는 시크교의 주장에도 불구하고 사실 시크 집단 내에는 불가촉천민과 하위 카스트에서 시크로 개종한 자들에 대한 차별이 여전히 유지되고 있었다. 신분적 차별이 없는 진정한 평등주의를 주창하면서 적극적으로 하위 카스트 출신 시크들의 틈새를 파고든 기독교 선교 행위는 불가촉천민과 하위 카스트 시크들의 마음을 크게 흔들어 놓았다. 이러한 기독교의 선교활동 역시 싱사바들로 하여금 시크들을 기독교 세력으로부터 보호하고자 하는 적극적인 운동을 활성화시키게 하였다(Oberoi, H. 1994).

앞서 언급한 일련의 계기들은 시크 싱사바들이 결집하여 하나의 중심 조직인 '최고칼사기구'(Chief Khalsa Diwan)를 1902년경에 탄생시키게 하는 등 당시 약화 일로에 있었던 시크 공동체에 활력을 불어 넣는 계기로 만들었다. 싱사바 운동을 비롯한 각종 시크운동들이 발흥하였다는 점은 당시에도 여전히 시크 정체성이 선명하지 않았음을 반증하는 것으로 해석될 수 있다.

18세기 내내 시크와 시크 사제인 그란티에 대한 무갈제국의 핍박이 지속되자 각 지역에 산재해 있는 개별 구르드와라(Gurdwara)를 책임질 마땅한 시크를 찾는 일이 어려웠다. 이 때문에 마한트(*mahant*)로 불리는 힌두 사제가 대부분의 구르드와라를 책임지고 있었다. 당시 마한트들은 봉헌금을 착복하고 여성을 성희롱하는 등 반 종교적인 행위를 일삼고 그 부패의 도가 지나쳤다. 심지어 이들은 개별 구르드와라에 대한 소유권을 주장할 지경까지와 있었다. 구르드와라는 시크들에게 종교 활동과 회합을 위해 가장 중요한 장소이면서 자신들의 정체성의 중심이기도 했다. 그러나 마한트의 구르드와라에서의 부정부패가 지속되고 있고 이를 방치할 경우 정상적인 시크조차도 힌두로 흡수될 수 있다는 불안감이 시크들 사이에 팽배하였다.

이에 따라 '불멸의 시크 군대'를 의미하는 시크 집단인 '아칼리'(Akalis)가 구르드와라로부터 마한트를 추방시키고 이를 시크의 품으로 되돌리려는 소위 '아칼리 운동'(Akali movement)을 시작하였으며, 이 운동은 비폭력적인 성격이었다(Singh, M. 1978). 즉 힌두

그림 4. 사프론 색상의 삼각형 깃발로서 그 안에는 칸다 문양이 그려져 있으며 모든 시크 사원인 구르드와라 앞에 세워진 깃대의 가장 위에 걸려 있다

마한트를 사원에서 추방시키고, 구르드와라 경영권을 마한트에게 부여하고자 했던 영국식민정부에 대한 투쟁이 아칼리 운동이었는데, 이 운동은 1920년부터 1925년까지 계속되었다. 영국식민정부는 마한트에게 구르드와라 경영권을 줌으로써 구르드와라에서 힌두와 시크가 공동으로 의례를 수행할 수 있도록 하였다(Singh, T. 1984).

구르드와라 회복운동의 결집을 위해 아칼리는 주요 구르드와라의 운영을 책임질 중앙 기구의 필요성을 느꼈고, 이 결과 '구르드와라 중앙운영위원회'(Shromani Gurdwara Parbandhak Committee, 이하 SGPC)가 만들어졌다. 1921년에 9명의 중앙운영위원들이 선정되었는데, 위원회는 시크 사원에서 반 시크적 의례를 추방하고 사원의 통제권을 회복시키는 것을 주요 목적으로 삼았다. 평화적인 성격의 아칼리 시위에 대해 영국 식민정부의 지원을 받은 힌두 마한트들의 화력공격으로 아칼리 시위대에 엄청난 피해가 발생하였다. 마한트들과의 전면적인 충돌로 약 4천명의 시크가 사망하고 약 2천명의 부상자 발생과 약 3만 명의 시크 남녀가 구속되는 사건이 벌어졌다(Grewal, J. S. 1990). 평화적인 시위에 물리적 공격을 가한 이 사건으로 마한트와 영국식민당국은 수세에 몰릴 수밖에 없었다. 사실 영국식민정부는 모든 구르드와라가 중앙운영위원회의 권한 하에 놓이게 되면 중앙운영위원회가 결국 펀잡의 실질적인 지배 기구로 등장하는 것을 염려하였기 때문에 힌두 마한트를 지원하였다. 따라서 이러한 태도를 지닌 영국식민정부와 아칼리와의 구르드와라 통제권을 둘러싼 타협은 쉬울 수가 없었다. 그러나 지속적인 희생이 따름에도 불구하고 끊임없이 요구를 하는 아칼리 집단에게 영국식민정부는 암리차르의 황금사원의 열쇠를 포함한 펀잡지방의 모든 구르드와라 경영권을 중앙운영위원회에 건네줄 수밖에 없었다(Singh, M. 1978).

중앙운영위원회가 주요 구르드와라를 통제하게 되자 1925년 구르드와라 법안(Gurdwara Act)이 시행되었다. 이 법안은 중앙운영위원회를 시크 구르드와라의 운영과 통제에 대한 공식적인 법적 기구로 인정하였다. 이 법안에 따라 5년을 임기로 한 175명의 중앙운영위원회 위원들이 민주적으로 선출되었으며, 아칼리 운동을 실제적으로 이끌었던 '시로마니 아칼리 달'(Shromani Akali Dal, SAD)은 중앙운영위원회의 부속 정당적 성격을 띤 정치집단으로 공식화되었다. 즉 '아칼리 달'이 펀잡지방에서 시크가 중심이 된 공식적인 정당으로 발족하게 된 것이었다. 구르드와라 법안은 시크를 구루 그란티 사힙과 열 명의 구루를 믿으며 시크교 외에 다른 종교를 믿지 않는 사람이라고 규정하고 있었다(Singh, M. 1978). 여기서 다른 종교란 당시의 상황으로 판단하면 당연히 힌두교와 이슬람이었을 것이다. 그러나 이 법안은 시크가 시크의 어떤 행동규범을 따라야 하며 또한 외형적인 상징물 부착에 관한 구체적인 의무 규정은 하지 않고 있다.

따라서 아칼리 등 시크 결사체들은 시크가 준수해야 할 행동규범집을 새롭게 만들 필요성을 느꼈다. 이들이 만든 시크 행위규범인 레하트 마르야다(Rehat Maryada)는 1945년에 중앙운영위원회의 인가를 받았다. 레하트 마르야다는 시크를 다음과 같이 정의한다. 즉 시크는 유일신을 섬기되 우상 숭배를 하지 말고, 열 명의 구루와 성경 '구루 그란티 사힙'의 가르침에 따라 살아야 하며, 열 명의 구루는 하나임을 믿는데, 즉 열 명의 구루 안에는 동일한 영혼과 실체가 있음을 믿어야 한다. 또한 시크는 카스트·흑주술·각종 미신적 관습을 부정해야 하며, 자식의 머리를 자르지 않으며 아들에게는 싱(Singh)을, 딸에게는 코르(Kaur)라는

그림 5. 입문식을 거친 아무리트다리, 이동전화기를 사용하는 현대성과 5Ks를 엄수한 전통성이 어우러져 있다

성을 부여해야 한다. 더 나아가 시크는 술과 담배 등 중독성 있는 것들을 피하고, 시크 교리에 따라 일생을 살아갈 것이며, 터번을 착용한다면 어떤 옷이든 착용할 수 있다.

레하트 마르야다는 특히 입문식을 행한 아므리트다리 시크가 머리를 자르지 말 것과 항시 5Ks 착용을 엄수하도록 요구한다. 그리고 레하트 마르야다는 사하즈다리가 비록 입문식을 행하지 않았지만 이들도 시크로 인정될 수 있다고 명시되었다. 사하즈다리가 단지 아직 입문식을 행하지만 않았을 뿐 향후 가능성이 있기 때문이다. 그럼에도 불구하고 레하트 마르야다는 시크에게 입문식은 진정한 시크가 되는 매우 중요한 의례임을 규정하고 있다. 입문식을 수행했는가의 여부에 관계없이 머리를 자르지 않고 유지하고 있는 모든 시크들은 '케스다리'(kesdharis)로 불린다. 그러나 5Ks 등 외형적 정체성을 유지하고 있는 사람들이라 하더라도 입문식을 거치지 않은 케스다리는 진정한 시크로 간주되지 않는다. 이들은 아므리트다리와 사하즈다리의 중간 정도의 위치에 있는 사람으로 간주될 뿐이다. 그러나 입문식을 하지 않은 케스다리가 입문식을 행하면 아므리트다리가 된다(Cole, W. O. & Sambhi, F. S. 1998).

그러나 케스다리는 면도를 하고 머리를 자른 '모나'(mona)와는 구별되어야 한다. 모나는 터번을 착용하지 않은 사람들이다. 터번은 시크들에게 실용적인 측면보다 상징적으로 매우 중요하게 생각된다(Singh, M. 1978). 터번을 착용한 사람들이 삭발한 경우는 거의 없다. 즉 터번착용은 머리를 기르는 것, 즉 '케스'(*kes*)와 밀접히 연결되어 있다[3]. 5Ks 가운데 일반적으로 시크 정체성에 대한

---

3) 터번 착용에 대한 공식적인 행동규범은 없지만 머리를 자르지 않은 시크들이 터번을 착용하지 않는 경우는 거의 없다. 이들이 사적인 공간에서 세정을 위해 터번을 잠시 벗어 놓을 때를 제외하고 단지 긴

그림 6. 터번을 착용한 아버지, 머리를 자른 아들과 손자로 구성된 펀잡 농촌의 대가족

쟁점이 되는 것은 'kes'(자르지 않은 머리)와 관련되기 때문에 시크의 정체성이 유지되고 있는가의 여부는 해당 시크가 머리를 잘랐는가의 여부에 따라 판단된다.[4)]

한편 21세기 들어 젊은 시크 세대들을 중심으로 외형상 시크를 다른 종교집단과 구분 짓는 핵심인 '머리 기르는 일'과 '터번 착용관습'을 포기하는 사례가 시크 밀집 지역인 펀잡 주, 특히 농촌 지역에서 급격히 증가하고 있다. 이런 젊은 세대들의 수를 정확히 셀 수는 없지만 2006년 기준으로 펀잡 농촌의 약 80%에 육박하는 젊은 세대 시크들이 머리를 자른 후 자연스럽게 터번을

머리로 일상생활을 하는 시크는 없다.

4) 대체로 긴 머리는 많은 종교에서 신에 대한 개인의 헌신을 의미한다. 서양의 예수도 그렇고 심지어 힌두의 대부분의 신이 머리를 길고 있으며, 힌두 사두들 역시 그렇다. 머리에 터번을 착용하는 것은 수피와 힌두에서도 그 사례를 알 수 있다. 연장자 등 존경하는 사람 앞에서는 터번을 착용하는 것으로 이해되기 때문에 터번을 두르는 일은 종교적으로 일종의 적합한 행위의 표시라고 간주되었다(Thakar O. K. 2005).

착용하지 않는다(Dogra, C. S. 2006). 이에 따라 터번을 착용하지 않은 아들과 손자 그리고 터번을 착용한 아버지로 구성된 시크 대가족의 발견이 펀잡 농촌에서는 크게 어렵지 않다.

터번착용을 포기하는 젊은 세대 시크의 증가에 대해 전문가들은 다양한 원인 분석을 하고 있다. 농촌에 거주하는 자트 시크 가족에 터번착용 포기 사례가 더 빈번한 것은[5] 본 연구서의 후반부에서 자세하게 설명될 시크의 국제 '이주문화'와 밀접히 관련된다. 주로 북미와 유럽에 거주하는 친인척들을 연결고리로 하여 국제적인 이주를 하는 자트 시크들은 자신들이 무슬림으로 오해받지 않기 위해 머리를 자르고 터번을 벗는다.[6] 국제이민을 위한 미국입국 수속과정에서 터번을 착용하지 않아야 모든 절차가 순조롭게 진행된다는 믿음 때문에, 이민의 열병을 앓고 있는 펀잡 농촌 자트 시크들은 일찍부터 머리를 자르고 터번을 착용하지 않는다. 터번착용 포기에 대한 다른 시각에서의 해석은 아들의 머리단장에 힘겨워하는 며느리들이 터번착용을 반기는 수가 늘고 있다는 점을 강조한다. 며느리들이 아들의 어린 시절부터 긴 머리를 씻기고 손질하는 일상의 번거로움에서 벗어날 수 있기 때문이다[7].

---

5) 주로 도시에 거주하면서 상업에 종사하는 카트리 시크의 젊은 층들은 농촌의 자트 시크에 비해 머리를 기르고 터번을 착용하는 빈도가 훨씬 높은 보수적인 집단이다. 이들은 시크 역사에서 10명의 구루 모두가 카트리 시크 출신이라는 점에 종교적으로 매우 큰 자부심을 지니고 있다.

6) 2001년 9.11 테러 사건으로 미국에서 반 무슬림 정서가 팽배하였던 9월 15일 미국 아리조나 주 피닉스(Phonenix)에서 주유소를 경영하던 시크 발비르 싱 소디(Balbir Singh Sodhi)는 터번을 두른 시크를 아프가니스탄의 탈리반 세력으로 오해받아 자신의 주유소 앞에서 살해되었다. 이 사건 후 해외 특히 미국의 일부 시크들은 터번착용을 포기해야 하는지 딜레마에 직면하였다.

7) 또 다른 해석은 담배와 마약 등 중독성 물질에 탐닉하지 못하게 하는

본 연구서의 후반부에는 해외 시크들의 초국가적 민족주의 양상들이 소개되고 있다. 일반적으로 해외 이주역사가 오래된 시크 가족들은 일찍이 현지문화에 동화되어 터번착용을 포기하였다. 한편 터번착용을 포기하고 북미와 유럽 등으로 이민 온 시크들이 국제 이주 후 정착국가에서 오히려 터번을 다시 착용하는 경향도 발견된다. 특히 시크 독립국가 건설을 위한 칼리스탄 운동이 본격화된 1980년대 중반 이후에 이주한 시크들과 시크 조직들은 터번착용을 허용하지 않는 현지 문화와 사회 환경에 집단적으로

그림 7. 터번을 착용하고 2008년 베이징 올림픽 입장식 때 터번을 착용한 캐나다 시크 선수들

것이 시크 행동규범이지만 14세에서 25세에 걸쳐 있는 펀잡 시크들의 약 6%가 마약을 하고 있기 때문에 터번착용을 쉽게 포기한다고 한다(Dogra, C. S. 2006). 특히 터번착용관습을 버리지 못하도록 젊은 층들에게 종교적으로 관심을 가져야 할 구르드와라 중앙운영위원회 등 종교 당국은 정치에 관심이 있을 뿐 젊은 층들이 터번착용을 포기하지 못하도록 종교적으로 훈계하는 일을 포기하였다고 펀잡의 찬디가르(Chandigarh) 소재 시크학연구소의 카락 싱(Kharak Singh)은 분석하고 있다.

적극 대응하고 있다.

종교적인 이유로 해외에서 터번착용을 고수하고자 하는 시크들의 몇 가지 사례들은 앞서 언급된 편잡에서의 터번착용포기 사례들의 증가현상과는 크게 대조된다. 터번착용을 종교의 자유를 지키려는 노력으로 믿고 있는 해외 시크들은 자신들이 단순히 인도에서 온 이민자로 인식되기보다는 시크교를 믿는 시크로 인정받기를 열망하고 있다. 1989년 최초로 캐나다경찰청에 입사한 발테즈 싱 딜론(Baltej Singh Dhillon)은 입사 후 전통적으로 착용되었던 캐나다 경찰 모자를 대신하여 터번착용을 고집하였다. 캐나다 전통을 수호해야 한다는 일부 백인들의 저항이 컸지만, 해외 시크 조직들은 종교의 자유를 보장받기 위한 적극적인 항의집회와 투쟁 끝에 1990년 캐나다 연방정부로부터 캐나다 경찰도 터번을 착용할 수 있다는 결정을 이끌어 냈다. 1993년 캐나다 광역 밴쿠버(Greater Vancouver)의 서리(Surrey) 시 뉴톤(Newton) 지구에 위치한 '왕립캐나다 재향군인회 기념관'(Royal Canadian Legion Hall)에서 거행된 제2차세계대전 전몰 '영령기념일 퍼레이드'(Remembrance Day Parade)에 일부 시크 참전 용사들이 초대되었다. 그러나 초대된 참전 시크용사들의 입장이 거절되었다. 기념관을 입장할 때 전사한 영령들을 존경하는 의미로 모든 종류의 머리 착용물을 벗고 입장하는 규정을 터번을 두른 시크들이 위반하였다는 이유에서였다. 터번을 벗고 입장하라는 주최 측의 요구에 시크 참전용사들은 종교적 자유의 침해라는 점을 문제삼아 규정의 개정을 요구하였으며, 해외 시크들의 조직적 대응 끝에 결국 이를 관철하였다. 2006년 3월 캐나다 '몬트리올 하역장 당국'(Montral Port Authority)은 하역장을 출입하는 시크 트럭 기사들에게 안전 헬멧착용을 요구하였다. 헬멧을 착용하지 않은 시크 기사들의 하역장 진입이 거절되자, 이에 대해 시크 조직들은 종교적 자유의 침해라는 명

그림 8. 캐나다 온타리오 주 두햄 지구 시크 경찰

분으로 항의 집회를 거듭한 끝에 하역장의 노동규약의 변화를 이끌어 냈다. 또한 2008년 8월 베이징 올림픽 개막일 각국 입장식에 시크 출신 캐나다 선수 일부가 터번을 착용하고 입장식에 참석하였다. 이를 두고 캐나다 일부 언론들의 비판도 있었지만, 당사자들인 필드하키 선수들은 자신들은 시크교를 믿는 캐나다인이기 때문에 아무런 문제될 것이 없다고 항변하였다.

3. 인도 독립과 펀잡의 분리

1947년 펀잡이 분리되기 이전에 펀잡 지역 전체 인구의 약 15%만이 시크였으며, 이들은 펀잡지방의 동과 서쪽에 골고루 퍼져 거주하고 있었다. 1940년 무슬림 리그가 무슬림이 주인이 되는 파키스탄의 분리 독립을 위한 요구와 노력이 있었다. 이런 분위기 속에서 시로마니 아칼리 달(SAD)이 주축이 되어 시크를 중심으로 한 시크의 독립국가에 대한 요구가 있었지만 힌두와 무슬림의 분리 독립 분위기에서 시크 독립국가 요구는 정치적으로 설득력을 얻지 못했다. 결국 시크들은 힌두 지배적인 인도를 선택하게 되어 1947년 8월 15일 인도가 분리 독립할 당시 파키스탄의 영토에 편입된 펀잡의 서부에 있던 약 5백 5십만 명의 시크와 힌두는 인도영토가 된 펀잡의 동쪽으로 이주해 왔다. 물론 동쪽에 있었던 약 6백만 명의 무슬림들은 펀잡의 서쪽 파키스탄으

그림 9. 영국제국주의 시크군인, 이들의 해외에서의 성공신화는 다른 시크들의 해외이주를 촉발시켰다.

로 이주하였다. 이 과정 속에서 수백만 명의 실향민이 발생하였으며 양측의 물리적 충돌로 약 30만 명이 사망하였다.

분리 독립 후 시크 집단은 인도 정부에게 펀자비 언어를 사용하는 독립된 주 건설을 강하게 요구하였지만, 당시 힌두와 무슬림 분리로 인한 대규모의 피해상황에서는 이를 강하게 제기하기도 어려웠으며 인도 정부도 이를 용인할 준비가 되어 있지 않았다. 1950년대와 60년대 초에 시크 정당인 아칼리 달은 펀자비를 사용하는 독립주, 소위 '펀자비 수바'(Punjabi Suba)를 중앙정부에 강하게 요구하였지만 당시 네루 수상은 이를 수용하지 않았다. 1964년 네루 사망 후 인도와 파키스탄과의 전쟁에서 보인 시크들의 애국심을 고려하여 1966년에 펀자비 수바가 달성되었다. 이를 통해 펀자비를 사용하는 곳을 펀잡으로 하고 힌디를 지배적으로 사용하는 지역을 하리야나(Haryana) 주로 만들었다. 그러나 두 주는 찬디가르(Chandigarh)를 함께 수도로 사용하고 있다.

펀자비 수바 요구의 관철은 시크가 지배적인 펀잡에서 펀자비를 지배적 언어로 사용되게 한 중요한 정치적 결실이었다. 펀자비 수바의 주장 역시 언어라는 문화적 요소를 매개로 일어난 집단적 운동이었으며, 시크의 정체성이 인도 내에서 다시 한 번 확인될 수 있는 사건이었다. 그러나 펀자비 수바는 시크가 지배하는 펀잡지역에 독립국가 건설을 요구하는 분리주의적 성격을 띤 정치적 집단운동은 아니었다.

1960년대 말과 1970년대에 걸쳐 펀잡은 영국식민시대의 '캐널 컬러니'(Canal Colony)[8]가 조성된 이래 인도의 농업생산의 핵심지

8) 영국 식민당국은 농산물 생산량 증대를 위해 인구밀도가 낮고 황무지였던 펀잡의 서부지대에 수로를 설치해 개관시킨 후 펀잡의 중부지역 사람들을 이주시켰다. 영국식민지 당국은 토지는 비옥하지만 전체 토지 규모에 비해 인구밀도가 크게 높았던 중부지대의 잘란다

역이었다. 1970년대 소위 녹색혁명으로 품종개량, 화학비료 투입, 농업기계화 등을 통해 펀잡에서의 농업생산량은 엄청나게 증가하였다[9]. 펀잡의 농촌에서 주로 농사에 종사하던 사람들이 시크였다. 그러나 녹색혁명은 펀잡지역 내에 자본농과 농업노동자, 시크 농민과 힌두 상인 간의 갈등을 만들어 놓았다. 이러한 갈등은 1980년대부터 본격적으로 나타나기 시작한 펀잡의 시크 전투주의자들의 등장과 밀접히 연결된다.

인도 중앙정부에 대한 시크들의 불만은 1973년에 만들어진 '아난드푸르 사힙 결의안[10]'(Anandpur Sahib Resolution, 이하 ASR)의 구현을 주장하는 운동이 점차 조직화되고 형식화되기에 이르렀다. 이 결의안은 펀잡지역의 국방, 외교, 금융, 통신에 대한 중앙정부의 간섭을 제한시키고자 하는 정치적 주장을 담고 있었으며, 이러한 운동에서는 당연히 칼사 시크의 목소리가 두드러질 수밖에 없었다. 결의안에는 펀잡 인근 지역에서 펀자비를 사용하는 지역들을 주로 편입할 것, 농업부문을 지원하는 경제개혁, 전력발전소 건설 등을 통한 중앙정부의 지원 등의 요구가 포함되어 있

르(Jalandar), 호시아르푸르(Hoshiarpur), 루디아나(Ludhiana), 구르다스푸르(Gurdaspur), 암리차르 군의 농민들을 막 개간된 서부지방으로 이주시켰다.

9) 예컨대 1988년~1989년 사이에 인도 전체 밀 생산의 72.1%와 쌀 생산의 53.3%를 펀잡 주에서 생산하였다(Economic Adviser to Punjab Govt. 1989).

10) 당시까지 하리야나와 펀잡의 공통 수도였던 찬디가르가 펀잡의 단독 수도가 되어야 하며 하리야나와 펀잡의 접경지대의 일부 지역의 상호 교환문제의 해결과 두 주의 경계를 흐르는 강물 분배문제의 해결을 대법원에서 해결하자는 제안이 '아난드푸르 사힙 결의안'의 핵심 내용이었다(Shiromani Akali Dal 1978). 결의안 내용에 시크 민족주의적 성격이 반영된 시기도 1980년대 초 아칼리 달 정당의 세속지향적인 정책에 불만을 느낀 시크 근본주의자들이 결의안 내에 시크 지방분권에 대한 요구를 포함하라는 압력을 받은 후였다.

었다(Singh, G. 2000). 1980년 펀잡에서 아칼리 달 정권이 붕괴된 후 결의안은 온건파 아칼리들에 의해 주도되는 펀잡 자치운동으로 번져나갔다. 1982년 8월 아칼리 달은 결의안의 요구를 중앙정부가 실행에 옮길 것을 요구하는 종교 전쟁인 '*dharma yud morcha*'를 전개해 나갔다. 이러한 요구를 두고 온건파 아칼리 달이 중앙정부와의 합의를 이끌어 내지 못하자 자르나일 싱 빈드란왈레(Jarnail Singh Bindranwale)[11]가 이끄는 무장단체가 물리적인 힘을 통한 직접적인 행동에 들어가면서 점차 펀잡이 무법천지가 되기 시작했다.

1984년 6월 빈드란왈레가 이끌던 무장 세력은 중앙정부의 황금사원에 대한 대대적인 공격이었던 '블루스타작전'(Operation Blue Star)에 의해 진압되었다. 이 과정에서 정부군과 빈드란왈레 및 그 추종자들 그리고 참배객들을 포함한 약 1천여 명의 사상자가 발생하였다. 1984년 황금사원 공격 후 10월 말일에 시크 경호원이 수상이었던 인디라 간디 수상을 암살하자, 델리를 중심으로 일부 힌두들이 시크들을 조직적으로 학살하였다. 1985년 수상직을 이어받

11) 빈드란왈레는 1947년 가난한 농부의 일곱 번째 아들로 태어나 초등학교 공부를 끝낸 뒤 촌락 빈드란에서 종교 센터(taksal)인 담다미 타크살(Damdami Taksal)을 운영하던 사제 카타르 싱에게 넘겨져 양육되었다. 카타르 싱의 아들인 아므리크 싱(Amrik Singh)은 후일 전인도 시크학생연맹의 회장이 되었다. 이 조직은 1984년 인디라 간디(Indira Gandhi) 시해 사건 후 폐쇄조치 당했다. 빈드란왈레의 교육 정도는 낮은 편이었지만 그는 시크 경전을 매우 열심히 배우는 학생이었고 설교까지 할 수 있을 정도의 종교분야의 실력을 인정받았다. 1977년 담다미 센터의 장이되었고 지역을 순회하면서 젊은 세대들에게 구루 고빈드 싱이 시작한 시크의 스파르타적 전통을 따르도록 고무하여 머리와 수염을 자르지 않고 술과 담배 그리고 마약 등으로부터 자유로워질 것을 강조하고 다녔다. 동시에 가는 곳마다 자신의 추종자들에게 세례를 주었다(Kinnavall, C. 2006: 117-119).

은 라지브 간디(Rajiv Gandhi)는 라지브-론고왈 조약(Rajiv-Longowal Agreement)을 맺었으나 조약 내용이 실현되지 않자 칼리스탄(Khalistan)이라는 독립국가 건립을 주창하는 무장단체들이 등장하였다. 1984년부터 1993년까지 약 10년 동안 근 3만여 명의 펀잡 사람들이 무장단체와 정부군간의 전투에 의해 희생당했다. 정부군은 1993년까지 약 2십5만 명의 다양한 정부 무장병력을 동원하여 다각적인 군사작전으로 펀잡의 대부분의 무장단체를 붕괴시켰다(Singh, G. 2000). 1997년 2월 펀잡에서 있었던 선거에서 아칼리 달이 압도적으로 승리하였으며 2002년까지 인도국민당(Bharatiya Janata Party, 이하 BJP)과의 연합정권을 이끌어 나가고 있다.

제2장 시크와 카스트

1. 시크교와 카스트 차별

2001년 인도 센서스에 따르면 인도 전체 시크의 수는 약 1천 9백 2십만 명으로 전체 인도 인구의 약 1.9%를 차지하고 있다. 2001년 현재 시크는 주로 북부 인도지역에 집중해 거주하고 있는데, 펀잡 주에 약 63%, 연방직할지인 찬디가르에 약 20.3%, 수도 델리에 약 4.8%, 펀잡 인접 주인 하리야나 주에 약 5.8%의 시크가 거주하고 있다. 가장 많이 거주하고 있는 펀잡 주에서 약 72%의 시크는 농촌지역에 거주하고 있다(Census of India, 2001). 펀

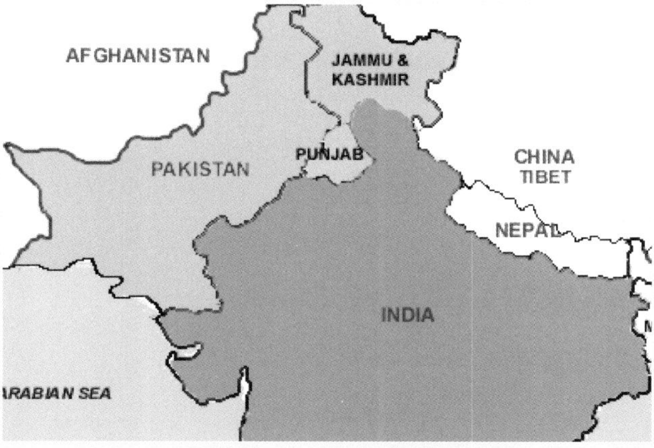

그림 10. 인도 내 펀잡 주 위치

잡 지방은 주요 강을 중심으로 특정 지역 명으로 분류되는데, 서트레즈 강 이남 지역을 말와(Malwa)라 부르고 이곳의 사람들을 '말와이'(Malwai)라 칭한다. 그리고 서트레즈강과 도압(Doab) 지역 사이에 걸쳐 있는 지역을 도압으로 그리고 이곳 사람들을 '도아비'(Doabi)로 칭하며, 도압 북쪽부터 파키스탄 위쪽을 마자(Majha)로 그리고 그곳 사람들을 '마자이'(Majhai)로 부른다.

시크교는 처음부터 힌두 카스트 위계질서와 브라만의 우월성을 부정하였으며, 불가촉천민이나 하위 카스트에 속했던 낮은 카스트들을 구속으로부터 해방시킨다는 대의를 표방하였다. 앞서 살펴보았던 싱사바 운동은 시크들이 더 이상 힌두가 아님을 강조하면서 힌두교의 핵심 이념인 '정'(purity)과 '오염'(pollution)의 대립으로 형성되는 '바르나'(*varna*)의 위계질서 체계를 거부함으로써 시크 정체성의 고유함을 부각시켰다. 이러한 시크의 대의를 믿고 펀잡을 중심으로 여러 지역의 불가촉천민들이 시크교로 개종하였

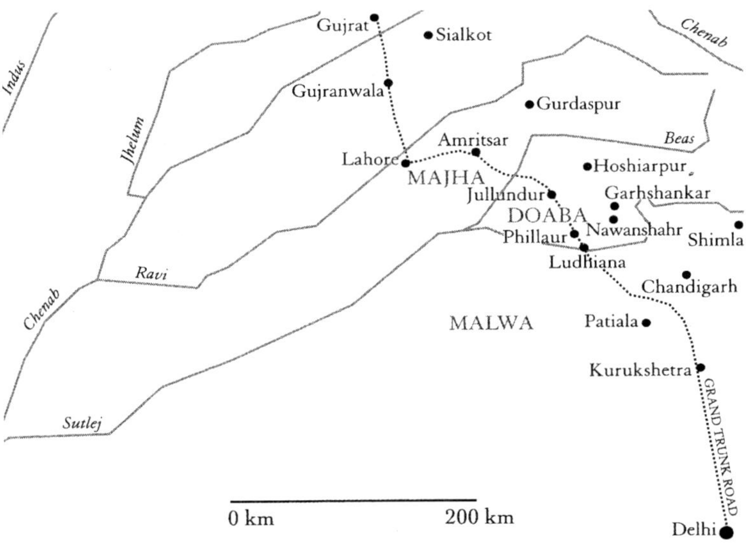

그림 11. 펀잡의 말와 · 마자 · 도압 지역

다. 그러나 힌두 불가촉천민 출신 시크가 직면한 카스트 위계질서라는 현실은 시크교가 주창한 이념과는 큰 간극이 있었다.

시크 사회는 한편으로는 종교적인 원칙을 강조하고 다른 한편으로는 시크 공동체에서 지배적인 위치를 차지해 온 자트 출신 시크의 권력의 관철이라는 두 개의 추 사이에 벌어지는 역동적인 관계에 따라 다양한 모습을 보여 왔다. 시크 사회는 힌두 카스트의 위계질서를 부인하면서 독자적인 성격을 주창하였지만 결국 시크 사회에서 카스트 위계를 완전히 제거하지 못했다. 즉 시크 사회 내에도 '카스트주의'는 여전히 팽배해 있어 왔다. 사실 시크교의 창시자이자 초대 구루였던 나낙 시대부터 카스트 제도를 거부하는 전통은 시작되었다. 나낙에 따르면 시크교의 핵심은 신과의 합일을 통한 모든 인간의 구원에 있었다. 그는 신이 카스트의 위계질서와 무관하게 인간에게 축복을 내려주고 다음 생에서는 카스트라는 것이 존재할 수 없음을 늘 강조하였다. 모든 인간이 신 앞에서 평등한 것처럼 구루 나낙을 추종하는 모든 사람들은 구루 앞에서 평등하고 신자들 상호 간에도 평등하다고 나낙은 가르친 바 있다(McLeod, W. H. 2007).

종교적으로 시크 구루들은 카스트에 관계없이 회합할 수 있는 형제집단인 '상가트'(*sangat*)와 이들이 공동으로 식사할 수 있는 공간인 공동 식당인 '랑가르'(*langar*) 제도의 중요성을 강조하였다. 특히 5대 구루 무렵에는 카스트에 관계없는 '카라 프라사드'(*karah prasad*)의 봉헌이 강조되었다(McLeod, W. H. 1975). 즉 대형 철제 용기인 '카라'(*karah*)에 카스트에 관계없이 누구나 봉헌물인 '프라사드'(*prasad*)를 봉헌할 수 있으며, 봉헌된 모든 것을 함께 섞어서 의례에 참여한 모든 사람들이 공동으로 음복하는 종교적 관습인 '카라 프라사드'를 구루들은 시크들로 하여금 시행토록 하였다. 1699년 10대 구루인 고빈드 싱은 칼사(Khalsa) 형제애 제도를 확립하여 카스트에 관계없이 '침례 의례'를 통해 모든 사람이 칼사에 가입할 수 있는 길을 열어 놓았다. 그는 가장 먼저 자신이 아끼는 하위 카스트 출신 5명의 제자들을 침례 함으로써 카스트 위계질서를 무너뜨리는 종교 관습을 만든 바 있다. 그 의례에 참여한 사람들은 달콤한 성수인 '아므리트'(*amrit*)가 담긴 동일한 용기를 통해 아므리트를 마실 것이 요구되었다.

10대 구루였던 고빈드 싱의 사후 더 이상의 살아있는 구루는 없었다. 대신 영원한 구루인 성전(聖典) 구루 그란트 사힙(Guru Granth Sahib)의 존재에 대한 믿음이 시작되었는데, 이 성전 안에는 열 명의 구루 말씀 외에도 라비다스(Ravidas)와 카비르(Kabir)와 같은 불가촉천민 출신이었던 성인의 말씀들도 포함되어 있다. 힌두 카스트 체계에 따르면 라비다스는 불가촉천민인 차마르(Chamar)에 그리고 카비르는 불가촉천민인 줄라하(Julaha)에 속한다(Grewal, J. S. 1972).

사실 열 명의 모든 구루는 카트리(Khatri) 카스트 출신이었기 때문에 초기 시크 구루를 추종했던 주요 세력들 역시 상위 카스트인 카트리였으며 이들의 영향력은 매우 강했다. 이들 구루들은 자신들의 자녀의 혼사를 카트리 카스트와 치른 것으로 보아 카스트 내혼율을 지킨 것으로 보인다. 따라서 당시 이들을 추종했던 제자들 역시 내혼 관습을 지키는 것을 어쩌면 정상적으로 생각했을 것으로 추정된다. 6대 구루 시기부터 힌두 공동체의 자트들이 대규모 시크교로 개종하기 시작했으며, 이에 따라 시크 사회의 카스트별 인적 구성에 큰 변화가 일어나 18세기 무렵에는 자트 출신 시크가 시크 사회의 최대 다수세력으로 부상하였다(McLeod, W. H. 1975).

영국 식민당국이 센서스를 실시했던 1881년 당시 시크의 수는 약 1백7십만 명이었으며, 이 가운데 약 63%가 자트 시크였으며 그 이후에 지금까지 자트 시크는 줄곧 시크 인구의 약 60%–66%에 이르고 있다. 힌두 집단 내에서 자트는 전형적인 농부들로서 육체노동에 긍지를 지니고 있는 집단들로 어디서나 성공한 농부들인 경우가 일반적이다. 힌두 바르나 체계 상 자트는 슈드라에 속하지만, 그들은 자신들이 지배적인 지역에서 힌두 카스트 체계의 육체노동과 비 육체노동 간의 차이를 카스트의 정과 부정의 중요한 지표로 삼는 브라만의 이념과 브라만 중심적인 위계질서를 무시하는 경향이 있었다.

사실 마하라자 란지트 싱 통치 기간이었던 1799년과 1839년 사이에 란지트 싱 왕국의 시크 인구는 불과 6–7%에 불과했다. 무슬림 인구는 왕국의 전체 인구의 70% 그리고 힌두가 24%였지만 소수인 자트 시크가 왕국의 주요 귀족집단과 지배집단으로 란지트 싱 시절에 성장하였다(Grewal, J. S. 1990). 따라서 소수였던 자트 시크가 란지트 싱의 군사조직의 주요 요직을 차지하였고, 당시 왕국 전체 귀족의 약 30%를 자트 시크가 차지하고 있었다. 당시는 사회적 지위가 토지소유 정도에 의해 결정되던 시기였는데 란지트 싱의 왕국에서 왕의 하사 대토지 자기르(*jagir*)의 주요 수혜자들은 자트 시크들이었다. 비록 란지트 싱이 시크교에 심취해 있었던 것은 아니더라도 대규모 종교적 목적의 재원들은 시크 집단에게 돌아갔다. 종교적 이념상으로는 구루 그란트 사힙 앞에서 모든 시크가 평등하고 랑가르에서 차별 없이 함께 식사해야 했지만, 대부분의 일상생활에서 출신 카스트에 따른 사회적 차별은 있어왔으며 이것이 문제시되지 않았다. 따라서 귀족 시크와 일반 시크 간에 커다란 사회적 장벽이 있었으며 심지어 시크 노예와 거지도 란지트 싱 시절에 널리 존재하였다.

1849년 영국식민정부는 펀잡을 복속하였다. 1857년 '세포이 폭동'을 경험한 후 영국식민정부는 자신들에게 충성을 맹세할 든든

한 후원세력들을 지원하고 육성할 필요성을 느꼈다. 식민정부는 1858년 영국식민정부의 인도군대를 재조직할 때 5Ks를 착용하는 등 외형적으로 상무적인 느낌을 주는 시크를 '상무적 인종'(martial race)으로 분류하고, 시크들을 식민정부의 군인으로 가장 적합한 집단으로 인식하였다. '1857년 폭동'을 진압하는 과정에서 시크 군인들이 보여준 충성심과 상무적 인종이라는 그들만의 이론이 병합되어 시크 연대를 인도식민정부의 군대에 창립하였다. 시크 연대에 속한 많은 수가 자트 출신 시크로 알려져 있는데, 시크 군인들의 대부분이 자트 출신인 점은 후일 자트 출신이 시크 사회에서 지배력을 강화하였던 한 가지 근거가 되었다.

시크가 되는 길은 모든 사람들에게 열려있지만 시크는 펀잡의 자트 출신과 실제적으로 거의 동일시되고 있다. 시크교의 초기 시절부터 부정한 힌두 카스트 출신 예컨대 청소부 같은 불가촉천민 출신 시크들과 자트 시크 사이에는 위계질서에서 큰 차이가 있었다. 따라서 불가촉천민 출신 시크들은 실제로 구르드와라 출입이 제한된 바 있기 때문에 이들은 자신들만의 종교 모임을 별도로 가질 수밖에 없었다.

자트 시크가 세력을 공고히 하게 된 데에는 영국식민정부의 '캐널 컬러니' 정책도 한몫 하였다. 펀잡 내에는 1885년부터 1950년 사이에 9개의 캐널 컬러니가 개발되어, 이들을 통해 개간된 약 4백만 에이커 이상의 개간지가 펀잡인들에게 분배되었다. 개간지는 정식 농부로 인정된 사람들, 즉 자신의 자영농지가 있는 사람들에게만 분배되었는데, 자영농의 대부분이 자트 시크였기 때문에 많은 개간지를 자트 시크가 차지하였다. 반면 마자비 시크(Mazhabi Sikh) 등 농지가 전혀 없는 불가촉천민 출신들에게 개간지는 거의 배분되지 않았다(Ali, I. 1989). 결국 영국식민정부의 캐널 컬러니 정책은 펀잡 내에서 지배적 집단으로 성장한 자트 시크의 권력 강화에 일조하였다.

시크 집단 내에서 불가촉천민 출신에 대한 차별은 일찍부터 시작되어 현재까지도 지속되고 있다. 권위 있는 시크 종교서인 '칼사 다름 사스트라'(Khalsa Dharam Sastra)에는 20세기 초부터 마자비 시크와 람다시아 시크처럼 불가촉천민 시크 집단 구성원이 황금사원 내부에 네 발자국 이상 들어오지 못하게 하는 규정과 힌두 위계질서로 보면 슈드라 지위에 있는 이발사로 하여금 불가촉천민과 뒤섞여 놀지 말라는 권고가 적시되어 있었다. 이 규율을 어긴 자는 사회로부터 고립될 것도 함께 경고되어 있다(Oberoi, H. 1994).

칼사 형제애라는 시크 조직의 선전만을 믿고 시크 역사의 초기에 힌두 불가촉천민들이 시크교로 적극 개종하였고, 1920년대 무렵에 힌두 하위 카스트들이 적극 개종하였지만, 이들은 개종 후에도 카스트 차별을 받았다. 예컨대 '카라 프라사드'를 위한 이들의 봉헌물이 황금사원에서 수락되지 않고 오히려 추방된 경험이 있었다. 당시 시크 집단의 지배 세력이었던 자트 시크는 불가촉천민을 시크로 개종시키는 일과 칼사 학교를 개교하는 일에는 열중하였으나 정작 시크 공동체 내부에서 불가촉성에 대한 차별을 없애는 일에는 무관심하였다. 한 마디로 시크교는 카스트 위계질서와 차별을 종식시키는 평등주의 공동체의 건설에는 실패하였다.

힌두 사회에서는 브라만이 위계질서 상 가장 높은 지위를 차지하지만 시크 사회에서는 마하라자 란지트 싱 왕조부터 지배 계급으로 성장한 자트 시크가 가장 우위에 있는 것으로 알려져 있다. 자트 시크 다음으로 카트리, 아로라(Arora) 등 상업에 종사하는 시크들이 위계상 뒤를 잇고, 그 뒤를 목수와 대장장이 등 기술자 집단을 포괄적으로 지칭하는 람가리아(Ramgharia) 시크가 따른다.

불가촉천민 출신 시크들은 두말 할 나위 없이 위계질서 상 가장 최하위에 처해 있다. 힌두 집단에서는 브라만이라는 특정한 범주의 사람에게만 사제 일이 열려 있지만 시크교에서는 그렇지 않기 때문에 심지어 불가촉천민 출신을 포함한 하위 카스트 출신도 구르드와라의 사제 일을 수행할 수 있다. 자트 출신 사제는 많지 않은 편이지만 자트 시크는 '구르드와라 중앙운영위원회'(SGPC)를 통제해 왔다.

일반적으로 힌두 집단 내에서와 마찬가지로 시크 공동체에서도 카스트는 내혼 단위로 작동해 왔다. 19세기의 싱사바 운동 때부터 시크들로 하여금 자신의 고유한 성씨가 드러나는 고트라(*gotra*) 이름을 사용하지 못하게 하여 남성들에게는 '싱'을 여성들에게는 '코르'를 공통적으로 사용하도록 권고하였다. 그러나 대부분의 시크들은 현재까지도 자신들의 고트라 이름을 '싱'과 '코르' 뒤에 사용하고 있다. 예컨대 자트 시크들 대부분은 'Gil', 'Grewal', 'Man', 'Sidhu' 등의 고트라 이름을 자신의 이름과 '싱' 또는 '코르'와 함께 사용하기 때문에 고트라 이름을 통해 해당 시크가 자트 시크임 것을 짐작할 수 있게 한다. 현재까지 대부분의 시크들은 출신 카스트와 고트라에 따라 혼인과 음식 수수 관계를 유지하고 있는 경향이 있다.

1936년 당시 불가촉천민들에게는 영웅 또는 신과도 같았던 암베드카르(Ambedkar)에 관련된 일화는 20세기 들어서도 시크 집단 내의 불가촉천민 출신에 대한 차별이 여전하였음을 짐작하게 한다. 힌두 카스트체계로부터 불이익을 당하는 불가촉천민을 신분적 차별로부터 해방시킬 방법을 생각하던 암베드카르는 불교 등 다른 종교로 집단 개종할 생각을 하고 있었다. 그는 시크교로 개종하는 문제를 결정하기 전에 1936년 당시 그의 아들과 조카를 암리차르의 황금사원으로 보내 약 한 달 반 동안 그곳에서 지내면서 상황을 지켜보고 시크 집단의 지도자를 만나도록 하는 등 일종의 시크교에 대한 사전 탐색을 지시하였다(Keer, D. 1971). 발리(Bally, L. R. 1997)에 따르면 이들이 불가촉천민에서 개종한 시크들에게 자트 시크들이 행하는 혹독한 차별과 무시를 목도하고서 불가촉천민들이 시크교로 개종한 후에도 시크 집단 내에서 정상적인 대접을 받기 어려움을 암베드카르에게 보고했으며 이를 토대로 암베드카르는 대규모 불가촉천민을 불교로 개종하도록 하였다.

한편 펀잡에서 녹색혁명의 성공은 지배 세력이었던 자트 시크의 경제적, 정치적 입지를 더욱 강화시켜주었으며, 이를 통해 자트 중심적인 펀잡의 사회질서에서 사회적 불평등은 더욱 심화되었다. 1962년 이래 시크 공당(公黨)인 시로마니 아칼리 달(SAD) 내에서의 자트 시크의 정치적 지배력 강화는 특히 하위 카스트 출신 시크에게는 커다란 두려움으로 다가왔다. 싱(Singh, I.P. 1977)의 연구에 따르면 자트 시크들은 아칼리 달 내에서 최고의 지위를 향유하고 있었다. 펀잡처럼 농촌사회에서의 사회적 지위는 농지 보유고와 밀접히 연결되기 때문에 대규모 농지를 보유한 자트 시크가 당연히 정치적으로도 상대적인 권력을 누리게 되었다.

그러나 펀잡 지역에서 하위 시크 집단들의 반발 움직임도 발견되기 시작했다. 자트 시크 등 대부분의 상위 시크들은 불가촉천민 출신 시크들이 구르드와라를 출입하는 점과 특히 그들이 공동식당인 랑가르에서 음식 준비와 배식 등 자원 봉사하는 일을 아직까지도 탐탁하게 생각하지 않는다. 그렇다고 이들 상위 시크들이 불가촉천민 시크들을 랑가르로부터 강제로 내쫓지는 않지만 그들의 존재를 싫어하는 기색은 역력하였다. 이러한 자트 시크의 하위 카스트에 대한 배타적 태도에 라비다스와 마자비 시크 등 많은 불가촉천민 시크들이 자신들만의 독자적인 구르드와라를 건축하기 시작하였다. 이러한 독자적인 구르드와라의 건축은 달리트 집단들의 저항의 표현이기도 하였다. 이런 달리트(Dalit)[12] 구르드와라는 지주들인 자트들과 구르드와라 중앙운영위원회로부터 지탄을 받거나 경고를 받기 일쑤였다. 특히 달리트 구르드와라 내부의 벽에는 암베드카르 사진이 부착되어 있거나 그의 사진이 구루 그란티 사힙 가까이에 모셔져 있기 때문에 이를 두고 불가촉천민 구르드와라는 늘 자트 시크들과의 긴장 관계에 놓여 있다. 또한 달리트 구르드와라에는 불가촉천민 출신 성인으로 추앙받고 있는 라비다스의 인물사진이 부착되어 있다.

자트 시크들에 의한 불가촉천민 시크들에 대한 공격과 모욕 행위는 줄지 않고 있다. 펀잡 농촌마을에서 자트 시크들의 달리트 시크들에 대한 물리적 공격의 횟수는 늘어가고 있으며, 이로 인해 시크 사회 내에 카스트에 따른 갈등과 분열이 매우 심화되어 가고 있다. 일부 보고서에 따르면 2000년대 초에도 펀잡에서 달리트 시크에 대한 공격, 특히 자트 지주들에 의한 달리트 시크 여성에 대한 강간 및 달리트 남성들에 대한 물리적 폭력 행위들은 늘어가고 있는 실정이다(Puri, H. K. 2003). 요약컨대 시크 교리에 따르면 시크 공동체 내에는 카스트라는 용어가 존재치 않지만 실제상으로는 시크 집단 내에도 힌두들처럼 카스트 위계질서에 따른 차별, 특히 불가촉천민 출신 시크에 대한 차별과 부당한 대우는 여전히 진행되고 있다.

---

12) 달리트(Dalit)는 '핍박받은 자'를 의미하는데 불가촉천민들은 스스로를 달리트로 부르면서 자신들이 상위 카스트들로부터 역사적으로 핍박받고 있음을 인식하고자 하며, 이를 통해 달리트들의 결집을 바라고 있다.

2. 다양한 시크 카스트

시크 공동체에서 카스트란 인정받는 단위가 아니며, 시크로의 개종 후 모든 시크는 평등한 관계를 유지해야 하지만 시크 집단 내에 카스트에 따른 혼인과 식사 관계 등이 엄연히 유지되고 있다. 대부분의 시크 카스트는 이들이 개종 전에 속해 있던 힌두 카스트에 기원을 두고 있다. 따라서 힌두에서 시크로 개종한 후에도, 물론 이들 카스트 간의 관계가 힌두만큼 엄격하지는 않지만, 시크 집단도 출신 카스트에 따라 위계질서, 혼인관계, 식사관계, 직업관계 등이 유지되고 있다. 대체로 시크 내에는 카트리, 자트, 마자비, 람가리아 등의 카스트 집단이 발견된다.

1) 자트(Jat) 시크

자트는 전체 시크 집단의 60~66%를 차지하기 때문에 다수 집단을 구성하고 있다. 힌두 카스트 위계상 슈드라에 속하는 낮은 지위이지만 펀잡 내에서, 특히 농촌지역에서는 의례적으로나 세속적으로 절대적인 지배 집단이다. 대부분의 자트들은 농사를 짓기 때문에 육체노동과 밀접히 관련되며 과부재혼을 허용하는 등 힌두 기준으로 보면 전형적인 하위 카스트들의 관습을 따르고 있다. 펀잡지방에 상당히 많은 수의 무슬림 자트와 힌두 자트가 있었지만 펀잡 내에서의 시크 자트의 위세가 강해지면서 점차 힌두와 무슬림 자트의 상당수가 시크로 개종하였다. 자트들은 자신들 내부적으로 경쟁이 매우 치열하지만, 일단 자트 전체가 위협받고 있다고 느껴질 때면 정치적으로 강하게 결속하여 자트 카스트의 집단적 이해를 지키고자 한다. 이러한 자트의 정치적 영향력은 인도가 독립한 이래 두 명을 제외하고 그간 펀잡 주 수상들이 모두 자트 출신 시크였다는 점에서도 발견된다. 앞서 언급한 바와 같이 자트 시크가 특별히 펀잡의 농촌지역에서 권세를 누리는 까닭은 자트들이 펀잡 대부분의 농지를 소유하고 있기 때문이다.

2) 람가리아(Ramgharia) 시크

힌두 카스트 가운데 주로 목수와 대장장이처럼 기능공 출신 카스트를 총칭하여 람가리아 시크라 부른다. 이들은 지난날 농지를 소유한 자트 시크 농부를 고객으로 삼아 농사에 필요한 농기구를 제작·수리해 주고 이에 대한 대가를 곡물이나 현금으로 수령했던 사람들이다. 과거 펀잡 지역에서는 농부와 장인(匠人) 카스트 간의 경제적 교환관계였던 '세피다리'(*sepidari*) 체계에서 주로 람가리아에 속하는 사람들은 자트 농부에게 농기구 등의 물품을 제공하였던 직능공 '세피다르'(*sepidar*)였다. 그러나 20세기 초반 무렵부터 상당수의 람가리아는 전통적인 기능공 일을 버리고 해외

그림 12. 1900년대 초 아프리카의 케냐 나이로비 람가리아 시크들

에 이주·정착하였다. 가장 대표적인 이주 사례는 20세기 초 동아프리카의 우간다와 케냐 등으로 계약노동자 신분으로 집단 이주한 기능공 람가리아 시크들이었다. 이들은 당시 아프리카에서 철도 부설을 비롯하여 다양한 공공사업에 투입되었다. 특히 이들은 케냐의 몸바사(Mombasa)에서 우간다의 캄팔라(Kampala)에 이르는 철도 노선 건설에 투입되었다. 동아프리카가 영국으로부터 독립한 1970년대 초반에 아프리카 현지에 안정적으로 정착하였던 람가리아 시크들은 케냐와 우간다 등의 민족주의 경제 정책으로 상당수가 영국과 캐나다 등으로 재이주(twice migration)를 하였다. 펀잡지방의 상당수의 람가리아 시크들은 현재도 자신들의 친인척을 아프리카와 영국 등에 두고 있다.

3) 달리트(Dalit) 시크

시크 달리트는 힌두 달리트처럼 일상생활에서 상위 카스트 출신 시크들로부터 차별을 받아 왔다. 청소 일을 하는 힌두 추흐라(Chuhra)는 마자비 시크(Mazhabi Sikhs)가 되었고, 죽은 가축을 치우고 가죽 무두질을 했던 힌두 차마르는 라비다시 시크(Ravidasi Sikhs)가 되었다. 이들은 시크로 개종 후 이름만 변경되었을 뿐 수행하는 일은 힌두 달리트와 거의 유사하다. 시크가 지배적인 마을에서도 거의 모든 달리트 시크는 마을 어귀에 살거나 외곽에 거주하고 있으며, 자신들만이 사용하는 별도의 우물과 화장터를 갖고 있다. 자신들이 모시는 자트 시크 지주 집의 출입이 제한되기도 하며, 특히 부엌처럼 신성하게 여기는 곳의 출입은 금지된다.

특히 라비다시 시크는 자신들이 섬기는 라비다스 성인의 사진을 자신들만의 구르드와라의 벽면에 부착해 놓고 있는데 이는 라

그림 13. 달리트 출신인 성인 라비다스

비다스를 구루 나낙과 동급으로 여기고 있기 때문이다. 이들의 많은 수는 시크라고 자칭하지만 다른 시크들처럼 머리를 기르지 않을 뿐만 아니라 비 불가촉천민 출신 시크들과는 달리 시크식의 터번을 착용하지 않고 천으로 머리를 가리고만 다닐 뿐이다. 사실 많은 수의 달리트 시크들은 스스로를 시크도 아니고 힌두도 아닌 존재라 생각하고 있다.

4) 카트리(Khatri)와 아로라(Arora) 시크

도시에 거주하는 소수의 시크 특히 상업에 종사하는 일부 시크를 제외하고 대부분의 시크는 농촌에서 농사를 짓고 있다. 전통적으로 도시에 거주하면서 상업에 종사했던 대표적인 시크 집단에는 카트리와 아로라가 있다. 시크 전체 인구 가운데 두 카스트가 차지하는 비율은 불과 2.5%이지만 이들의 생활수준은 대체로 양호한 편이다. 힌두 자트에서 시크로 개종한 자트들은 전체 가족 구성원이 시크교를 수용한 것과는 달리 카트리와 아로라 집단들은 자신들의 가족 구성원 가운데 극히 소수만이 시크교로 개종하였다. 예컨대 카트리 카스트 중에는 장남만이 시크로 개종하고 나머지 형제는 힌두로 남아 있는 경우가 일반적이다.

카트리와 아로라 두 카스트의 주요 직업은 상업으로 유사하지만, 그 지위에 있어서는 다소 차이가 있다. 대부분의 카트리는 대규모 상업과 무역에 종사한 반면 아로라는 소규모 상점을 운영해 왔기 때문이다. 시크 커뮤니티 내에서 수적으로 카트리는 미미하지만 10명의 구루 모두가 카트리 출신인 점, 즉 시크 지성사에서 그간 리더십을 발휘한 구루들 모두가 카트리인 점은 주목할 만하다. 현재도 대부분의 카트리와 아로라는 힌두 집단에 속하고 일부 카트리와 아로라가 시크로 개종했지만 시크와 힌두 간에는 혼인과 음식 수수관계가 여전히 이루어지고 있다. 힌두 카트리는 자신들이 크샤트리아 바르나에 속한다고 주장하고 있지만 이를 뒷받침할 만한 근거는 약하다. 오히려 그들의 전통적 직업을 보면 바이샤 바르나에 속할 가능성이 높다.

제3장 시크 종족성과 정체성

인도 대륙은 종교, 카스트, 언어 등이 다양한 사회이며, 이러한 다양성은 인도 국민국가의 통합에 장애가 되는 요인으로 작용하여 왔다. 1947년에 이미 힌두교와 이슬람이란 종교적 차이로 인도와 파키스탄이 분리 독립한 바 있으며, 그 이후에도 끊임없이 종교, 언어, 카스트, 부족 등은 분리 독립된 인도의 구심적 힘에 도전하는 분리주의적 요인으로 작용하여 왔다.

분리 독립 후 인도 정부는 국가의 간섭이 없는 종교의 자유가 보장된 세속주의(secularism)와 주정부와 연방정부간의 권력 분배구조를 보장하는 민주적인 중앙 중심주의(democratic centralism) 등을 국가 건설과 정권운영의 대 원칙으로 삼았다. 그러나 인도 헌법은 종교, 카스트, 지역, 인종 등의 요인을 토대로 하여 국가의 통합에 위협적인 지역(region) 자결권을 주장하는 분리주의적 태도에 대해서는 용납의 여지를 전혀 두고 있지 않았다. 특히 1947년 수많은 인명과 재산의 피해를 가져온 인도와 파키스탄의 분리 독립을 경험한 인도로서는 어떠한 분리주의 운동에 대해서도 인정하지 않으려는 태도를 견지하여 왔다. 그간의 인도사회의 통합에 늘 주요 문제로 제기된 종족 갈등(ethnic conflict)과 종파적 운동(communal movement)에 대한 연구의 대부분은 힌두와 무슬림 갈등에 한정되어 왔다. 그러나 힌두와 무슬림간의 종파적 갈등은 무슬림이 인도로부터 분리되어 나가고자 하는 운동은 아니었다. 그러나 펀잡에 시크 중심적인 독립 국가를 건설하겠다는 '칼리스탄 운동'(Khalistan movement)은 시크교를 토대로 1980년대 들어 본격화된 분리주의 운동이었다.

시크는 머리와 수염을 자르지 않고 터번을 착용하는 외형을 통해 쉽게 구분이 되는 종교집단이다. 시크 역사는 15세기 중반에 시작되어 시크의 대부분이 힌두교로부터 개종한 사람들이다. 따라서 시크는 인도 내의 힌두와 무슬림과 인종적으로 전혀 구분되지 않는다.

그럼에도 불구하고 시크는 스스로 별개의 종족 집단으로 주장하였으며, 특히 1980년대 이후 이러한 시크 정체성은 더욱 선명해졌다. 시크 종족성(ethnicity)과 정체성은 그들의 종교와 문화적 전통에서 비롯된 것인가 아니면 그들이 직면한 정치와 경제적 상황으로 인해 야기된 결과인가. 이 장은 1960~70년대 말까지 느슨하였던 시크 정체성과 종족성이 1980년대 전후에 시크가 직면한 급격한 정치적 상황에 의해 보다 선명하게 드러나게 됨에 따라 그들의 분리주의 운동과 종족 집단의 결속감(ethnic group solidarity)이 등장하였음을 밝히고 있다.

스파이서(Spicer, E. 1971)와 스커트(Scott, G. M. 1990)는 종족성과 종족 집단의 결속을 설명하는 모델로 근원주의(primordialism)와 상황주의(circumstantialism)의 통합을 강조한 바 있다. 이들에 따르면 종족성의 기원이나 지속성을 근원주의가 적절히 설명하고 있지만, 이것의 상황에 따른 변동(fluctuation)을 이해하기 위해서는 해당 종족 집단들을 둘러싸고 전개되는 정치와 경제적 상황이 고려되어야 한다. 특히 이러한 상황들이 적대적 과정(opposional processes)일 때 선명한 집단적 의식과 고도의 내부적 결속감이 생성된다고 한다. 스파이서와 스커트는 문화적 차이와 종족 구분은 특별히 적대적 성격의 상호작용에 의해 지속적일 수 있다고 주장한다. 이들이 말하는 적대적 과정은 다수자가 소수자를 합병하거나 동화시키려는 시도 등이 포함된 일련의 정치·경제적 상황의 발생을 말한다. 요약컨대 스파이서 등의 요지는 정서적이고 근원적인 원인으로 기원한 종족성 또는 종족 집단의 결속감은 이러한 것들이 일어나고 유지되어질 수 있는 상황과 밀접히 연결되어지며, 일반적으로 한 종족 집단의 구성원들이 다른 종족 집단의 구성원들로부터 정치, 경제, 사회 문화적 이유로 적대적일 경우 이러한 상황들이 발생된다.

1. 시크 정체성

제1장에서 살펴본 것처럼 시크교는 구루 나낙에 의해 15세기 중반에 탄생하였다. 시크교의 내용은 호전적이기보다는 평화주의적 성격을 지니고 있었다. 시크 신앙의 핵심은 명상을 통해 신과의 신비적 일체를 이룰 것, 카스트·인종·성별 등에 관계없이 모든 사람들을 형제로 생각하고 대가 없는 사랑을 베풀 것, 시크교의 숭배자를 외형적 모습에 관계없이 대하며 존경과 동정으로 사람을 대할 것을 가르치고 있다. 시크의 초대 구루 나낙 이래로 10대 구루 고빈드 싱에 이르면서 많은 수의 힌두들과 일부 무슬림들이 시크로 개종하였다. 시크교는 소위 구루 시대 즉 15세기와 18세기 초까지의 시대를 거치면서 주로 당시 인도 대부분 지역을 지배했던 무슬림 황제들과의 조화와 갈등의 역사 속에서 성장하였다. 특히 5대와 9대 구루는 무슬림 황제에 의해 순교 당했으며, 이러한 무슬림의 시크에 대한 핍박은 평화주의적 시크교의 성격에 상무적 성격을 가져오기도 했다.

1947년 인도대륙이 인도와 파키스탄으로 분리 독립되기 이전까지 펀잡의 무슬림은 전체 인구의 약 55%를 차지하는 주요 집단이었다. 반면 힌두는 약 31%를 구성하고 있는 소수집단이었다. 이처럼 당시 인도 전체로 보면 힌두가 지배집단이지만 펀잡에서는 소수집단이었고, 역으로 무슬림은 펀잡에서는 다수집단이지만 인도 전체로 보면 소수집단이었다. 한편 당시 시크 집단은 인도 전체뿐만 아니라 펀잡 지역에서도 소수집단이었다. 그러나 2001년 현재 펀잡지역 내의 지배적 집단은 펀잡 전체의 63%를 점하고 있는 시크이며, 힌두는 34.5%, 무슬림은 1.2%를 차지하고 있다(Census of India 2001).

시크 정체성은 시크 전체 공동체를 의미하는 칼사 판쓰(Khalsa Panth)의 종교적 전통에 그 뿌리를 두고 있으며 이는 사회적, 문화적, 정치적, 영토적 정체성을 포괄하고 있다. 그러나 시크 정체성은 추상적인 신조를 기초로 하고 있지 않고 펀잡 지역에서 전개되었던 구루들에 관한 역사, 신화, 기억의 구체적인 요소들을 토대로 하고 있다. 따라서 시크들은 자신들의 기원을 10명의 구루들로부터 찾고 있다.

시크교는 인도의 다른 종교들에 비해 상대적으로 그 역사가 짧기 때문에 성전으로 여기고 있는 구루 그란트 사힙, 아칼 타크트의 존재 등을 인정하고 경전의 번역이나 해석을 둘러싼 갈등이 거의 없다. 시크는 자신의 역사를 15세기 중반의 구루 시대로부터 잡고 있어 그 시대부터 현대까지의 계보를 추적할 수 있다. 따라서 비록 시크 일반이 자신들의 문화와 전통에 자긍심을 지니고 있음에도 불구하고 타 종교에 비해 맹목적으로 종교로 모든 사안을 해석하고자 하지 않는다.

시크는 힌두와의 문화적 유사성에도 불구하고 힌두[13)]와는 다른 자아 이미지를 유지하려 했지만 자신의 전통과 문화를 고수하는데 만족했기 때문에 힌두를 전복한다든지 개종시키려는 시도는 없었다. 특히 5대와 9대 구루가 이슬람 황제에 의해 순교를 당했지만 이로 인해 시크 문화가 호전적으로 전환된 것은 아니었다. 따라서 15-16세기는 물론이고 그 이후 19세기까지도 시크를 호전적이었다고 단정적으로 말하기는 어렵다.

역사적으로 보면 1870년 '싱사바 운동'이 시작되기 이전은 소요가 없었던 시기이다. 시크가 자신을 힌두와 의도적으로 분리시키기 위한 문화적 표시를 본격 동원하기 시작한 것은 약 19세기 달로 여겨지며, 특히 싱사바 운동은 시크들이 공동체로서 자신들의 정체성의 경계를 세우는 계기가 되었다. 모든 시크가 지켜야 할 '5Ks'가 크게 강조되기 시작한 것은 19세기 말 무렵이며, 이는 펀잡에 들어와 시크를 힌두로 강제로 재 개종 시키려했던 아리야 사마즈 운동이 펀잡 내에서 활성화되는 것과 그 맥을 같이 한다.

당시 시크들은 아리야 사마즈 운동에 대항하여 '우리는 힌두가 아니다'라는 강한 주장과 함께 그간 힌두와 유사했던 자신들의 각종 통과의례의 내용에 변화를 가했다. 이러한 시크 문화적 독자화의 추세는 인도인을 '분리와 통치'(divide and rule)의 정책으로 지배하려는 영국의 정책과도 맥을 같이 하였다. 당시 영국은 암리차르와 라호르의 양대 싱사바를 아우르는 최고 시크 조직인 '최고칼사기구'를 1902년에 승인하였으며, 이 조직은 시크 문화적 전통을 개발하여 결국 1909년 '아디 그란트'(Adi Granth)라는 성전을 기본으로 한 시크 결혼식을 합법화하는데 기여하였다.

---

13) 일반 시크들은 힌두를 소위 전형적인 '상인'(bania)의 틀로 지각하는 경향이 있다. 따라서 힌두는 뚱뚱하고 기름기가 절절 흐르고 도티를 착용하고 손으로 밥을 집어 먹는 아둔한 채식주의자로 보는 경향이 있다(Gupta, D. 1996: 118-119).

17-18세기 초에 강조되었던 시크의 행동규범과 금기사항은 무슬림을 타자로 인식하고 만들어진 것으로 여겨진다.14) 그러나 1870년 이래 20세기 초까지의 시크 정체성의 발흥은 오히려 힌두를 준거집단으로 여긴 점과 관련된 것으로 추정된다. 이는 싱사바 운동 이래 강조된 5Ks는 힌두를 문화적 타자로 상정하고 규정한 외형과 행위규범으로 해석될 수 있기 때문이다.15) 이는 19세기 말이래 전개된 싱사바와 그 뒤를 잇는 아칼리 운동을 통해 시크가 힌두와 전혀 다름을 강조하고 있음을 말해 준다. 이 운동으로 인해 성소를 관리하기 위한 조직인 '구르드와라 중앙운영위원회'(SGPC)가 조직되었다.

그러나 싱사바 운동과 아칼리 운동 등으로부터 출현한 시크 정체성, 즉 자신들에 대한 새로운 자각은 구루와 사원의 역사를 통해 이루어졌다. 종교 선지자와 구루 순교의 고통, 10대 구루 고빈드 싱의 '판즈 피아레'(*panj piare*: 5명의 사랑받는 아들로 불리는 최초 칼사 단원), 시크 제국의 마하라자 란지트 싱의 영화로움 등이 시크의 독자적인 문화적 자산들로 활용되어 시크 정체성의 출현이 가능하였다.

그러나 19세기말과 20세기 초의 시크의 정체성이 시크의 독자적인 문화적 자산, 특히 종교적 요인들의 활용을 토대로 형성되

14) 따라서 무슬림과 후카 담배를 금기시하며 무슬림 여성과의 성교를 금기시키는 등은 이를 잘 반영한다. 17-18세기 시크 역사에서 나타나는 무슬림 황제와 시크간의 치열한 전투역사를 고려하면 이들 행동규범은 분명 무슬림을 적으로 상정한 것이다(McLeod, W. H. 1989).

15) 빗을 머리에 꽂으라는 *Kangha*는 언제나 자신의 머리를 간수하고 머리를 상투한 힌두 사두와의 구분을 위한 것이며 단도인 *Kirpan*을 착용하고 다니라는 것은 폭력적 무기착용을 일상에서 금하는 힌두의 금기와 대조되는 것으로서 이들 시크 행동 규범은 힌두 삶의 방식과 정면으로 대치되는 것이다(Uberoi, J.P.S. 1969).

었지만, 사회·문화적, 경제적, 정치적 맥락에서 비 시크집단, 즉 힌두와 무슬림과의 상호작용이 단절될 만큼 모든 시크가 통합된 생활양식을 보이지는 않았다. 오히려 당시 시크 내부에는 출신 지역, 직업, 언어, 카스트에 따른 다양성과 이질성이 존재하였으며, 시크의 종교적 정체성을 뛰어넘는 사회적 관계들이 지속되고 있었다.[16] 이처럼 당시 펀잡의 시크들은 종교적 정체성 외에도 펀잡의 힌두와 무슬림과 여전히 사회 문화적 관계를 유지하고 있었다. 이러한 점은 20세기 초 인도 밖에 형성된 시크 공동체의 성격에서도 발견된다.[17]

1947년 종교적 차이로 인해 인도와 파키스탄으로 분리 독립된 이후 인도 내에서 가장 중요한 이데올로기는 국가 통합이었다. 인도 헌법 역시 어떤 지역에도 분리주의를 용인할 준비가 되어 있지 않았으며, 어떠한 종류의 분리라도 이를 전파 또는 선동하

16) 예컨대 동일한 의례 내용을 공유한 시크 공동체에 속한다는 자트 시크와 마자비 시크 간에는 직업, 카스트, 출신지역에 따른 내혼(endogamy)이 실행되었다. 또한 도시 상인이었던 카트리 시크는 힌두 카트리와 혼인을 비롯한 다양한 상호작용을 여전히 유지하는 사례가 적지 않았으며 자트 시크도 예외는 아니었다. 당시 정치적으로도 마자비 시크는 펀잡의 자트 시크가 주축인 된 정당인 아칼리 달보다는 비 시크 정당인 인도국민회의(Indian Congress)에 더 충성하였다.

17) 발라드(Ballard, L. A. 1994)에 따르면 20세기 초 당시 북미의 자트 시크, 동아프리카의 람가리아 시크, 영국의 바트라(Bhatras) 시크들은 전체 시크 공동체를 운영하는 것보다는 각자의 시크 집단들끼리만 사회, 문화적 관계를 유지하고 있었다. 또한 당시 해외 거주 시크들은 인도 내 출신지역 별로 말와이, 마자이, 도아비 등의 시크 이주자들로 구분되었는데, 이처럼 시크들은 출신 지역별로 혼인 연망을 갖게 되고, 지역의 구르드와라를 구성하는 등 출신 지역별 시크 내부의 차이를 여전히 유지하고 있었다. 이러한 점을 고려할 때 단일한 시크 정체성은 20세기 초기 이주자 집단뿐 아니라 인도 대륙 내에서도 두드러지지 않았음을 추론해 볼 수 있다.

는 것은 중범죄 행위로 간주되었다. 따라서 1947년 종교에 따른 인도와 파키스탄의 분리에 반대한 시크 지도자들은 사실 시크 독립 주를 내심으로 여전히 원하고 있었지만, 분리 독립 시 치렀던 인명 살상, 재산 피해 등의 악몽으로 인해 시크의 분리를 내세울 수가 없었다. 이러한 분위기 때문에 펀잡의 시크 정당인 아칼리 달 역시 국가통합을 강조하는 인도의 분위기에 동조할 수밖에 없었다.

독립 후 본격적인 최초의 시크 의식 또는 시크 정체성을 토대로 시크 결속을 가져오게 한 것은 1965년 소위 '펀자비 수바'를 위한 시크의 주장이었다. 인도는 대부분의 지역이 종교적 기준이 아닌 언어적 기준에 따른 주들로 구성된 연방국가로 태어났다. 이의 유일한 예외가 시크들에 의한 펀자비 수바의 요구였다. 펀자비 수바 요구의 관철은 시크가 지배적인 펀잡에서 펀자비가 지배적 언어로 사용되게 한 중요한 정치적 결실이었으며, 이를 통해 지역과 문화(종교와 언어)의 일치가 실현되었다. 펀자비 수바의 주장 역시 언어라는 문화적 요소를 매개로 일어난 집단적 운동이었으며 시크의 정체성이 인도 내에서 다시 한 번 확인될 수 있는 사건이었지만 시크가 지배하는 펀잡지역에 독립국가 건설을 요구하는 분리주의적 운동은 아니었다.

따라서 1980년대 중반 이래 오늘날까지 인도 국내외 사회에서 보다 선명하게 등장하게 된 시크 정체성과 종족성을 이해하기 위해서는 시크의 문화적 자원을 토대로 어느 정도 형성된 시크 정체성이 강화된 이유가 설명되어야 한다. 이는 인도 중앙정부와 시크 집단과의 다양한 정치적, 경제적 관계 속에서 고려되어야 할 것이다.

2. 독립 이후 인도 정치와 펀잡의 정치적 상황

1930~40년대에 정통 힌두와 아리야 사마즈는 힌두 보수주의 정당인 힌두 마하사바(Maha Sabha)를 지지하지만 세속주의를 내세운 국민회의와는 경쟁적 관계에 있었다. 인도와 파키스탄으로의 분리 독립 시의 갈등과 비극으로 인해 국가자원봉사단(Rashtriya Swayamsevak Sangh, 이후 RSS)과 같은 극우 힌두집단의 정치적 영향력이 다소 강화되었다.[18] 그러나 힌두 보수주의자의 이러한 움직임에도 네루(Nehru)가 이끄는 국민회의는 힌두와 시크 난민들에 대한 정착정책, 예컨대 무슬림이 파키스탄으로 갈 때 두고 갔던 집과 농지를 난민에 배당하는 등의 정책을 빠르게 시행에 옮김으로써 힌두와 시크 난민의 정치적 지지를 확보할 수 있었다. 힌두와 시크 난민들은 무슬림에 대한 증오 때문에 정서적으로는 RSS에 동조를 보였지만 자신들에게 물질적 시혜를 베푸는 국민회의를 멀리할 수는 없었다. 이러한 경향은 독립 이후 일련의 선거 결과에 반영되고 있다. 즉 분리 독립 후 처음 치렀던 1952년의 선거에서 국민회의는 49.4%를 획득하여 25.9%를 획득한 반대당인 힌두 보수당 자나 상(Jana Sangh)을 압도했고, 1957년의 선거에서도 국민회의는 54.3%를 획득했지만 자나 상은 19.7%에 그쳤다(Butler, et al. 1981).

아칼리 달과 국민회의는 분리 독립이전과 마찬가지로 전체 시크에 대한 영향력을 행사할 수 있었다. 아칼리 달의 전신인 판틱당(Panthic Party) 시절부터 아칼리 달은 국민회의에 우호적인 입장을 유지하였다. 일반적으로 시크는 국민회의와 아칼리 달 지지파로 양분되어 있었지만, 두 당은 우호적이었다. 이 때문에 아칼리

18) RSS는 득표를 하기 위해 분리 독립시기에 무슬림에 의해 불구가 되거나 강간당한 힌두와 시크의 사진들을 보여주기도 하였다.

달로 당선되었다가 국민회의에 입당하는 일을 크게 비난하는 시크는 없었으며, 아칼리 달은 국민회의를 시크의 이해를 반영해 주는 동맹자로 생각하고 있었다. 이에 반해 네루가 이끈 국민회의와 힌두 보수정당인 마하사바 사이에는 늘 긴장관계에 놓여 있었다.

인도와 파키스탄의 분리 독립 전후 펀잡에서의 시크의 인구비율의 증감은 1941년부터 2001년까지의 인도 센서스를 보면 잘 드러난다.[19] 펀잡에서의 시크와 힌두간의 인구 비율의 변화는 아칼리 달과 국민회의에 대한 지지도의 변화와 밀접히 관련된다. 시크 인구가 과반수를 넘기 시작한 펀자비 수바 이후 본격적으로는 1970년대부터 아칼리 달에 대한 시크의 지지가 증가추세로 전환되었다.

그간 펀잡 주 의회 선거에서는 승리를 위한 정당 간 합종연횡이 늘 전략으로 등장하였다. 일반적으로 1960년 중반 이래 국민회의에 대항하여 시크당인 아칼리 달은 승리를 위해 힌두 우익정당인 자나 상 또는 공산당과의 전략적 제휴도 불사하였다. 그러나 전략적 정당간 제휴의 생명력은 매우 단기인 경우가 일반적이었다. 1960년대에는 그간 국민회의에 충성을 보였던 대규모 자트 시크가 아칼리 달로 지지를 전환하였으며, 급기야 1967년의 선거에서 자트 시크의 힘을 바탕으로 아칼리 달이 다수를 차지해 주의회를 장악하였다.

---

19) 이에 따르면 펀잡 전체 인구 가운데 시크가 차지하는 비율은 15%(분리 독립 이전인 1941년), 35%(1951년), 33%(1961년), 60%(1971년), 60%(1981년), 61%(1991년), 63%(2001년)로 펀잡에서 시크가 과반수의 지배적 집단으로 등장한 것은 1966년 펀자비 수바의 실현 이후이며, 시간이 지남에 따라 시크 인구가 증가하고 있음을 알 수 있다. 반면 힌두 인구는 1941년 31%, 1951년 62%, 1961년 64%로 증가했지만 펀자비 수바 이후인 1971년 이래 38% 이하로 급감하였다.

1967년 비 국민회의와 아칼리 달 연합전선에 의해 펀잡 정권이 들어섰으며, 1971년 6월까지 지속된 그 이후의 주 정권은 아칼리 달과 힌두 보수 정당인 자나 상과의 연정으로 가능했으나 연정 당사자간의 문제로 인해 그 정권은 붕괴되었다. 1972~1977년까지는 국민회의 정권이 펀잡에 들어섰는데 1975년 인디라 간디 수상에 의한 전 인도에 대한 비상계엄 통치 덕으로 펀잡은 대체로 조용한 분위기에서 국민회의 정권이 유지되었다. 1977년 선거에서 아칼리 달과 자나 상과의 연합정권이 다시 들어서지만 2년 만에 붕괴되는 등 펀잡 정치에 점차 폭력의 시대가 오고 있는 전조가 보였다(Wallace et al. 1981; Narang, A. S. 1983).

1977년 펀잡에서 패배한 국민회의는 아칼리 달 내의 파당들 간의 내분을 일으키는 전략을 사용하였다. 힌두 보수정당과 손을 잡은 아칼리 달에 불만을 품은 세력으로 하여금 펀잡주의 자치정부 수립을 위한 소요를 조장시키는 한편, 시크의 이해를 보장하지 못하는 주 정권을 비난하게 선동함으로써 아칼리 달과 연합한 힌두들을 격분하게 만드는 전략이 이용되었다. 동일한 전략의 일환으로 인디라 간디는 시크 혁명가를 자처하는 빈드란왈레를 이용하는데, 이는 빈드란왈레의 시크 독립과 호전성을 부각시킴으로써 아칼리 달과 연합한 도시의 힌두세력들 간의 연대를 느슨하게 만들려는 전략으로 이용하기 위한 것이었다. 아칼리 달 내부에 내분의 씨를 심기 위한 것이었다.[20]

20) 아칼리 달은 칼사를 늘 대표해 왔지만 필요에 따라서는 실용적 목적으로 힌두 정당과 연합해 왔다. 이에 대해 시크 정통집단을 자처하는 집단들은 아칼리 달과 구르드와라 중앙위원회(SGPC)가 정치적 목적으로 시크 사원을 이용한다고 비판하였다. 예컨대 정통 시크를 자처하는 담다미 타크살(Damdami Taksal)은 엄격한 종교적 행위를 아칼리 달에게 요구하였다. 이처럼 아칼리 달은 시크 내부에서조차 경쟁을 해야 했다. 이런 내부 갈등은 1978년 니란카리(Nirankaris)와의 대결로

그림 14. 인디라 간디 인도 수상

한편 아칼리 달은 1970~80년대에 걸쳐 펀잡 지역의 경제적 피폐를 내세우며 국민회의가 이끄는 중앙정부에 대항하는 일련의 대중적 소요를 주도하였다. 결국 1978년의 '아난드푸르 사힙 결의안'을 토대로 시크들의 많은 요구사항이 제기될 무렵인 1980년 중앙정부와 주정부의 집권당으로 들어선 국민회의는 시크들의 다양한 열망에 직면하게 되었다.

점차 펀잡의 정치상황은 소요에 빠져 들어갔고 빈드란왈레와 그 일파들이 펀잡을 뒤흔들어 놓기 시작하였다. 시크들 내부에 이질적인 파당들의 존재에도 불구하고 1982년에는 시크들이 통치하는 국가를 펀잡에 세우고자 하는 칼리스탄의 건설을 위한 '정의로운 전쟁'(*dharma yudh morcha*)의 기운이 펀잡에 감돌기 시작

인해 암리차르에서 6명이 사망하는 물리적 충돌이 일어났다(Tatla, D. S. 1999: 26).

하였다. 묘책을 고민하던 중 국민회의는 빈드란왈레의 시크들에 대한 영향력이 아칼리 달보다 더 클 것으로 생각하고 이미 정치적 스타로 떠오른 그를 정치판에 이용하기로 계획하였다. 그러나 빈드란왈레는 자신을 정치적으로 조정하던 국민회의 정치 지도자를 배반하고 종교적, 정치적, 경제적인 면에서 시크가 주인이 되는 칼리스탄 건립을 주장하면서 아칼리 달보다 훨씬 강도 높은 폭력을 동원하였다(Joshi, C. 1984; Surjeet, J. 1985). 결국 그는 아칼리 달과의 결별을 선언하고, 자신의 추종 세력들과 함께 황금사원으로 들어가 투쟁하다가 아칼 타크트에서 인도 정부군에 의해 최후를 맞이하였다.

3. 시크의 소수화와 시크 종족성의 전개과정

1947년 인도와 파키스탄 분리 당시에 겪었던 고통을 고려하면 펀잡을 주도한 시크들이 칼리스탄을 요구하는 분리주의적 경향을 보이리라고는 예상할 수 없었다. 그러나 1980년대 들어 많은 시크가 자신들을 '인도 국민국가의 외부에 놓인 자' 또는 힌두를 '펀잡의 아웃사이더'로 인식하기 시작했다.

칼리스탄에 대한 요구는 경제적 요인이 주변적 요인으로 작용한 반면 결정적으로는 정치적 요인에서 비롯되었다. 1970년대 녹색혁명으로 가져 온 펀잡 내의 급격한 농업변화는 부농과 청년 실업 인구간의 모순을 심화시켰다. 소농은 감소된 수익에 의해 더욱 어려워지고, 부농은 더욱 유리한 거래 조건을 두고 중앙 정부에 대해 시위 등으로 저항하여 왔다. 아칼리 달은 중앙정부나 힌두 부르주아를 이러한 모순의 주범으로 규정함으로써 이를 정치적 목적을 위한 쟁점으로 이용하였다. 이는 중앙정부를 위협할 정도로 분리주의를 요구한 것이 아니었으나, 인디라 간디의 국민회의 중앙정부는 시크들의 요구를 분리주의를 외치는 반국가적 행위로 간주하고 이를 선거 전략에 이용하였다(Tatla, D. S. 1999).

1980년에 접어들 무렵부터 시크들 내에는 새로운 소수자 의식이 싹트기 시작했다. 아칼리 달을 중심으로 시크들은 1978년 펀잡과 펀잡의 시크의 권리와 요구를 담은 소위 아난드푸르에서 행한 '아난드푸르 사힙 결의안'을 채택하였다. 이것은 당시 중앙정부가 일반에게 선전한 정도의 시크 분리주의적 선언문은 아니었다.[21] 이러한 국민회의의 태도에 대한 시크의 불만은 이후 선거에서 시크의 행태를 통해 표현되었다. 1980년 주 정부 선거에서 당선된 대부분은 시크인 동시에 국민회의에 속하고 있었지만 1982년 선거에서 시크는 아칼리 달로 자신들의 소속을 전환하기 시작하였다.[22]

사실 아칼리 달의 주장에 펀잡 중심적인 내용이 다소 발견되지만 이것들이 시크 종족적 또는 종교 공동체적 운동으로 간주될 정도는 아니었다. 그러나 당시 국민회의 정권은 이러한 아칼

21) 이 결의안은 1966년 펀자비 수바를 통해 펀잡이라는 문화적 경계의 성취 후 아칼리 달 지도자들의 의식의 변화, 즉 '종교적 민족주의'에서 '펀잡 민족주의'로의 변화와 밀접히 관련된다. 이러한 변화는 앞서 언급한 펀잡의 사회, 경제적 변화와 유관하다고 주장된다(Tatla, D. S. 1999).

22) 펀잡에서의 아칼리 달에 대한 지지의 상승은 당시의 정치적 행위의 내용을 보면 다소 이해 가능하다. 당시 아칼리 달은 펀자비가 주요 언어인 펀잡의 수도로 찬디가르가 되어야 한다는 아난드푸르 사힙의 결의안을 지지하였다. 그러나 국민회의 정권이 아칼리 달의 요구를 전적으로 무시하고 결의안을 분리주의로 호도하였고, 1978년 아칼리 달이 물 문제 해결을 위해 대법원에 상정한 소송을 일방적으로 철회하였다. 이러한 일련의 정치적 행위는 펀잡에서 아칼리 달에 대한 시크들의 지지도를 높인 계기가 되었다.

리 달의 주장을 힌두-무슬림 분리 이후 인도를 종교를 근본으로 또다시 분리시키려는 시도라면서 인도 힌두들의 불안을 자극하였다. 펀잡의 한편에서는 빈드란왈레[23]가 이끄는 일단의 시크 투사들의 소위 칼리스탄, 즉 시크 독립국가의 주장이 시작되고 있었다.

1984년 6월 약 70,000명의 인도 정부군 병력이 동원된 소위 '블루스타작전'은 시크의 성지인 황금사원과 그 전면에 위치한 시크교의 세속적인 파워를 전통적으로 대변하고 있는 아칼 타크트에 포진한 빈드란왈레 일당을 막강한 화력으로 전멸시키고, 당시 5대 구루 아르잔 데브(Arjan Dev)의 순교를 기념하는 많은 순례자까지도 살해하였다. 이 공격으로 시크의 성지인 황금사원과 아칼 타크트의 외형이 크게 손상당했으며 인명 피해만도 빈드란왈레를 비롯해 약 300여명에 이르렀다. 이러한 성지의 파괴와 인명살상에 대해 인도 정부군 내의 시크 연대의 폭동, 시크 국회의원과 외교관의 집단 사표 등 시크들의 저항이 있었으나, 결정적인 시크의 저항은 동년 10월에 시크 경호원에 의한 인디라 간디 수상의 피습, 시해사건이었다.

간디 수상의 피살에 격분한 힌두교도들은 11월 1일부터 수도 델리를 중심으로 전국에 걸쳐 시크들에 대한 만행을 저질러 공식 통계상 약 2,733명의 시크를 살해하였다. 이러한 만행에 국민회의와 인도 정부 그리고 경찰 등 힌두세력이 조직적으로 개입되었고, 또한 만행을 의도적으로 방관하였다는 주장이 시크들로부터

23) 당시 빈드란왈레는 펀잡 내의 각종 테러 사건 등에 관여되어 있는 인물이었다. 따라서 당시만 해도 대다수의 시크들은 그를 포함한 칼리스탄주의자들을 합법적으로 정치수행을 하는 집단으로는 인정하지 않았다. 칼리스탄주의자들은 모든 시크들에게 시크의 원리주의를 신봉할 것을 요구하고 이에 따라 행동할 것을 요구하였다.

강하게 제기되어 왔다. 이 사건 이후 많은 수의 시크들이 펀잡을 근간으로 하는 시크 분리주의를 주장하는 전투주의자(militants)가 되었으며, 일반 시크들 사이에는 전투주의자에 대한 신뢰가 높아 가게 되었다. 특히 시크의 적은 단순히 국민회의가 아닌 '힌두 정부'(Hindu *sarkar*)이며 시크들은 소수자에 불과하다는 인식이 시크들 사이에 보편화되어 갔다.

또한 시크 전투주의자들의 주장이 일반 시크들 내에서 신임을 획득하게 된 이유는 순교의 권고, 타크트의 권위(세속적 권위)에 대한 전통적인 복종의 권고, 시크교와 시크 전통의 수호를 위한 권고 등을 내세우는 소위 '정의로운 전쟁'이라는 담론이 시크들에게 점차 호소력을 발휘하게 되었기 때문이었다. 특히 1984년의 비극적 사건으로 인해 시크 민족주의자들은 시크의 독자성을 표현하는 '우리는 힌두가 아니다'의 문구와 시크의 주권을 드러내는 '칼사가 통치할 것이다'(*Raj karega Khalsa*)라는 문구를 자신들의 힌두 정부 투쟁에 동원하게 하였다.

이처럼 1984년 펀잡의 황금사원 참극과 이후 북부 인도 전역에서 전개된 힌두의 시크에 대한 무차별 대 학살극은 해외의 시크[24] 인구수를 증가시키는 결과를 가져왔다. 이처럼 1984년 황금사원의 공격과 이은 전국적인 시크에 대한 참살은 시크의 정체성에 많은 변화를 가져왔다. 시크 정체성은 더욱 선명해져 갔으며 특히 상무적 전통이 고무되었다. 시크 분리주의 운동가들은 미리

24) 해외시크의 펀잡 분리주의 운동에 대한 지원은 그 역사가 깊은 편이지만 1970년대 말이래 더욱 적극적이었다. 특히 1984년 펀잡과 델리의 사건들 이후 미국, 캐나다, 영국 등에 거주하는 해외시크들은 각자의 체류국에서 인도정부를 비난하는 집단적 시위, 인도 공관으로의 항의방문, 방문 인도정부 관리에 대한 항의시위, 인도 시크운동집단에 대한 지원금 송금, 인도 정부군에 의해 피해 입은 자들에 대한 위로금 송금 등의 활동을 적극 전개하였다(Dusenbery, V.A. 1995).

-퍼리라는 구호, 즉 양적 권위와 세속적 권위의 일치를 강조했던 6대 구루 하르고빈드를 자주 언급하기 시작함으로써 역사적으로 시크 역시 전투적 성격이 있었음을 강조하였다.

반 힌두주의의 확산을 가져 온 블루스타작전과 시크 대학살 등 일련의 현대 정치적 사건 이후에 나타난 시크 정체성은 19세기 말과 20세기 초에 시크 문화적 독자성을 토대로 형성되었던 시크 정체성과 비교하여 보다 선명한 성격의 것이다. 1980년대 이후 등장한 시크의 반 힌두적 호전성과 시크 정체성은 단순히 시크 문화의 산물이거나 또는 칼사단을 창단했던 10대 구루 고빈드 싱의 가르침에 맹목적으로 복종한 산물도 아니다. 즉 오늘날 인도에서의 시크 정체성을 이해하기 위해서는 현대적인 정치적 사건들의 맥락을 고려해야 한다.

시크들에게 1984년 11월 단 4일 동안 약 2천 7백 명의 시크 희생자를 낸 참극 후 인도 정부 또는 인디라 간디 수상의 뒤를 이은 라지브 간디 정부는 더 이상 존재하지 않고 오직 '힌두 정부'만이 남게 되었다.[25] 힌두 다수주의와 힌두 정부에 의해 자신들은 핍박을 받고 있는 소수자 의식으로부터 보다 선명한 시크 정체성과 종족성이 출현한 것으로 해석될 수 있다. 대다수의 시크들에게 세속주의 노선과 모든 종교 공동체에 대해 동등한 지위를 보장하는 불편부당한 중재자로서의 인도 국민국가는 더 이상 존재하지 않는 것으로 여겨졌다. 이처럼 펀잡에서의 일련의 극적인 정치적 사건의 발생과 시크 종족성과 정체성의 전개와 형성과

---

25) 수상이 된 후 처음으로 시크의 호전성에 대한 라지브 간디의 일성은 "거대한 나무가 무너진 후 땅은 흔들리게 되어 있다"라고 말하였다. 이를 두고 시크들은 인디라 간디 여수상의 암살 후 벌어진 그 잔혹한 살상은 자연스런 결과이기 때문에 시크들은 너무 슬퍼하거나 개탄할 필요가 없다고 말한 것으로 해석하고 있었다(Gupta, D. 1996).

는 밀접한 관계에 놓여 있었다.

4. 종족성과 정체성: 근원주의와 상황주의의 조화

오늘날의 시크 종족성과 정체성을 시크교 자체의 탐구를 통해 이해하는 것, 즉 문화적 기원만으로 해석하는 것은 만족스럽지 못하다. 사실 1870년 무렵의 싱사바 운동과 아칼리 운동은 시크를 힌두로부터 문화적으로 분리시키는데 크게 기여하였으며, 이를 통해 '시크는 힌두가 아니다'는 정체성과 종족성의 출현이 가능하였다. 당시의 정체성은 시크교의 동일한 의례, 상징, 성전, 5Ks 등을 공유하고 있다는 근원적인 애착(primordial attachment)을 특징으로 하였다. 그럼에도 불구하고 시크 내부에는 지역, 직업, 개종 전의 출신 카스트 등에 따른 이질성이 여전히 존재했기 때문에 시크 종족적 결속감은 상대적으로 미약하였다.

1960년대에 전개된 펀자비 수바 운동은 시크 문화, 특히 언어와 종교가 펀잡이라는 지역적 경계에 일체가 되는 계기가 마련되어 시크 종족적 결속감이 강화되었지만, 펀자비 수바는 시크가 주권을 가진 펀잡의 분리를 요구하는 본격적인 운동은 아니었다. 이처럼 1960년대까지의 시크의 종족성과 정체성의 지속성은 종교와 언어 등의 근원주의적 속성에 근거하고 있는 것으로 설명될 수 있다.

그러나 스파이서의 주장대로 시크의 근원주의적 속성을 통해 구성된 시크 정체성 체계(identity system)는 시크를 둘러싼 반대 집단들의 적대적 과정이 부재하다면 선명한 종족성과 정체성의 등장은 어렵다. 1978년의 아난드 사힙 결의안과 이의 관철을 향한 요구가 결코 호전적이거나 급진적이지 않았음에도 불구하고 국민회의에 의한 정치적 조작과 일부 시크 분리주의 운동원에 대한 정부군의 무자비한 진압작전의 수행 그리고 11월의 시크 대학살이란 일련의 상황은 시크에 대한 다수주의의 적대적 과정들이었다. 이러한 적대적 과정은 시크의 강렬한 집합의식과 고도의 내브적 결속을 생성하게 함으로써, 자신들이 힌두 다수주의에 의해 핍박을 받고 있다는 '집합적인 소수자 의식'을 시크로 하여금 싹트게 만들었다.

따라서 시크의 종족성과 정체성을 시크 문화로 설명하는 근원주의적 속성으로 보는 관점과 특정한 정치·경제적 상황, 특히 주류 집단의 소수자 집단에 대한 주변화(marginaliztion)와 소수화(minorization) 등의 적대적 과정들을 통해 상황적이고 출현적(emergent)인 속성으로 보는 관점의 통합은 1980년대 중반 이래 시크 집단에서 선명하게 등장한 종족성과 종족 집단 결속감을 상호 보완적으로 설명할 수 있을 것이다. 또한 시크 분리주의 운동원들이 흔히 그렇듯이 자신들의 정치적 목적 달성을 위해 동원하는 각종 상징과 구호 등의 문화적 자산은 결국 근원주의가 채택한 문화적 목록으로부터 나오기 때문에 근원주의적 접근과 상황주의적 접근은 시크 정체성과 종족성을 설명하는 데 있어서 결코 상호 배타적이지 않고 통합 가능하다고 사료된다.

제4장 시크 대학살과 칼리스탄 운동의 전개

제 4장은 우선 분리 독립 이후 중앙정부와 펀잡 지방 정부의 정치적 지형 속에서 시크의 정치적 행보를 살펴본다. 다음으로 1984년 6월 인도 중앙정부의 황금사원에 대한 공격과 이어진 1984년 11월 델리 시크 대학살이 분석되고, 1985년부터 본격화된 시크 무장 게릴라들의 국내 저항 운동 양상과 그 성격을 규명하고 있다.

분리주의 운동은 1947년 인도와 파키스탄으로 인도 아대륙이 분리 독립 한 이후 인도 정부의 통합을 위협하는 심각한 문제의 하나로 간주되었다. 19세기 시크 정체성을 세우는 계기가 되었던 '싱사바 운동'과 '아칼리 운동' 그리고 1965년의 '펀자비 수바' 등을 통해 시크는 자신들의 문화적 정체성을 강조한 바 있지만, 자신들의 분리주의 운동을 정치적 차원에서 본격적으로 전개한 것은 1970년대 말부터이다.

사실 시크 집단 내부의 정치적 헤게모니를 장악하기 위한 내부적 분화 그리고 당시 '인도국민회의 I'(Indian Congress I[26])로 대표되는 인도 중앙정부와 펀잡 주정부와의 역동적인 정치적 관계의 산물들이 1984년 인도 정부군의 시크 성지인 황금사원에 대한

---

26) 명칭 끝의 'I'는 인디라 간디 수상 이름의 이니셜 'I'를 지칭한다.

공격과 이어진 '1984년 델리 시크 대학살'사건 이었다.

1. 펀잡의 정치적 지형과 시크 정치

인도에서의 시크 민족주의[27](Sikh nationalism)는 운동의 지도세력의 성격에 따라 대체로 네 가지 발단 단계를 거친다(Telford, H. 1992: 969-970). 첫 번째는 1873년 시작된 싱사바 조직(Singh Sabha Organization)에 의해 시작되었다. 이 조직의 주요 세력은 카트리와 아로라 같은 상층 시크 가운데 도시화된 사람들이 주축을 이루고 있었다. 다음 단계의 지도 세력은 1920년 무렵 펀잡의 마자 지역 출신의 도시화된 중산층 카트리와 아로라가 주축을 이룬 아칼리 달이었다. 1962년 아칼리 달의 분파의 하나인 타라 싱(Tara Singh) 분파는 약화되고 파테 싱(Fateh Singh)을 중심으로 한 펀잡 남동부의 말와 지역 출신의 부유한 자트 농부들로 구성된 분파가 아칼리 달을 지배하였다. 파테 싱은 펀자비 언어가 지배하는 소위 '펀자비 수바'의 지속적인 캠페인 등 세속적인 성격의 전략을 통해 아칼리 달을 지배하였다. 결국 그는 1966년에 펀자비 수바를 통해 힌디를 주요 언어로 사용하는 하리야나와 히마찰프라데시(Himachal Pradesh)를 펀잡으로부터 분리시킴으로써, 펀잡은 시크가 주축이 된 몸집을 크게 줄인 주가 되었으며 동시에 아칼리 달이 펀잡 정치의 핵심 정당으로 부상하게 되었다.

그러나 펀자비 수바 성취 후 아칼리 달은 심각한 딜레마에 직면하였다. 사실 자신들의 정체성은 시크 커뮤니티를 중심으로 하

27) 시크집단을 종족집단으로 간주하고 이들이 자신들이 주인이 되는 국가를 만들고자 하는 개인적이거나 집단적인 사회·문화적, 경제·정치적 행위들을 하는 것으로 간주하여 '민족주의'라는 용어를 사용하고 있다.

였지만 아칼리 달이 독자적으로 주 정권을 획득하기에는 시크 유권자만의 힘으로는 어려웠다. 이에 따라 펀잡의 비 시크의 지지를 필요로 하여 비 시크 세력과 공조를 할 수밖에 없었다. 그러나 '골수' 시크 민족주의 노선의 시크들은 파테 싱의 이러한 비 시크세력과의 공조를 야합이라 비난하였다. 비 시크 세력과의 연합전선에도 불구하고 1972년과 1980년에 연속해서 선거에서 패배한 아칼리 달은 그때서야 비로소 시크 커뮤니티의 결속과 이들의 확실한 지지의 중요성을 깨달게 되었다.

아칼리 달의 시크 정당 리더십은 1980년대 들어 세력을 키워나간 시크 근본주의세력인 빈드란왈레와 '전인도 시크학생동맹'(All-India Sikh Students' Federation, 이하 AISSF)으로부터 도전을 받았다. 이들 근본주의 세력들은 펀잡의 마자 지역을 중심으로 한 가난한 자트 시크와 중산층 자트 시크의 전폭적인 지지를 기반으로 하였다. 사실 빈드란왈레의 대중 강연은 매우 도발적이었다. 텔레비전 등 소비재의 구입보다는 총기류의 구입 등을 더 강조하였다. 그는 추종자들에게 의례용 단도인 키르판 외에도 구루 고빈드 싱처럼 무사가 되기 위해서 총기와 같은 현대식 화기를 지니고 다닐 것을 지시하였으며, 한 명의 시크가 5-6명의 힌두를 죽인다면 힌두는 인도에서 사라지게 될 것이라고 강조하였다. 또한 그의 강연은 인도정부가 시크들을 차별하고 부당하게 대우함을 강조하면서 '칼사 라즈'(Khalsa Raj)라는 시크국가를 건설함으로써 이런 문제가 해결될 수 있음을 역설하였다(Kinnavall, C. 2006: 118). 1980년대 펀잡에 나타난 위기는 전인도 시크학생동맹 및 빈드란왈레 세력과 아칼리 달 각각이 자트 시크 내부의 상이한 계급들을 대표하고 있다는 점에서 기인하였다. 다른 한편으로 이들 모든 시크 세력들은 중앙정부로부터 강한 견제에 직면해 있었다. 사실 시크 무장 세력이 펀잡 내부에서 발흥하게 된 것은 당시의

그림 15. 자르나일 빈드란왈레

아칼리 달 정당이 정치적 지지 세력을 비 시크로부터 획득하기 위해 세속주의적 전략을 사용한 것에서 비롯되었다고도 볼 수 있다(Singh, G. 1992). 그러나 비 시크와의 연합에도 불구하고 1972년 선거에서 국민회의에 패배한 뒤 아칼리 달은 펀잡의 시크 내부의 확고한 표의 결속이 중요하다는 결론을 도출하고, 이를 위한 전략의 한 가지로 내 놓은 것이 '아난드푸르 사힙 결의안'이었다. 즉 아칼리 달은 이 결의안의 천명을 통해 시크 지지자를 결속시켜보고자 하였다.

아난드푸르 사힙 결의안은 이미 준비되어 있었으나 인디라 간디 수상의 비상사태 선포 기간인 1975~77년 사이에는 아칼리 달이 공식적으로 문제를 들고 일어나지 않았다. 대신 비상사태선포에 대항하여 '국가의 민주주의를 구하자'라는 명분의 시위를 아칼리 달이 주도하였을 뿐이었다. 비상사태 기간에 아칼리 달의 약4만 명의 정당원이 체포되었으며, 이를 통해 아칼리 달은 비상사태 정국을 정면으로 반대함으로써 인도의 국민회의에 저항하는 주류세력의 하나가 되었다.

1977년 주 의회 선거의 주요 이슈는 비상사태로 상실된 민주적 질서의 회복이었다. 아칼리 달은 세속적인 지역 현안만을 포함시킨 아난드푸르 사힙 결의안은 당시 아칼리 달이 세속 지향적 성격을 지닌 반 국민회의 세력의 눈에 거슬리지 않으려는 노력의 일환으로 이해될 수 있었다. 사실 아칼리 달은 1978년 선거에서 세속 지향적인 자나타 당(Janata Party)과의 연합으로 겨우 과반수를 넘겨 주 정권을 창출하였다. 다른 한편 총선정국 펀잡에서는 아칼리 달이 13석 가운데 9석을 차지한 반면 국민회의는 한 석도 차지하지 못했다. 더 나아가 당시 '모라지 데사이'(Desai)가 이끄는 자나타 당의 인도 정부의 내각에는 두 명의 아칼리 달 의원이 입각한 상태였기 때문에 아칼리 달은 세속적 성격을 유지할 수밖에 없었다. 이러한 정국을 고려할 때 1978년에 나온 아칼리 달의 아난드푸르 결의안의 성격은 시크 민족주의적 논조를 약화시킨 지방분권을 요구하는 수준의 것일 수밖에 없었다. 당시 아칼리 달은 자나타 당의 중앙정부를 공격적으로 몰고 갈 수 없는 여건에 있었다. 즉 주 정권을 자나타 당과 함께 창출했었고 따라서 심한 시크 민족주의적 성격을 결의안에 담게 되면 연립 주 정권이 붕괴될 수밖에 없었기 때문이었다. 그러나 내부적으로 아칼리 달은 주요 지지 세력인 시크들을 달래야 할 형편이었다.

빈드란왈레는 아칼리 달의 정치적 헤게모니를 극복하고자 '진정한' 시크란 세례를 받음으로써 시크교에 헌신하는 '칼사' 시크 형제로 다시 공식적으로 태어난 사람임을 강조하고서, 내면적으로 시크교로 정신 무장하고, 외부적으로 시크 상징물을 착용해야만 진정한 시크라 규정하였다. 이러한 시크에 대한 새로운 규정을 토대로 그는 당시 실용주의와 세속주의 전략을 추구하고 있던 부유층의 아칼리 달 주축 세력을 비난하였다. 자신의 새로운 바람이 일어나자 그는 힌두교 등 타 종교에 대한 공공연한 위협까지도 주저하지 않았다. 시크교 안에서도 '니란카리'(Nirankari)[28]와 같은 다른 종파에 대한 공격도 주저하지 않았다. 그는 니란카리 종파는 신자들은 많지만 세례의례를 행하지 않고 힌두와 구분될 수 없을 정도로 시크 전통을 고수하지 않는 이단으로 보았다. 1978년에 니란카리와 충돌에서 6명의 시크가 사망한 사건은 1980~90년대 펀잡을 휩쓴 시크 정치의 급진화 과정의 신호탄이 되었다. 니란카리는 빈드란왈레가 자신의 정치적 목적의 달성을 위해 가장 편리하게 선택한 정치 희생물이었다. 1978년 펀잡의 루디아나에서 있었던 '전인도 시크전국대회'에서 그는 가장 대중적으로 '인기 있는' 시크의 한명으로 호응을 받았다. 그는 녹색혁명에 영향을 받은 펀잡의 암리차르와 구르다스푸르 지역 출신의 교육받은 가난한 시크 청년 하층계급 구성원들로부터 자신의 대중적 지지기반을 발견하였다.

1980년 1월 중앙정부의 정권을 탈환한 인디라 간디의 국민회의 정부는 펀잡의 아칼리 달 정권을 비롯하여 전국의 9개 '비 국

28) 더 이상은 살아있는 구루는 없는 대신 구루 그란티 사힙이 영구적인 구루라고 선언한 마지막 구루인 구루 고빈드 싱을 따르는 정통 시크파와는 달리 여전히 살아 있는 구루를 따르는 다른 시크 종파들이 있었다. 예컨대 바이 바락 싱(Bhai Balak Singh: 1799~1862년)이 세운 남다리(Namdhari) 종파는 시크 구루들의 가르침에 따르는 생활방식으로 귀환하는 것을 목표로 하여 엄격한 행동규범 등을 적용하지만 살아있는 구루를 추종하고 있다. 한편 바바 디알(Baba Dyal: 1983~1855년)에 의해 펀잡 북서부에서 시작한 개혁적인 성격의 니란카리 종파는 시크 전통에서 각종 상징물을 제거하고 '무형의 위대한 존재'(formless One)인 니란카르를 숭배하고 있으며 이 종파의 창시자는 구루의 지위를 획득하였다(Singh, H. 1994).

민회의' 주 정권을 해산시켰다. 1980년 중앙과 펀잡 주정부의 집권당으로 들어선 인도국민회의는 아난드푸르 사힙 결의안 등 펀잡 내 시크들의 다양한 열망에 직면하게 되었다. 본 결의안이 국가 통합을 저해하는 분리주의적 성격을 띠고 있지 않았음에도 불구하고, 인도국민회의는 시크들이 국가의 통합을 저해하려한다는 명분으로 시크들의 요구를 분리주의적인 이적 행위로 간주하였다 (Tatla, D. S. 1999).

정권을 상실한 아칼리 달은 정권탈환을 위해 펀잡 내의 시크 커뮤니티에게 종교를 호소하여 결속을 다지려하였다. 1981년 아칼리 달은 인디라 간디를 비난하는 성격의 종교적 소요를 주도하고 45개 항의 요구가 담긴 아난드푸르 사힙 결의안을 다시 천명하였다. 니란카리와 충돌과정에서 발생한 살인사건에 개입된 혐의를 받고 있는 빈드란왈레는 "결백하지만 체포에 응한다"는 인

그림 16. 펀잡 암리차르에 있는 황금사원

그림 17. 블루스타작전 후 파괴된 황금사원

상을 시크 대중에게 남김으로써 아칼리 달 구성원의 전폭적인 지지를 이끌어 냈다. 아칼리 달은 빈드란왈레의 대중적 인기를 감안하여 아난드푸르 사힙 결의안 내용의 일부를 변경하여 빈드란왈레의 석방을 제 1의 조건으로 내세웠다. 이에 힘입어 빈드란왈레는 석방되었지만 그의 심복인 전국시크생연맹 지도자 아므리크 싱은 체포되었다.

사실 당시 빈드란왈레와 아칼리 달은 편치 않은 공조를 하고 있었기 때문에 늘 상대를 자신의 목적달성을 위해 이용하고자 하였다. 빈드란왈레와 그의 청년 지지자들은 중앙정부를 압박하고 아칼리 달에게 일격을 가하려는 음모를 꾸몄다. 아므리크 싱이 석방되던 1983년 7월에 대중적 지지에 자신감을 얻은 빈드란왈레는 아칼리 달과는 별도로 독자적 무장투쟁을 위해 그는 자신의 추종 세력들과 함께 황금사원으로 들어가 인도 정부에 대항하여 무장 투쟁에 들어갔다.

빈드란왈레의 무장투쟁을 진압하기 위해 1984년 6월 약 70,000명의 인도 정부군이 동원된 소위 '블루스타작전'은 시크의 성지 황금사원의 일부를 훼손하고 빈드란왈레 일당을 전멸시켰을 뿐 아니라 약 300여명의 무고한 순례자들도 살상시켰다. 이 사건으로 시크 정치인을 비롯한 수많은 시크들의 저항이 있었으나, 결정적인 시크의 저항은 동년 10월에 두 명의 시크 경호원에 의한 인디라 간디 수상의 시해사건이었다.

2. 1984년 델리 시크 대학살 사건

1984년 인도 수도 델리에서 발생된 '시크 대학살'(Sikh massacre)은 흔히 인도 내 하위 커뮤니티들 즉 '시크'와 '힌두' 간의 갈등으로 알려져 있고, 또한 당시 중앙과 지방 정부 관료, 집권 여당의 일부 정치인, 국가 기관인 경찰 등이 묵인, 동조, 협력하였으며, 시크 집단에 대한 의도적이고 일방적인 집단 학살이었다는 점에서 제노사이드, 집단 폭력, 정치 폭력의 내용 모두를 포함하

그림 18. 시크 경호원의 인디라 간디 수상 시해사건

고 있다[29].

국가가 개입하여 시크라는 특정 종족집단을 의도적으로 살해했다는 점에서 1984년 인도 시크 대학살을 '국가 집단폭력'으로 규정될 수 있다. 비록 시크 대학살에 국가와 그 대행 기관이 표면에 나서서 개입하지는 않았지만, 이들의 묵종적인 방조행위 속에서 델리에 거주하는 힌두 민간인에 의한 시크 민간인에 대한 집단적인 폭력 행위였기 때문에 이 사태 역시 명백한 '국가 집단폭력'의 범주 속에 포함될 수 있다.

1) 1984년 델리 시크 대학살 사태의 전개와 해석

1984년 10월 31일 오전, 당시 인도 수상이던 인디라 간디는 두 명의 시크 경호원들로부터 총격을 입고 급히 병원으로 옮겨졌으나 결국 사망하였다. 그녀의 사망 직후부터 시크 대학살 사태가 진정된 11월 4일까지 5일이라는 단기간에 걸쳐 인도 정부의 공식적 발표에 의한 시크 사망자 수는 2,733명이었으며, 이로 인해 발생한 시크 미망인과 고아의 수는 각각 1,300여명과 4,000여

29) 그간 집단적 성격의 폭력과 관련되어 사용되고 있는 용어들 예컨대 '제노사이드'(genocide), '정치폭력'(political violence), '집단폭력'(collective violence) 등은 사용하는 학자와 맥락에 따라 다양하기 때문에 이들 용어간의 차이를 명확히 규정하는 일은 쉽지 않다. 예컨대 국가폭력 전문가인 로레이와 비즈리(Lorey, D. E. & Beezley, W. H. 2002, xv-xvi)는 집단 폭력을 특정 국가 '내부의 커뮤니티들 간'(intracommunity)에 발생하는 폭력으로, 그리고 제노사이드를 특정한 집단 사람들이 자신들과 종족적으로나 문화적으로 이질적인 집단의 사람들을 의도적으로 살해하는 것으로, 또한 정치폭력을 국가가 정치통제권을 확립하고 유지하기 위해 특정한 사회집단에 대해 가하는 압제와 핍박으로 각각 정의하고 있다. 그러나 제노사이드, 국가폭력, 집단폭력이 보여주는 제 특성들 간에 중복되는 점이 있기 때문에 이들 용어들을 확연하게 구분하는 일에는 여전히 어려움이 있다.

그림 19. 시위자들에 의해 불에 타 죽는 시크

명이었다. 시크에 대한 가해자로 알려진 힌두 집단에서 발생한 희생자는 단 한명도 없었다. 인도 정부는 이 사건을 인도사회 내에 고질적이었던 종족 집단 간의 갈등이 폭동의 형태로 발전한 것이라고 규정함으로써 이 사태 내에 국가의 개입을 전적으로 부정하고 있다.

사실 카스트, 종교, 언어 등의 이질성이 문제가 되어 상이한 집단들 간의 갈등과 폭력 사태는 인도의 근현대사 속에서 빈번하게 발생하였다. 이들 집단 간의 갈등 가운데 특히 힌두와 무슬림 간의 갈등은 흔히 '배타적 종파주의'로 풀이되는 '코뮤날리즘'[30] (communalism)으로 포장되었다.[31] 다수 집단인 힌두와 소수 집단인

30) 코뮤날리즘은 힌두, 무슬림, 시크, 기독교인 등이 종교를 토대로 하여 서로 구별되는 공동체를 형성하여, 종교적 사안 뿐 아니라 경제, 정치, 사회, 문화 등 비종교적 사안에 대해서까지 공동의 이익을 추구한다고 믿는 공동체 중심적 사고라 정의된다(Chandra, B. 1984,1–33).

31) 역사학자 판데이(Pandey, G. 1990a)는 인도 역사상 발생했던 코뮤날리즘의 역사는 그 자체가 구성물(construct)에 불과하다고 주장한다. 사실 영국 식민시대 행정관과 후대의 역사가들은 국가에 대항했던 폭동

그림 20. 살해당한 시크 시신들

므슬림 간의 갈등과는 달리 힌두와 시크 간의 갈등은 1984년 사태 이전에는 없었다.[32)]

1970~80년대 초에 인도국민회의[33)]가 이끄는 중앙정부와 펀잡의 정치세력 간의 역학관계는 중앙정부의 시크 성지인 황금사원

들까지도 코뮤날리즘적이라 단정 지었다. 판데이는 인도에서 그간 발생했던 상이한 종교집단 간의 모든 갈등을 '오리엔트' 사회인 인도가 지닌 특징으로 단정 짓는 본질주의적 태도는 경계되어야 한다고 주장한다.

32) 사실 힌두와 무슬림은 그 성격 면에서 매우 이질적이지만, 힌두와 시크는 상호 관련성이 상당히 많은 편이다. 모든 시크는 힌두로부터 개종하였기 때문에 1984년 시크 대학살 이후조차도 힌두와 시크 간의 혼인 사례가 적지 않다. 사실 인도 사회의 대부분 종파 간 갈등은 힌두와 무슬림 간에 일어났으며, 다수 집단인 힌두에 의해 동원되는 담론의 핵심 역시 "인도는 힌두 국가이며 이러한 전통을 무너뜨린 세력이 이슬람 세력이기 때문에 무슬림은 인도의 적"이라는 것이었다.

33) 인도국민회의(Indian National Congress)는 1885년에 영국식민정부에 대해 인도를 대표했던 조직이면서 정당이었다. 그러나 인도국민회의가 1970년대 인디라 간디를 중심으로 한 정당으로 변화하면서 그 명칭 역시 '인도국민회의(I)'가 되었다. 명칭 끝의 'I'는 인디라 간디 수상 이름의 이니셜인 'I'를 지칭하는 것으로 해석되어 왔다. 이 장에서 일반적으로 사용되는 '인도국민회의'의 명칭은 '인도국민회의(I)'를 지칭한다.

공격, 간디 수상의 피격, 델리 거주 무고한 시크들의 집단 학살이 라는 일련의 정치적 사건들을 통해 표출되어 왔다. 특히 이 장의 초점인 시크 대학살은 수천 명 시크 사망자 발생과 생존자의 정신적 외상 및 막대한 물질적 피해를 낳았다. 사건 직후 '시민위원회(Citizens' Com- mission)', '민주적 권리를 위한 국민 연합'(People's Union for Demo- cratic Rights, 이하 PUDR), '시민 자유를 위한 국민 연합'(People's Union for Civil Liberties, 이하 PUCL) 등의 NGO들은 피해 집단인 시크들과 함께 1984년 대학살에 직·간접 개입된 사람들의 처벌과 명확한 진상조사를 요구하였다. 이들 비정부기구 등의 집요한 요구에 못 이겨 결국 1985년에 인도국민회의 정부는 본 사건 조사를 위한 '란간나쓰 미스라 위원회'(Justice Ranga- nath Misra Commission)를 구성하였고, 1986년 8월에 이 위원회의 최종 보고서가 정부에 제출되었다. 그러나 시크 집단과 모든 NGO가 미스라 위원회의 최종보고서 내용을 인정하지 않고 보다 정확한 진상조사를 요구하자 8개의 크고 작은 위원회들이 추가로 구성되었다. 가장 최근 진상조사 보고서인 '나나와티 위원회'(Nanavati Commission)가 2005년 8월 정부에 진상내용을 보고하였다. 그러나 피해 당사자인 시크 집단은 본 조사보고서가 정부에게만 국가폭력사태로부터 면죄부를 주었다고 해당 보고서를 인정하지 않고 있다.

(1) 1984년 델리 시크 대학살 사건 경위

1984년 10월 31일 오전 9시 15분 인디라 간디는 두 명의 시크 경호원으로부터 총격을 입고 남부 델리에 위치한 '전인도 의학연구소'(All India Institute of Medical Sciences, 이하 AIIMS)로 급히 옮겨졌으나 결국 숨을 거두었다. 이 소식이 인도 국영방송과 신문 호외를 통해 알려지자, 인디라 간디 소속당인 인도국민회의 지지자들과 일부 델리 시민들은 시크들을 처단하자는 주장을 하기 시작했다. 오후가 되자 각목과 쇠몽둥이로 무장한 집단들과 인도국민회의 당원들이 '피에는 피'라는 구호를 외치며 거리와 시내버스 안에서 발견되는 시크들을 무차별 구타하였다. 이러한 소요는 AIIMS에서 시작되어 인근의 INA 시장, 유서프 사라이, 사우스 익스텐션 등 남부델리로 번져 나가면서 시크에 대한 직접적 공격과 시크 상점과 가옥에 대한 자산 탈취와 방화가 뒤 따랐다. 오후 6시 50분에 인디라 간디의 장남인 라지브 간디(Rajiv Gandhi)가 수상직 선서를 하였다. 동시에 그는 텔레비전을 통해 델리 내에서 벌어지고 있는 소요사태 중지를 호소하였다[34].

소요사태 첫째 날 밤에 있었던 인도국민회의의 대책회의 결과인 듯 둘째 날인 11월 1일부터 힌두들에 의한 시크에 대한 공격은 매우 조직적이며 극단적인 형식으로 변질되었다. 이날부터 델리의 재정착지구를 포함하여 델리 시내 전반에 걸쳐 유사한 유형의 체계적이고 조직적인 시크에 대한 테러가 동시 다발적으로 일어났다. 가해자들은 각목과 쇠몽둥이로 시크들을 구타한 후 이들 몸에 석유를 끼얹어 불태워 죽이는 잔인함을 공통적으로 보였다. 폭도들은 적게는 30–40명, 많게는 수백 명씩 몰려다니며 '시크들에게 본때를 보여주자', '인디라 간디를 애도하자' 등의 자극적인

34) NGOs와 정부 진상보고서들은 최소한 시크에 대한 첫째 날의 만행에 대해서는 간디의 사망으로 인한 일부 지지자들의 무작위적인 소요로 인정하는 편이다. 그러나 이들 진상 보고서는 첫째 날인 10월 31일 밤에 인도국민회의 고위 간부들과 지역 하위 당원들 간의 대책 회의를 조직적이고 계획적인 폭동의 시작으로 여기고 있다. 특히 가장 피해가 극심했던 델리 외곽지대에 위치한 재정착지구(Resettlement Colonies)의 피해자들은 자신들의 지역에서도 첫째 날 저녁에 인도국민회의 당원들의 대책회의에 따른 조직적 대응이 시작되었음을 증언하고 있다.

구호를 외치며 재정착지구, 코넛 플레이스, 중・상류층 주택지구인 바산트 비하르, 뉴 프렌즈 컬러니, 하우스 커즈에 살고 있는 시크와 그들의 주택과 상점을 공격하였다.[35)]

둘째 날부터 가해자들은 무차별로 시크 가옥을 공격하였다. 시크들이 문을 걸고 집밖으로 나오지 않으면 문을 파손하고 쳐 들어가거나 가옥에 방화하여 내부의 시크를 태워 죽였다. 이들은 모든 남성들을 구타 후 불태워 죽였다. 남성들의 살해 행위를 방해하지 않는 한 시크 여성과 어린 아이들은 목숨을 부지하였지만 여성들은 많은 경우 나이를 불문하고 집단 강간당했다. 이런 공격 뒤에는 시크 자산에 대한 탈취와 방화가 따랐다.[36)] 폭도들의 이동에는 트럭 등 사적 운송수단과 델리정부에서 운영하는 '델리 운송연합'(Delhi Transportation Cooperation, 이하 DTC) 버스도 동원되었다.

사건 3일째인 11월 2일에도 시크에 대한 집단 학살의 규모와 강도는 거의 줄지 않았다. 폭도들은 델리로 도착하는 모든 기차를 무단 정차시켜 차내의 시크들을 끌어내려 무참히 학살하였다. 이날까지 경찰력은 폭도들에 대해 매우 소극적인 대처로 일관하였다. 예컨대 경찰은 시크들의 구조 요청에 늑장 대처하거나 무반응이었다. 이 날 오후부터 델리의 중심부 지역에서의 폭동은 다소 수그러들기 시작했지만 델리 외곽에 위치한 재정착지구에서

35) NGOs 보고서들에 따르면 대학살을 직접 자행하였던 폭도들은 해당 지역에 익숙한 인도국민회의 하부 당원들과 지자체 의장 등이 분필로 시크 가옥을 미리 표시해 놓은 시크 집만을 공격하였다. 시크 가옥은 지역 유권자 대장과 물자보급 카드명부 등을 통해 파악되었다고 한다.

36) 진상조사보고서에는 이러한 잔악한 공격을 위해 가해자들은 돈을 받고 술, 무기, 석유 등을 사건을 주도한 것으로 지목되고 있는 인도국민회의 간부들로부터 공급받았다고 한다.

의 살육은 멈추지 않았다.

11월 3일 소요 사태 4일째 되는 날 인디라 간디의 국장이 치러지면서 폭동의 강도는 다소 누그러지기 시작했다. 이날부터 군부대의 질서유지와 철저한 야간통행금지가 실시되었으며, 이로 인해 폭동사태는 진정의 기미를 보였다. 사실 극심한 피해가 발생하였음에도 불구하고 당시 인도 내무부 장관은 사건 3일째 되는 날까지도 소요사태 진압을 위한 군 출동을 요청하지 않았다. 5일째 되는 날인 11월 4일에도 시크에 대한 공격이 간간이 있었지만 소요사태는 거의 진정되었다. 11월 4일에서야 비로소 인도 행정부와 민간집단에 의한 피해자 구호 캠프가 가동되기 시작했다.

(2) 시크 대학살을 바라보는 시각들

1984년의 대학살 사건 이후 대부분의 시크들은 펀잡을 중심으로 전개되어 온 시크분리주의 운동에 동조하였다. 1985년부터 1990년대 중반까지 인도 정부는 군과 경찰병력을 동원하여 펀잡 분리주의 운동을 분쇄시켰으며 이 과정에서 무고한 시크들에 대한 인권침해가 뒤 따랐다. 1984년의 시크 대학살 사건에 대한 상반된 해석은 대략적으로 다음과 같이 요약될 수 있다.

① 인디라 간디 피살에 격분한 일부 힌두들의 시크에 대한 우발적인 폭동

인도 인도국민회의 지지자들은 시크 대학살 사건을 우발적으로 발생한 종파적 폭동으로 인식하고자 한다. 이들은 시크 대학살을 조직적이고 체계적으로 특정 집단에 의해 저질러진 사건이 아님을 강조한다. 이들은 이 사건을 국가 지도자를 잃고 이성을 잃은 일부 과격한 힌두 시민들의 소행이 발단이 되었고, 여기에 도시 내 일부 불순세력이 사건에 가담함으로써 시크집단에 커다란 피

해를 가져다 준 것으로 인식하였다. 이 시각을 옹호하는 사람들은 시크 대학살을 펀잡에서의 일부 시크 과격 세력들에 의한 힌두 공격과 분리 독립운동 때문에 시크에 대한 국민적 반감이 간디 수상의 시해로 인해 외부로 폭발된 매우 우발적인 사건이라고 해석한다. 이 시각에 동조하는 사람들은[37] 경찰과 국가 기관이 조직적으로 개입했다면 훨씬 더 큰 피해가 발생하였을 것인데, 당시 경찰 등 공권력이 신속히 대처하여 사태가 단 5일 내에 종료될 수 있었다고 역설한다.

요약컨대 미스라 보고서와 나나와티 보고서로 대표되는 정부주도 보고서는 1984년의 시크 대학살이 힌두와 시크 사이에 일어난 일종의 '코뮤날리즘적' 사건으로 규정하고 이는 인도에 고질적인 종파적 폭력사태의 한 가지에 불과하다고 일축하였다. 이들 보고서들은 시크 대학살에 인도국민회의, 경찰 고위 간부, 고위 정치인의 조직적인 개입은 없었지만, 지역에 따라서 특히 재정착 지구 내에서는 간디 수상의 피격에 자연스럽게 격앙된 인도국민회의 일부 하위 당원들이 당의 방침과는 달리 시크를 공격한 점이 인정된다고 결론 맺고 있다.

② 인도국민회의 주도의 시크에 대한 조직적 대학살

모든 시크와 민간 진상조사위원회의 보고서들, 본 사건을 다룬 모든 학술연구들(Chacravarti, U. & Haksa, N. 1987; Tambhia, S. J. 1996; Dyke, V. 1996; Kaur, A. 1997; Kishwar, M. 1998 등)은 이 사건을 당시 집권당이던 인도국민회의의 조직적 개입으로 매우 체계적이고 사전 준비에 의해 이루어진 전형적인 '국가 집단 폭력'으로 규정하

37) 정부 주도 진상조사보고서들을 통해 소환된 당시 인도국민회의 고위급 당원과 일부 하위 당원들이 자신들의 법정진술서를 통해 이런 주장을 하고 있음을 알 수 있다.

고 있다. 이들은 특히 사건 이틀째부터 이루어진 시크에 대한 공격이 매우 유사한 패턴을 따르고 있다는 점을 들어, 시크 대학살이 조직적이고 사전 계획적인 것이라고 주장한다. 사건 피해자들과 목격자들은 인도국민회의 간부들, 이 가운데는 당시 인도 국회하원의원 사잔 쿠마르(Sajjan Kumar), 다름 다스 사스트리(Dharam Das Shasstri), 자그디시 타이틀러(Jagdish Tytler)와 같은 고위 당직자와 델리 주정부 정보통신 장관 바가트(Bhagat, H.K.L.) 등의 고위 정치인이 직접 폭동현장에서 지휘 지도하는 등 직·간접적으로 대학살에 개입하였음을 주장하고 있다. 앞서 언급된 정치인들은 현재 수천의 시크 생존자들에 의해 살인 지시 및 방조 혐의로 피소되어 있으며, 이들에 대한 재판은 진행 중이지만 아직까지 구체적인 혐의가 입증되어 법의 심판을 받은 사람들은 아무도 없다.

사건에 대해 이러한 해석을 하고 있는 사람들은 사건이 발생하여 구원을 요청하는 시크들에 대해 경찰이 극히 비협조적이었고, 국영방송이 인디라 간디 죽음에 대한 애도방송을 과도하게 방송함으로써 일부 힌두들의 폭동을 간접적으로 유도하였을 뿐 아니라, 중앙과 델리정부의 사태 진압에 대한 의지가 거의 결여되었음을 들어 시크 대학살을 엄연한 국가 주도 집단적 학살이라고 규정한다.

2) 시크 대학살의 양상들

시크 대학살의 진상을 밝히라는 시크집단과 NGOs의 요구에 밀려 인도정부가 1985년 '미스라 위원회'를 발족시킨 이래 지난 2005년 최종 결과발표를 한 '나나와티 위원회'에 이르기까지 1984년 사건 후 10여개에 이르는 진상조사위원회가 발족되었다.

각종 자료들 내의 진술 내용상에 상호 모순된 점도 발견되지만, 진상위원회의 보고서와 NGOs의 진상보고서, 시크 피해자의 법정 진술서, 경찰의 초등수사정보보고서들을 통해 다음과 같은 시크 대학살의 양상들이 발견된다.

(1) 시크 대학살에 연루된 가해자와 피해자

① 주요 가해자

시크 대학살은 이를 우발적인 힌두-시크 간의 종파적인 폭동으로 보려는 정부주도 위원회의 주장과는 달리 매우 조직적이고 사전 모의적인 국가 폭력이었다. 시크 대학살 작전의 최고 지휘부는 인도국민회의의 일부 국회의원과 델리 행정부 장관 및 경찰청장 등 국가의 고위직 정치인과 관료들이었다. 사건 당일인 1984년 10월 31일 저녁부터 이들은 학살 사전회의를 주도하였으며, 이들은 이 회의에서 지구당의 하위 당원들에게 학살을 위한 계획을 하달하고 이에 필요한 무기, 현금, 술, 석유 등을 지원하였다. 피해 시크들에 의해 고발 조치된 사잔 쿠마르, 자그디시 타이틀러, 바가트 등 고위 정치인과 당직자들은 학살 현장에서 직접 지휘를 하거나 행동대원들의 학살행위를 독려하였다. 한편 중앙과 델리정부 역시 사태 진화에 적극 나서지 않았다[38].

델리 경찰청장, 지구별 경찰서장, 일선 파출소장 등은 시크의 구조요청을 무시하거나 그들의 피해 상황을 축소하여 상부에 보고하는 등 간접적 방식으로 시크 살해 행위에 동조하였다. 비정부 조사위원회의 보고서에는 피해자와 목격자가 진술을 통해 심지어 일선 파출소의 소수 경찰이 폭도와 함께 살해에 직접 가담

38) 이에 대해 이들은 처음부터 일선으로부터 축소된 사건 경위를 받았기 때문에 초기에 사태의 심각성을 알지 못해 군을 동원하는 등 문제해결에 적극 대처할 수 없었다고 정부진상조사에서 변명한 바 있었다.

한 경우가 있음을 적시하고 있다. 또한 일선 경찰들이 자위 차원에서 마련한 시크의 칼과 총기류를 대학살 개시 이전에 회수함으로써 시크들의 자위책을 미연에 방지하였다. 더 나아가 일부 경찰은 구조요청을 위해 파출소에 찾아 온 시크를 안심시켜 귀가시킨 후, 즉시 이를 폭도들에게 알려주는 방식으로 간접적 살인 행위에 가담하였다.

경찰 뿐 아니라 소방대원과 철도 청원경찰 역시 직·간접적으로 시크 학살에 가담하였다. 예컨대 11월 1일부터 델리 역에 도착하는 열차들에 대한 폭도들의 무단정차가 무려 46번이나 일어났다. 일단 열차가 정차되면 수백 명의 폭도들이 기차에 들어 가 차안의 시크들을 무차별 학살하였다(Mishra Report 1986: 34-5). 델리 소방대는 폭도들의 방화로 인해 시크 소유의 상점이나 소규모 공장에서 발생한 화재신고를 묵살하였다. 또한 델리운송협회 버스 기사들은 폭도들을 델리 전역으로 신속히 이동시켜 주는 등 직·간접적 학살행위에 개입하였다.

살인과 방화를 저지르는 등 학살에 직접 가담한 주요 행동대원들의 연령은 20-50대 사이에 걸쳐 있었다. 이들 행동대원들은 델리 외곽 재정착지구의 힌두 불가촉천민인 방기(Bhangis)와 차마르와 델리 인근의 우타르프라데시(Uttar Pradesh)와 하리야나 주에 거주하는 '도시형 농부'(urban villagers)인 힌두 구자르(Gujjars)와 자트 카스트로 구성되었다. 이들 불가촉천민들은 막노동이나 청소부로 일하고 있으며, 인도국민회의를 늘 지지했던 사람들이었다. 이들은 인도국민회의가 주관하는 선거 캠페인이나 항의 시위 등 정치 행사에 늘 동원되었다. 이들은 재정착지구[39] 주변에 조성된 무허

39) 재정착지구는 델리 미화사업의 일환으로 1960년대부터 시작되었지만 실효를 거두지 못하였다. 그러나 1975년 인디라 간디의 비상통치 기간 동안 그녀의 차남 산제이 간디(Sanjay Gandhi)에 의해 반강제적으

가 빈민촌에 거주하고 있었는데, 대학살에서 재정착지구내에 소규모(대략 25평방 야드 규모) 가옥을 합법적으로 소유하고 있던 시크들을 살해하고 이들의 자산을 약탈하였다.

델리의 재정착지구와 경계하고 있는 인근 주들의 촌락에 거주하는 힌두 구자르와 자트도 시크 대학살에 직접 가해자로 참여했던 것으로 알려져 있다. 이들 대부분은 과거에 베르 사라이(Ber Sarai), 무니르카(Munirka) 등 델리 남부지역에 토지를 보유하였던 사람들이었지만, 뉴델리의 조성과 그 외연이 넓어지면서 자신들의 농지를 델리개발공사(Delhi Development Authority)에 헐값에 팔수밖에 없었던 사람들이었다. 자신의 토지를 상실한 후 이들 중 일

로 추진되어 현재의 델리 재정착지구가 조성되었다. 재정착지구 정책은 델리 내의 무허가 빈민 천막촌을 철거하여 이들에게 일정 조건으로 재정착지구로 강제 이주시키는 것으로, 재정착지구는 델리 서부와 동부 지역에 대대적으로 조성되어 1984년 당시 약 40여개의 재정착지구가 있었다. 이들 재정착지구의 인구밀도는 매우 높았다. 일반적으로 한 지구 당 적게는 약 30,000명, 많게는 300,000명이 거주하고 있다. 비인간적 방식으로 철거가 이루어졌지만 재정착지구에 입주한 사람들 대부분은 자신들이 집주인의 지위로 향상되었다는 생각에 인도국민회의 정부에 대한 강한 지지 세력이 되었다. 그러나 이들은 도시 외곽으로 강제 이주됨으로써 범죄의 온상에 늘 노출되었다. '다다'(*dada*)로 불리는 재정착지구의 지역 갱 리더들은 지역 정치인과 친분을 쌓고 재정착지구의 일부 토지를 통제하는 등 정치적 영향력을 지니고 있다. 이 지역 인도국민회의 하위 당원들은 인도국민회의와 관련된 폭력 행사에 언제고 사람들을 동원시킬 수 있는 재정착지구 갱 리더들과 연줄을 유지하고 있었다. 사실 갱 리더들은 1984년 시크 대학살에 불가촉천민들을 동원시켰을 뿐 아니라, 그 이후 이 사건과 관련된 법정진술과 정부 위원회의 조사모임에 불가촉천민을 동원하여 무력시위를 하는 등 인도국민회의를 위해 다양한 일을 하였다. 갱들의 이러한 서비스 대가로 인도국민회의 간부들은 갱들의 무허가 건축물을 합법화 시켜주거나 무이자 대출을 알선해주는 등 그들의 탈법적 행위를 철저히 보호해 주었다(Tarlo, E. 2000).

부는 보상받은 자본을 소규모 상점운영, 운송사업, 벽돌 공장 등에 투자하였지만 다른 상당한 수는 스쿠터 등을 운전하는 등 경제적 지위하락을 경험해야 했다. 따라서 토지를 상실한 사람들의 일부가 구원(舊怨)을 풀기 위해 대학살에 가담한 경우도 있었던 것으로 알려져 있다.

② 주요 피해자

시크 대학살의 피해자 역시 대부분 남성들이며 그 연령은 20–50대였다. 그러나 재정착지구에서는 상당한 수의 여성, 아동, 노인들도 학살되었다. PUCR과 PUCL 등의 NGOs 보고서 그리고 차크라바티와 하크사르(1987)에 의해 수행된 피해자와의 인터뷰 자료에 따르면, 청소년 시크 남성을 포함한 대부분의 남성들은 처참히 살해되었고, 여성과 아이들은 목숨을 부지하였지만 일부 여성들은 집단 강간을 당했다. 폭력은 시신에 불을 지르고, 살림살이에 대한 약탈과 방화로 마무리 되곤 하였다.

시크 학살은 델리 전 지역에 걸쳐 발생하였지만 거주지와 그들의 사회·경제적 지위에 따라 그 피해 정도의 차이는 매우 컸다. 시크에 대한 공격은 피해지역에 따라 다음의 3가지 유형으로 구분될 수 있다.

첫 번째 유형은 폭도들이 거리, 버스, 열차, 시장, 일터 등에서 발견되는 시크들을 무차별 공격하는 것이었다. 이 과정에서 일부 시크들은 처참하게 구타당하거나 피살되었다. 두 번째 유형은 라즈팟 나가르, 장푸라, 디펜스 컬러니, 프렌즈 컬러니, 사프다장 인클레이브, 펀자비 박 등 델리 중·상류층 거주 지역에서 야기된 시크에 대한 테러로서, 이 과정에서 주로 가옥, 사원, 상점 등만이 약탈되고 방화되었다. 이들 거주 지역에서도 소수의 시크가 살해되었지만 그 수는 많지 않았다.

세 번째 피해 유형은 집단 희생자가 가장 많이 발생한 재정착지구에서 일어난 것이었다. 대표적인 피해 대상지역은 트리록푸리, 칼이얀푸리, 만골푸리, 술탄푸리, 샤쿠르푸르였다. 이들 재정착지구에 거주하는 사람들은 주로 대량 학살되었다. 예컨대 트리록푸리에서는 1984년 10월 31일부터 11월 2일에 걸친 단 3일 동안 약 400명의 시크 남성들이 조직적으로 살해되었다. 이 지역의 대부분 시크 가옥과 사원은 자산이 약탈된 뒤 방화되었다.

이들 재정착지구에 거주하는 시크들 대부분은 1947년 인도-파키스탄 분리 독립으로 델리로 온 난민이었지만, 펀잡의 서부지역으로부터 온 소위 '펀자비 시크'(펀잡 출신 시크)가 아니었다. 사실 펀잡 출신으로 델리에 정착한 '펀자비 시크' 가운데 상위 카스트에 속하는 카트리 시크(Khatri Sikhs)와 자트 시크(Jat Sikhs)는 상위 카스트 출신 '펀자비 힌두'와 더불어 델리의 성공한 난민 집단에 속한다. 따라서 이들은 빈민 정착촌인 재정착지구에 거주하지 않았다. 다만 펀잡 출신 시크 가운데에서도 불가촉천민 출신인 마자비 시크처럼 가난한 시크들은 재정착지구에 거주하고 있었다.

주목할 점은 대학살에서 대규모로 학살된 재정착지구 시크들은 신드(Sindh) 지방(현재는 파키스탄에 속해 있다)의 시크리가르(Sikligarh) 지역 출신자들로서 흔히 이들은 '라바나 시크'(Labana Sikhs)로 불린다. 이들은 일상적으로 힌디 또는 신디(Sindhi)어를 사용한다는 점에서 펀자비와 힌디를 주로 사용하는 펀자비 시크와 구별된다. 라바나 시크의 전통적 직업은 '차파이'(*chapai*: 그물 침대) 만드는 일이었지만 현재 이들 대부분은 오토 릭샤나 자전거 릭샤를 끌거나 기차역에서 짐꾼 일을 하고 있다. 이들 가운데 소수는 기능공으로 건설 현장에서 일하고 어떤 이들은 중동에 단순 노무직으로 나가 있다. 당시에도 오토 릭샤나 기능공으로 일하는 라바나 시크들은 부지런하여 재정착지구 내에 벽돌집을 소유하는 등 재정착지구 내의 힌두에 비해 소득이 상대적으로 높은 편이었다. 대부분의 라바나 시크들은 1970년대 말부터 시작된 펀잡의 시크 분리주의 운동과는 전혀 무관한 시크들이었으며, 오히려 이들은 오랫동안 인도국민회의를 지지하였던 사람들이었다. 이들 피해자들은 인도국민회의의 탄탄한 지지세력 역할을 해온 자신들을 집단적으로 살해한 사실에 망연자실 하였다.[40)]

(2) 집단 폭력에 포함된 가해 레퍼토리

대부분의 집단 폭력에서 악성루머의 유포는 특정 소수집단의 피해를 키우는 주요 요인의 한 가지가 된다. 시크 대학살에서도 예외가 아니었다. 인디라 간디 수상이 사망한 10월 31일에 가장 먼저 유포된 루머는 "간디 수상 사망 소식을 듣고 델리의 시크들이 폭죽을 터트리고 서로 스위트(sweets)를 주고받으며 기뻐했으며, 펀자비 전통 춤인 '방글라' 댄스를 췄다"는 내용 이었다[41)]. 이 소문은 삽시간에 델리 전역으로 퍼져 힌두들의 시크공격을 가혹

40) 차크라바티와 하크사르(1987: 33)의 연구서에는 시크 대학살로 남편을 포함하여 14명의 집안 남성을 잃은 칼리얀푸리 재정착지구의 난키 바이(Nanki Bai)의 이야기가 포함되어 있다. 이에 따르면 난키 바이는 자신들이 현재의 주거지를 인디라 간디 수상이 배정해 주어 언제나 그녀의 정당을 지지하였는데 왜 처참한 희생을 당해야 했는지 이해할 수 없다고 망연자실하였다. 그녀는 남편의 학살에 대해 다음과 같이 이야기 한다: "그물 침대 제조업에 종사하던 나의 남편은 평소에도 안방에 인디라 간디 수상의 사진을 부착해 놓았으며, 그녀가 저격당해 사망하자 애도의 표시로 금식을 할 정도로 인도국민회의를 지지했었다. 남편은 피살당한 날도 금식을 하였는데 밥이라도 먹고 죽었으며 좋았을 것인데 죽어서도 얼마나 배가 고플까 생각하니 살아 있는 것이 죄스럽다"

41) 이 날 델리대학교 칼사 대학(Khalsa College) 학생들이 당해 11월에 있을 예술제 공연을 위한 방글라 댄스 연습을 한 것은 사실이었다. 그러나 이 춤 연습은 그 전부터 계속되었던 것이고 간디 수상의 사망 소식에 이들은 즉시 춤을 멈추었음이 확인되었다.

하게 만든 요인의 하나가 되었다.

다음 날인 11월 1일에 유포된 악성루머는 "시크들이 델리의 모든 우물에 독약을 뿌렸으며, 펀잡에서 델리로 도착한 열차에는 힌두 시신이 가득했다"는 내용이었다. 델리 경찰서의 경찰이 이 루머를 전화로 델리 전역에 전파시켰으며, 일부 경찰 순찰차는 확성기를 통해 이 루머를 델리 주요 주택지마다 전달하였다. 이들 루머들이 폭도들로 하여금 시크들을 더욱 잔악하게 학살하게 하는 촉진제가 되었음은 분명했다. 11월 1일 밤에 또 다른 루머가 떠돌았다. "시크 사원인 구르드와라에는 시크들의 무기가 잔뜩 준비되어 시크들이 야간에 힌두들을 집단 공격할 태세를 갖추고 있으며, 힌두 아이들을 납치하고 있다"는 시크의 힌두에 대한 보복 시나리오에 관련된 루머가 다음 날 유명 일간지에 그대로 소개된 바 있다(*Indian Express* 1984년 11월 2일). 또한 일부 병원에서 부상을 가장한 힌두들이 출몰하여 시크가 힌두를 공격하여 피해를 입었다는 루머를 퍼뜨리기도 하였다. 이러한 루머는 델리 시민들로 하여금 극심한 피해를 당하고 있는 시크들에 대해 동정심을 갖지 못하도록 하기 위한 것이었다. 또한 "도움을 주었던 힌두를 시크가 죽였다"는 루머는 이웃 시크를 보호하고 있던 일부 힌두들로 하여금 더 이상 시크를 보호하지 못하게 하려는 의도로 유포되었다. 루머는 더 나아가 만행을 저지르는 가해자 자신들을 정당화하는 데에도 이용되었다. 즉 시크가 힌두를 공격하기 때문에 자위 차원에서 그들을 살해했을 뿐임을 강조하는데 루머가 사용되었기 때문이었다.

시크 대학살의 우선적 목표물은 시크 남성들이었다. 이들은 집, 기차, 버스, 길에서 각목, 쇠몽둥이, 칼 등으로 무장한 폭도들로부터 집단적인 공격을 받았다. 일단 피해자가 실신하면, 폭도들은 몸에 석유나 다른 인화성 물질을 붓고 불태워 피해자의 정체를 파악하지 못하도록 하였다. 가옥에서 화를 피하기 위해 나오지 않는 시크에 대해서는 집에 방화하였다. 폭도들은 시크 가족 살해 후 살림살이를 약탈한 뒤 가옥을 방화하였다. 시크 남성들이 살해될 때 여성들은 거의 속수무책이었으며, 남성을 구하기 위해 반항하는 경우 여성들도 동일한 방식으로 살해되었다. 폭도들은 시크들의 집을 수시로 불시에 들러 숨어있는 마지막 남은 시크 남성까지도 살해하였다. 이들은 이런 살상 행위를 꽤 여유 있게 하였다. 구원을 요청하는 시크의 요구에 경찰이 전혀 응답하지 않았기 때문이었다. 시크들이 불타 죽고 있을 때조차 폭도들은 흥분하고 시시덕거리는 광경도 목격되었다. 이들의 만행이 간디 수상의 살해에 따라 우발적인 격분으로 일어난 것이라면 이런 광경은 있을 수 없었다는 것이 시크들의 주장이다.

폭도들은 남성 구성원을 죽인 후 여성 구성원을 나이에 관계없이 집단 강간한 경우가 많았다. 폭도들은 피해 여성들을 방이나 격리된 장소로 끌고 가 집단 강간한 후 여성들의 폐물을 빼앗았다. 약 440여명의 시크가 살해당한 '난드 나그리' 재정착지구에서는 80세의 할머니도 강간당했으며, 400여명의 피해자가 난 '트리록푸리'에서는 70대의 할머니가 가족들 목전에서 강간당하였다[42].

---

42) 이런 유형의 여성에 대한 강간은 피해자에게 심각한 굴욕감을 주고 피해자의 전체 집단에게 삶의 의욕과 도덕성을 한꺼번에 무너뜨리기 위한 것으로 풀이된다. 천만 다행으로 시크 남성 가족원의 일부가 생존해 있는 경우에도 대부분의 강간 피해자 여성 구성원은 이 사실을 입 밖에 내지 못하도록 강요받는다. 이 사실이 외부에 알려지게 되면 해당 가족은 사회적으로 매장될 뿐 아니라 미혼 여성의 경우 적합한 배우자를 만나기 어렵기 때문이었다. 따라서 치욕을 경험한 여성들은 자신이 당했던 신체적 폭력을 자신에 대한 '수치심'만으로 받아들여 평생 마음에 가두고 살아가야 한다. 또한 여성이 강간폭행을 당한 후 당국에 고소하였더라도 이를 위해서는 여성 스스로가 병원에 가 의

시크에 대한 폭력은 시크에 대한 존엄성과 종교적 상징물에 대한 파괴의 형식으로도 나타났다. 폭도들은 피해 마을에 있는 사원 내부로 들어가 신자들을 밖으로 끌고 나와 흉기로 가격한 후 여성 신도들 목전에서 불태워 살해하였다. 델리 시크사원운영위원회(the Delhi Sikh Gurdwara Management Committee)가 미스라 진상위원회에 제출한 보고서 내에는 폭도들이 사원에서 살아 있는 사람들을 불태워 살해하였음을 보여주고 있다. 또한 폭도들은 사원을 침탈하여 성경인 '구루 그란트 사힙'에 방뇨하거나 불태우고 벽에 부착된 구루들의 사진을 파괴하는 등 시크교 상징물에 모욕을 가하였다.

3) 시크 대학살 진상규명을 위한 움직임

대학살 종료 직후 '델리시민위원회'와 '민주적 권리를 위한 국민 연합' 그리고 '시민 자유를 위한 국민 연합' 등의 자체 사건 보고서가 1984년 11월과 1985년 1월에 각각 발간되었다. 펀잡 시크들의 거센 요구와 교착상태에 빠진 펀잡의 정치적 문제 해결을 위해 라지브 간디는 1985년 4월에 대법원 판사인 '란간나쓰 미스라'를 위원장으로 하는 소위 미스라 진상조사위원회를 발족하여 피해자들이 주장하는 주요 의문점을 규명하고 예방 대책을 세우도록 지시하였다. 이 위원회의 주요 임무는 델리 폭동이 인도국민회의 주도의 조직적인 국가 테러였는가를 규명하는 것이었다. 그리고 이와 유사한 사건이 재발되지 않을 예방대책을 마련하는 것 또한 위원회의 임무였다.

위원회는 관련 피해자와 목격자의 진술 및 경찰의 초등수사정

사로부터 진단서를 받아야 하는데, 그 검사 방식으로 인한 수치심 유발로 많은 여성들이 이를 포기한다(Kaur, A. 1997).

보보고서 등을 검토하고 정부 관료들을 비롯한 국가 기관 당사자들의 소환을 통해 테러에 직·간접 참여했는가 여부와 민간인 구조의 소홀 등에 대해서도 추궁하였다. 1986년 8월에 미스라 위원회의 최종 보고서가 정부에 보고되었다. 보고서는 델리 시크 대학살은 우발적인 사건이었고 하위직 일선 경찰, 인도국민회의 지역구 하위 당원들, 사회 불순세력들이 폭동에 참여한 주요 범인이었음을 밝힌 바 있다. 위원회는 이들을 사건의 주범으로 지목함으로써 인도국민회의 자체와 고위 공직자들에게는 면죄부를 준 셈이었다. 또한 위원회는 인도 사회의 범죄율이 점차 증가되어 가는 당시 상황에서 간디 수상의 피격처럼 급작스런 슬픔이 발생한 경우 사회의 불순세력들이 활개 칠 수 있었다는 점을 강조하였다. 결국 미스라 위원회 보고서는 바가트와 타이틀러와 같은 인도국민회의 고위직 인물들에 관련된 어떠한 구체적 혐의도 찾지 못하였다고 결론을 맺은 바 있다.

시크집단과 NGOs가 미스라 보고서를 거부하자 인도 정부는 1987년부터 2000년에 이르기까지 '제인-바너지 위원회', '아후자 위원회', '카프르-미탈 위원회', '제인-악그라알 위원회', '란지트 나룰아 위원회', '나나와티 위원회'를 연속적으로 발족시켜 각 위원회별로 대학살과 관련된 특정 사안들에 대한 진상을 규명하도록 하였다. 시크 대학살 사건 이후 인도 정권은 인도국민회의, 자나타당, 인도국민당의 순으로 이어졌으며, 2005년 5월 1984년 대학살 관련 정당인 인도국민회의가 연립정부 형태로 다시 정권 창출에 성공하였다. 시크인 '만모한 싱'(Manmohan Singh)이 현 인도 정부의 수상으로 취임하였지만, 모든 시크들은 그가 인도국민회의의 실질적 실력자인 라지브 간디의 부인이면서 인디라 간디의 며느리인 소냐 간디(Sonya Gandhi)의 꼭두각시에 불과하다고 생각하고 있다. 비록 만모한 싱이 시크지만 1984년의 시크 대학살에

그림 21. 시크출신 수상 만모한 싱의 나나와티 보고서에 대한 무력함을 풍자한 삽화

직접 관여한 사건의 진상조사를 제대로 할 수 없음을 시크들은 잘 알고 있다. 인도국민회의 정권이 들어선지 몇 개월이 지난 2005년 8월에 나나와티 보고서가 발표되자 모든 시크들은 그 내용을 수용할 수 없다며, 다시 항의 집회를 위해 거리로 나섰다. 결국 인도국민회의 정권과 연립정부를 구성하고 있는 소수 정당들의 지속적인 요구와 향후 시크 표를 의식한 만모한 싱 정부는 2005년 현재 '재외 인도인 장관직'을 맡고 있었던 타이틀러를 사임시키는 선에서 시크 피해자들의 비난을 무마시켜보려 하였다. 그러나 시크 피해자들은 보다 정확한 진상규명을 요구하고 있으며, 주요 가해자들을 법정에 세워 이들이 법의 정당한 심판을 받을 것을 요구하고 있다. 한편 나나와티 위원회의 최종 보고서는 1984년 시크 대학살 사건에 당시 고위 인도국민회의 간부들이 개입했었을 '개연성'만 언급하고 있을 뿐 이에 대한 정확

한 증거는 아직 확실하지 않다는 위원회의 종합적 견해가 포함되어 있다.

4) 시크 대학살 후의 인도 중앙 정치

앞서 살펴 본 1970~80년대의 중앙정부와 펀잡 시크 간의 정치적 역학관계는 1984년의 델리 시크 대학살은 인도국민회의가 주장하듯이 우발적인 힌두-시크 간의 종파적 갈등이 아닌 치밀한 정치적 계산에 의한 국가 폭력이라는 주장에 설득력을 주고 있다. 사회학자 키슈와르(Kishwar, M. 1997: 16)는 1984년의 시크 대학살을 펀잡에서 정치적 입지강화를 위해 시크 전체를 '반국가적 집단'으로 이미지화 한 후 황금사원을 공격하고 시크를 대량으로 학살하였던 인도국민회의의 정치적 술수의 연장선상에서 이해되어야 한다고 주장한다. 인디라 간디가 사망한 1984년 10월 31일 저녁에 수상 직에 오른 그녀의 아들 라지브 간디가 이끄는 인도국민회의는 이듬 해 7월에 있었던 총선에서 압도적인 승리를 거두었다. 인디라 간디의 죽음은 당시 인도국민회의 선거 캠페인에 적극 동원되었다. 1985년 선거 유세기간 동안 주요 거리마다 인디라 간디 초상이 그려져 있는 선거용 광고판이 세워져 있었다. 이 광고판은 그녀를 시해한 집단인 시크를 교묘히 대비하여 그녀의 죽음이 마치 인도 통합을 저해하는 시크집단들의 소행으로 읽히도록 꾸며져 있었다. 또한 "당신은 다른 국가에 충성하는 사람이 운전하는 택시를 타고 불안을 느끼시지 않으십니까?"라는 선동적인 선거용 광고 문구를 주요 일간지에 게재하여 인도인들에게 시크에 대한 부정적 이미지를 갖도록 함으로써 반사이익을 얻으려는 인도국민회의의 선거 전략도 있었다. 이는 델리 시내에 시크 기사가 가장 많다는 점을 염두에 둔 광고 문구였다. 시크를 이용한 선거 전략에 힘입어 인도국민회의는 전체 하원의석의 약 80%를 차지하는 대승을 거두었다. 이 선거에서 당시 대학살을 직접 지시한 혐의를 시크들로부터 받고 있었던 바가트와 타이틀러가 각각 델리 자신의 선거구에서 하원의원에 당선되었다.

5) 시크 대학살과 인도 국가폭력

1970년대 말과 1980년대 초 인도국민회의는 정치적 반전을 위해 당시 펀잡의 일부 급진파 시크에 의해 주도되던 칼리스탄 운동을 '반국가적' 성격으로 규정하고 힌두 대 시크간의 대립과 갈등 국면을 조성하였다. 인도에서 발생하고 있는 국가 폭력사태는 정권에 반대하는 세력을 '반국가적' 성격으로 규정함으로써 국가기구와 이들에 의해 동원된 행동대원들에 의해 자행되는 집단 학살을 정당화하고 있다. 이들 국가폭력 사태의 경우 정치인들은 종교, 인종, 카스트 등의 표시로 쉽게 식별될 수 있는 소수집단을 정치적 희생양으로 삼는 경향이 있었다. 예컨대 인도 사회의 가장 전형적인 정치적 희생양은 무슬림이었고, 1984년 델리 사태에서는 무슬림이 시크로 바뀌었을 뿐이다. 따라서 인도사회에서 카스트, 종교, 언어, 지역성, 부족, 인종 면에서 소수자가 되는 집단은 언제나 정치적 목적을 위한 희생양의 예비 리스트에 올라가 있는 셈이다.

인도의 국가폭력 역시 다른 국가와 마찬가지로 다수집단이 소수집단에 가하는 성격을 띠고 있으며, 폭력 사건들은 그 자체가 독립적 사건이 아닌 사회적 맥락과 정치적 환경과 밀접히 연관되어 있다. 국가 폭력은 특정 정치 세력에 의해 체계적으로 조직되거나 조정되기 때문에 여기에는 경찰과 군 병력 등 국가 대행기관이 폭력에 직접 가담하거나 테러 피해자 보호의 임무를 소홀히

하는 간접적 방식으로 관여하고 있다.[43)]

더 나아가 국가 집단폭력의 진상과 핵심 범죄자의 규명과 처벌에는 늘 어려움이 따른다. 특히 사태에 개입된 정권이 정부를 이끌고 있는 경우에는 더욱 그렇다. 1984년 당시 시크 대학살 사건에 대한 수차례의 진상조사위원회의 발표 내용에서 알 수 있듯이, 폭력에 직·간접으로 관여하였던 인도국민회의 의원들과 고위 당직자, 델리 경찰청장 등 고위 인사들에 대한 처벌과 이들의 지시에 따라 집단 학살을 직접 자행하였던 행동 대원들에 대한 처벌은 쉽지 않다. 국가에 의한 집단적 학살에 대해 인도 정부가 소극적으로 대응하는 태도는 비단 시크 대학살에서만 볼 수 있는 것이 아니다. 1984년 이후에 발생한 1992년의 '아요디야 사건'[44)]과 2002년 '구자라트의 고드라 사건[45)]' 등의 진상조사와 그 처리 방식도 1984년 시크 대학살의 경우와 매우 흡사한 양상을 보인다.

43) 약 3,000여명의 사망자를 낸 2002년 구자라트의 고드라 사태 역시 힌두근본주의 성향의 주정부와 경찰이 무슬림 살해와 재산의 파괴에 직·간접으로 개입했었다.

44) 아요디야 사태는 1992년 12월 6일 힌두 근본주의 세력들이 주도한 계획에 따라 힌두 성지인 아요디야에 모여든 수십 만 명의 힌두 자원봉사세력들(카르세박, *kar sevak*)이 라마 신의 탄생지로 알려진 땅(Ram Janmabhoomi)에 서 있던 이슬람 바브리 사원을 불법적으로 파괴한 사건을 전후에서 벌어진 일련의 사건을 의미한다. 아요디야 사태는 일부 주들 예컨대 서벵갈(West Bengal), 타밀나두(Tami Nadu), 비하르(Bihar) 등을 제외한 대부분의 인도 지역에서 1992년 바브리 사원이 힌두들에 의해 파괴된 사건을 전후하여 약 3,000명의 피해가 발생하였다(백좌흠 외 2003).

45) 고드라 사건은 2002년 2월 구자라트 주 고드라 역에서 무슬림들이 열차에 타고 있던 힌두 근본주의 소속 힌두들이 타고 있는 1칸에 방화하여 불태워 죽인 사건이 계기가 되어 힌두가 수천 명의 무슬림을 살해한 사건을 말한다.

1980년대 이후에 일어난 전형적인 인도 국가 폭력사태인 시크 대학살, 아요디야 사건, 고드라 사건들이 공통적으로 보여주고 있는 점은 이들 사태들이 독립적인 자발적 사태가 아닌 정치적 사건이라는 것이다. 특히 1980년대 이후부터 힌두 근본주의 세력들이 정치적으로 급성장하고 있는 사실과 인도 대부분의 정당들이 힌두와 소수 집단인 시크 또는 무슬림을 대립 구도로 삼아 다수 세력인 힌두의 정치적 지지를 목표로 하고 있는 점 사이에는 밀접한 상관관계가 있다. 그간 인도 국가 집단폭력 사태에 카스트와 종교는 언제나 유효한 정치적 자원으로 동원되어 왔다. 따라서 '우발적인 종파 간의 폭력사태'로 주장되는 시크 대학살 등 그간 인도에서 발생한 대부분의 집단 폭력사태는 세속적인 정치 권력의 획득과 유지를 위해 국가 권력이 직·간접으로 조정하고 계획한 전형적인 '국가 집단폭력'의 전형을 보여주고 있다.

3. 델리 시크 대학살 이후의 국내외 시크의 저항

시크 집단이 인도 현대정치에 본격적으로 등장하면서 발생한 주목할 만한 사건들은 시크 내부의 정치적 헤게모니를 장악하기 위한 내부적 갈등, '인도국민회의 I'(Indian Congress I)로 대표되는 인도 중앙정부와 펀잡 주정부와의 정치적 역학관계, 이들의 정치적 산물인 1984년 6월 인도 정부군의 시크 성지인 황금사원에 대한 공격인 '블루스타작전', 같은 해 11월의 '1984년 델리 시크 대학살'이었다.

델리 시크 대학살 사건 이후 인도에서 시크 무장 게릴라 전사들에 의해 가장 치열하게 시크 분리주의 운동이 전개된 기간은 대략 1985년에서 1995년의 약 10년 동안이었다. 이 기간 동안 발생한 각종 피해의 직접적 당사자는 국내에서 활동한 무장 시크 게릴라와 그의 가족들, 무고한 민간인, 게릴라 소탕작전에서 희생된 인도 군경이었다. 또한 펀잡에서 시크 분리주의자들에 대한 인도 정부군의 대대적인 군사 진압작전은 시크 무장 게릴라 외에 일반 민간인들의 인명살상과 다양한 형태의 인권침해를 가져왔다. 한편 인도 국내의 분리주의 운동에 자금과 무장대원을 지원하고, 더 나아가 칼리스탄 운동을 국제적 문제로 확대 재생산한 집단은 캐나다, 미국, 영국의 해외 시크 분리주의 지지자들이었다. 이들 지지자들의 핵심 세력들은 인도 펀잡의 분리주의 운동에서 살아남기 위해 해외로 도피한 급진파 시크들과 이들에 동조한 시크들이었다.

1) 델리 시크 대학살 이후의 펀잡 정치와 시크의 무장투쟁

1984년 블루스타작전과 델리 시크 대학살 사건은 인도 국내외 시크들에게 커다란 충격이었으며, 시크들로 하여금 시크 정체성을 확연하게 만드는 계기가 되었다. 이 사건들은 시크 문제의 종료가 아니었다. 이 사건 등을 계기로 펀잡에서는 시크 무력저항이 시작되었으며, 분리주의를 주장하는 목소리가 국내외 시크 사회를 장악하게 되었다. 황금사원의 공격과 간디 수상 피격 이후 시크에 대한 대학살은 국내외 시크의 정체성에 많은 변화를 가져왔다. 시크 정체성은 더욱 선명해져 갔으며 특히 상무적 전통이 고무되었다.

단 5일 동안에 인도 정부의 공식적 통계상 2,733명의 시크가 살해되었던 1984년의 델리 시크 대학살 사건은 인도 국내외 시크 사회에 커다란 변화를 가져왔다. 인디라 간디의 뒤를 이어 수상이 된 라지브 간디의 인도 정부는 더 이상 시크와 무관한 힌두

그림 22. 시크 저항운동에 동참한 전사들

정부일 뿐이었다. 이러한 점은 인디라 간디 사망 후 인도 수상이 된 라지브 간디의 "거대한 나무가 무너진 후 땅은 흔들리게 되어 있다"라는 언급은 시크들에게 인디라 간디 수상의 암살 후 벌어진 그 잔혹한 살상은 어쩌면 자연스런 결과이기 때문에 너무 슬퍼하거나 개탄할 필요가 없다는 식으로 들릴 뿐이었다(Gupta, D. 1996).

1984년 시크에게 닥친 일련의 참혹한 사건들은 그간 상당히 세속적이었던 일부 시크로 하여금 머리와 수염을 기르고 세례를 받아 칼사가 되는 일로 이어졌으며, 온건파 시크에 속했던 사람들조차도 인도 정부의 황금사원 공격에 대한 저항감을 공공연히 표출하였다(Deol, H. 2000; Jeffrey, R. 1994; Tatla, D. S. 1999). 이제 펀잡에는 더 이상 '펀자비'는 없고 '힌두' 또는 '시크'만이 존재하는 듯 하였다(Wallace, P. 1989: 459). 인도 군부대를 이탈하는 시크 병력들이 속출하였으며, 그간 빈드란왈레를 극단주의자 또는 테러리스트로 간주했던 시크들조차 이제 그를 시크교의 순교자로 생각하기 시작하였다(Mahmmood, C. K. 1996). 카스트와 계층적으로 내부의 이질적인 요소가 다분히 있는 시크 커뮤니티가 일순간에 동질화되어 내부적인 차이나 차별이 더 이상 없는 듯 하였다.

사실 황금사원의 공격에 이은 델리 시크 대학살 사건은 시크들의 내부 결속을 더욱 강화하게 만들었다. 인도 정부가 자신들의 조직적인 개입이 없었음을 강하게 부인하고 있지만, 인권단체와 시민단체 등의 주장에 따르면 이 사건은 국가의 대리 기관들 예컨대 경찰, 소방관, 델리 시 버스기사 등이 직·간접적으로 참여한 국민회의 정권 차원에서의 조직적 개입으로 인한 대학살이었다. 델리에서 시크 대학살 사건이 일어난 후 인도에서 시크로 산다는 것 자체가 매우 불안한 심리적 공황상태가 되었다. 이로 인해 펀잡 주 밖에 거주하던 약 5만 이상의 시크들이 펀잡으로 이주하였으며, 펀잡 내부에는 거처를 잃고 불안에 떨고 있던 약 2천명의 시크를 위한 난민 캠프가 설치되었다(Wallace, P. 1989)[46].

인도정부는 인디라 간디 피살 후 시크들을 테러분자로 이미지화 하는데 적극적이었다. 특히 1985년에 치러진 총선에서 압승을

46) 당시 펀잡 내의 힌두들에 대한 시크들의 공격이 예기될 수도 있었지만 민간인 차원에서 이러한 일은 벌어지지 않았다. 대부분의 펀잡지역 촌락들에서 힌두들은 소수자 집단에 속하였지만 시크로부터의 피해사례가 거의 없었다. 갈등이 최고조에 달했을 기간조차 비 시크 가족들에 대한 시크들의 공격이 거의 없었다. 1984년 델리 시크 대학살 사건 당시에도 이웃 시크들을 숨겨주는 힌두들이 많았다. 시크들은 인도 정부에 대해서는 비판적이고 적대적이었지만 일반 힌두에 대해서는 그렇지 않았다.

위한 국민회의의 선거 전략에서 시크들은 인도의 안정을 위협하는 테러분자로 선동적인 선거 광고문구에 등장하게 되었다. 인도 주요 도로의 선거 광고판에는 사망한 인디라 간디의 사진이 인도 지도를 배경삼아 부착되었으며, 여기에는 "내가 죽는다면 나의 모든 핏방울이 인도를 더욱 강성하게 만들 것이며 인도가 더욱 통합되게 할 것이다"는 인디라 간디의 연설문구가 적혀 있었다. 이러한 선거 광고는 시크를 인도의 통합을 위협하는 분리주의자로 이미지화 하였으며, 인도정부의 이러한 정치적 행태는 호전적인 시크 조직들이 급속하게 양산되는 원인으로 작용하였다 (Wallace, P. 1989).

인디라 간디 사망 직후 치러진 1984년 12월 총선에서 승리한 국민회의의 라지브 간디는 1985년 7월 당시 아칼리 달의 지도자였던 하르차란 싱 론고왈(Harcharan Singh Longowal)과 펀잡을 둘러싼 고질적인 문제들의 해결을 위한 합의서에 동의하였다. 이러한 합의서의 내용을 중앙정부가 이행하는 조건으로 같은 해 9월에 주 의회 선거를 강행하기로 하였다. 그러나 시크집단을 배반했다는 이유로 론고왈이 시크 무장단체로부터 암살당하고 그 뒤를 서르지트 싱 바르나라(Surjit Singh Barnala)가 계승하였다. 전인도 시크 학생연맹을 주축으로 한 무장 단체들의 집요한 선거 방해에도 불구하고 선거 결과는 아칼리 달의 절대적인 압승이었다. 라지브 간디의 1985년 합의안에 대한 불이행은 바르나라 정권의 합법성을 위협하였으며 시크 무장투쟁이 재발하게 된 원인이 되었을 뿐 아니라 이는 시크 내부의 파벌주의에 다시 불을 지핀 결과로 작용하였다.

빈드란왈레 사망 후 시크 커뮤니티를 장악할 적당한 인물이 부재한 가운데 빈드란왈레의 팔순 아버지 조긴더 싱(Joginder Singh)이 '연합 아칼리 달'(the United Akali Dal)의 이름 하에 다양한 파당을 연대시키기 위해 아칼리 달 지도자들에 의해 의도적으로 영입되었다. 조긴더르 싱의 업무수행능력이 부족했음에도 전인도 시크학생연맹은 그를 전폭적으로 지지하였다. 연맹이 인도정부와의 합의안 자체에 반대하고 1985년의 선거를 적극 방해했음에도 불구하고 당시 선거는 66.5%라는 상당히 높은 참여율을 보임으로써 방해 작전이 실패한 셈이었다. 이러한 선거 결과를 둘러싼 논쟁 끝에 빈드란왈레와 학생연맹 지도자였던 아므리크 싱을 중심으로 연합하였던 세력들이 '빈드란왈레 추종파', '아므리카 추종파', '담다미 타크살 추종파'로 세분화되었다.

1986년 4월 26일에 펀잡 암리차르에서 시크들은 대집회 성격의 사르바트 칼사(Sarbat Khalsa)를 개최하고서 시크 커뮤니티를 이끌어갈 '5명의 시크 공동체 위원회'(Panthic Committee of five)에 의해 '칼리스탄'(Khalistan)이라는 시크 독립 국가 건설을 위한 공식적인 천명이 있었다. 이 위원회는 '칼리스탄 코만도 병력'(Khalistan Commando Force), '칼리스탄 해방군'(Khalistan Liberation Army), '국제 바바르 칼사'(International Babbar Khalsa), '빈드란왈레 타이거'(Bindranwale Tiger), '시크학생연맹'(Sikh Student Federation), '칼리스탄 민족군'(Khalistan National Army) 등의 게릴라 조직들로 하여금 자신들의 목적 달성을 위해 무력사용을 인가해 주었다(Mahmood, C. K. 1996). 1986년 7월 25일 칼리스탄 시크 무장 게릴라들은 버스에 타고 있는 수염과 머리를 자른 시크들을 살해하는 것을 필두로 하여 힌두와 시크 민간인에 대한 테러를 본격적으로 시작하였다.

1986년 1월 합의안 핵심의 하나였던 찬디가르의 펀잡으로 이양 약속이 무기한 지연되자 전인도 시크학생연맹과 담다미 타크살의 강경파에 의한 황금사원에 대한 점거가 1986년 다시 재연되었다. 이에 인도 중앙정부는 1987년 5월 바르나라 펀잡 주 정권을 해산시키고 대통령의 직접통치를 실시하였다. 무장단체에 의한 황금사원 점거 사태는 1988년에 다시 재연되었다. 1986년 4월과 1988년 5월에 '블랙턴더작전 I, II'(Black Thunder Operation I, II)가 각각 수행되어 황금사원을 장악하였던 무장 세력은 인도정부 군에 의해 체포되었다. 블랙턴더작전 수행 이후에도 펀잡 내의 정치는 정상화되지 않았다. 1991년 6월 인도 중앙정권을 잡은 국민회의 정부는 펀잡 주 의회 선거를 유보시켜 1992년 2월에 선거를 실시하도록 하였지만, 시크 정당을 지지하는 유권자 대부분이 선거에 참여하지 않아 투표 참여율은 불과 21.6%에 그쳤다. 시크 모든 파당들은 중앙정부가 공정한 선거를 담보할 수 없다는 명분으로 선거거부 운동을 전개하였지만 결국 선거를 통해 국민회의가 주정부를 구성하였으며 이는 펀잡의 혼란을 가중시켰다.

대부분의 시크 무장단체는 무차별 테러를 자행함으로써 칼리스탄 운동의 이념과의 일관성 면에서나 도덕성 면에서 점차 시크집단으로부터도 호응을 잃어갔다. 1982년부터 시작된 시크 무장단체의 활약은 1992년까지 약 10년 동안 2만 명이 넘는 인명피해를 발생시키는 등 실로 폭력은 펀잡의 일상이 되었다. 이로 인해 경제는 파탄지경에 이르렀으며, 많은 수의 시크 청소년들은 무장투쟁에 참여하는 것을 인생의 경력으로 삼다시피 하였다.

이 기간 동안 '칼리스탄 코만도 병력'을 포함한 시크 무장단체들은 목표로 여긴 특정 개인뿐만 아니라 일반 민간인에 대해서도 무차별 공격을 가했다. 이러한 폭력은 인도 정부군에 의한 황금사원 공격이 있기 전에도 힌두 민간인, 정부요원, 힌두 종교지도자 등에 대해 자행되었지만 1985년 이후 그 수위가 크게 높아갔다. 일반적으로 무장단체의 공격에는 자동 소총, 로켓, 폭약, 폭탄 등의 경화기가 이용되었으며, 시크 무장단체에 의한 공격 대상과 형태가 다양하지만 이들은 내용과 형식면에서 다음과 같이 분류될 수 있다.

(1) 공공장소에서 민간인에 대한 무차별 공격

주로 사람들이 많이 모이는 시장, 주거지에서 자동화기로 무차별 난사하거나 폭탄투하를 하는 형식이다. 예컨대 1992년 3월 AK47로 무장한 4명의 시크 분리주의 무장단체 요원들은 펀잡의 루디아나 도심에서 민간인에게 무차별 난사를 가해 20명을 살해하고 많은 수의 부상자를 발생시켰다. 무장요원들은 달리는 차속에서 시내의 주거지역을 통과하며 무차별 난사를 가했다. 이들은 자신들의 행동을 인도 정부군의 무차별적인 시크 탄압에 대한 대가라고 주장하였다(*United Press International* 1992)[47].

(2) 힌두에 대한 공격

이는 무차별 공격이 아닌 특정 힌두 정치가나 종교 지도자에 대한 테러이며, 힌두 민간인에 대한 테러는 희생자가 힌두라는 이유로 살해하였다고 무장단체는 주장한다. 무장단체는 테러들로 인해 불안을 느끼는 힌두들이 펀잡을 벗어나 다른 지역으로 옮겨가게 되면 자연스레 펀잡은 시크들만 남게 될 것이라는 계산으로 힌두를 공격한다고 주장한다. 즉 펀잡에서 힌두들을 몰아내면 시크 독립 국가를 건설하기 쉽다는 생각에서 힌두를 무차별 공격한다고 주장한다. 1990년 11월 20일 펀잡의 암리차르 시내 힌두들이 밀집되어 있는 이슬라마바드 지역에서 '칼리스탄 코만도 병력'이 총기를 난사하여 13명의 힌두 민간인이 살해되었다(*New York Times* 1990)[48].

---

47) "Punjab on Red Alert After Another Massacre", *Agence France Press*, March 17, 1992.

48) "Attack by Punjab Gunmen Kills 13 and Wounds 15 at a Market", *New York Times*, November 21, 1990.

(3) 버스와 기차 등 공공운송수단 내에서 공격

시크 무장단체는 펀잡을 비롯한 인근 주들에서 운행되는 대중 버스와 기차의 민간인 승객을 대상으로 자주 테러를 가한다. 특정인을 대상으로 하지 않지만 대체로 힌두 승객을 선별하여 테러를 감행한다. 운행하는 운송수단을 정지시킨 후 힌두 승객만을 선별하여 살해하는 경우가 많았다. 예컨대 1987년 7월에 시크 무장 게릴라들은 하리야나 주 북부지역에서 두 대의 버스를 공격하여 30명을 살해하였다. 대부분의 희생자는 힌두들이었는데 시크 무장 게릴라들이 버스 내부에 들어와 힌두들을 선별하여 밖으로 끌고나가서 총격을 가했다. 다른 요원이 버스 내부로 다시 들어와 남은 모든 승객을 총으로 사살하였다. 이 사건이 일어나기 전날에는 펀잡에서 버스에 총격을 가해 40명의 승객이 사망하고 27명의 승객이 중상을 입었다. 이 버스 속의 대부분의 힌두는 우타르프라데시의 힌두 성지로 순례차 가는 중이었다(*United Press International* 1987).[49)]

(4) 선거 관련 공격

1991~1992년 사이의 펀잡 내에서 치러지는 선거를 방해하기 위해 무장단체들은 입후보자들을 중심으로 테러를 가하였다. 예컨대 1991년 인도정부는 대통령의 직접통치를 실제적으로 끝내는 주 의회 의원선거를 펀잡에서 실시하고자 하였다. 시크 무장 게릴라들은 투표를 펀잡에서 허용하는 것은 인도 정부의 통치를 정당화시켜주는 일이며 독립 국가를 세우려는 시크들의 노력을 허사로 만드는 일임을 주장하며 선거를 거부하기로 선언하였다. 선거 유세 과정 속에서 24명의 후보가 암살당했으며, 이는 종국

49) "Two more bus attacks bring death toll to 67 in 24 hours", *United Press International*, July 7, 1987.

적으로 인도정부로 하여금 1991년의 선거를 다음 해로 유보하도록 만들었다(*Telegraph* 1991)[50)]

이들 네 가지 유형 외에도 시크 무장단체들은 정부 요인, 종교지도자, 신문방송기자, 경찰가족들에 대하여 테러를 가하였다. 예컨대 정치 지도자 가운데는 판사나 주장관이 주요 테러 목표물이었으며, 신문기자들 가운데는 힌디 신문 기자들 뿐만 아니라 <*Human Right Watch*>같은 인권관련 기자들도 테러의 주요 희생자들이었다. 펀잡에서의 '테러와의 전쟁'에는 군인들뿐만 아니라 경찰들도 주요 병력의 일원이었기 때문에 경찰가족은 시크 무장 게릴라들의 주요 목표물이 되었다.

펀잡에 거주하는 시크와 힌두 민간인들은 시크 무장 게릴라와 인도 정부 진압군으로부터 인명피해 뿐 아니라 인권침해를 동반한 신체적·정신적 테러를 이중으로 당하였다. 펀잡 내에서 일반 시크들은 인도 정부로부터 잠재적인 시크 무장 게릴라로 차별을 받아오는 등 심한 소외감과 불안감을 느꼈다. 그러나 대도시에서 시크와 힌두 간에 소수의 긴장관계가 보고된 바는 있었지만 펀잡 대부분의 촌락들에서 일반 힌두와 시크 간의 긴장과 갈등이 일어난 적은 거의 없었다.

무장투쟁이 심화되었던 당시 펀잡 농촌지역 젊은 층의 시크들은 소외감을 크게 느끼고 있었다. 어차피 교육과 직업의 기회 면에서 비관적이었기 때문에 이들은 무장단체의 유혹에 늘 노출되기 십상이었다. 이처럼 당시 종교적 이유와 실업상황은 청년 시크들이 테러 조직에 가입하게 되는 중요한 요인으로 작용하였다. 일단 무장 단체에 가입되면 이들은 자동차나 오토바이를 타고 테러 대상을 급습하고 도망치는 일을 하였다. 이들에게 이러한 일

50) "Candidates Elimination Plan in Punjab", *Telegraph*, May 15, 1991.

은 새로운 사회에서 자유와 이상을 지닌 시크로서 자존을 고양시키는 일로 해석되었다(Wallace, P. 1989). 또한 소수의 청년 시크 무장 게릴라는 처음에는 시크 무장 게릴라에 동조하지 않았지만 인도 정부군으로부터 불신검문, 구속, 감금, 구타 등의 경험을 당한 후 시크 무장 게릴라 집단에 가입하였다.

이처럼 시크 무장단체의 구성원이 지속적으로 충원된 데에는 실업과 소외감 그리고 경찰 등으로부터 탈법적인 폭력 경험 등이 민간 시크들에게 무장 게릴라들에게 동정을 표하거나 가입하는 계기가 되었기 때문이었다. 이 밖에도 시크들이 순교의 전통을 강하게 신봉한 점이 지속적인 무장세력 구성원의 충원을 가능하게 했다는 주장도 제기되었다(Judge, P. S. 2005). 시크 무장투쟁 기간 중에 소위 테러리스트로 인도 정부군에 의해 사망한 수많은 시크들이 순교자의 반열에 올라 순교자 의례가 수행된 바 있었다. 가장 대표적인 인물이 150명의 살인 사건에 연루된 펀잡의 구르다스푸르 출신의 당시 20대 청년 투판 싱 침마(Toofan Singh Cheema)는 정부군에 의해 사살되었지만 그 이후 당시 지역 신문에서 가장 대대적으로 순교자로 칭송을 받고 순교자 의례를 받은 바 있었다. 무장 투쟁 중 사망한 시크와 그의 행동은 시크 집단 내에서 칭송이 자자했으며, 시크 교단의 대단한 영웅으로 간주되었다. 이런 시크는 적절한 절차에 따라 순교자의 지위를 받게 되고 일반 사람들은 그에게 경의를 표하였다. 무장투쟁이 한창일 때 시크 기관지와 지방 신문에는 사망한 무장투쟁 시크의 순교자 의례에 대한 광고가 자주 등장하였다. 그가 실제로 인도 정부군과 실전에서 사망했거나 또는 실전을 가장한 채 다른 방식으로 정부군에 의해 사망하였는가는 순교자의 반열에 오르는 일에 중요하지 않았다. 무장 게릴라 집단 내 권력투쟁이나 갈등으로 사망하는 일을 제외한 모든 투쟁원은 순교자가 될 수 있었다. 이러한 시크 칼리스탄 운동에서의 순교자의 전통은 청년 시크들로 하여금 무장 단체에 가입하도록 하는 '당근'으로 작용한 면이 없지 않았다(Judge, P. S. 2005: 191).[51)]

민간인에 대한 보복성 공격 등으로 인해 무장투쟁이 초기 이념과 원동력을 점차 상실하고 다른 한편으로 인도 정부군이 다각도 진압작전을 펼쳐 오자 시크 무장 세력의 총구는 더욱 더 무고한 민간인을 향하게 된 경향이 있었다. 시크 무장 세력에 의한 무고한 민간인의 피해는 1985년에 63명으로 시작하여 1990년 2,467명에서 1991년에는 2,591명으로 증가하는 추세였다(Puri, H. K. 1992: 7). 이들 민간인 피해자에는 힌두 뿐 아니라 시크들도 포함되어 있기 때문에 일반 시크들은 인도 정부군뿐만 아니라 시크 테러집단도 점차 두려움의 대상이 되었다. 사실 일부 시크 테러조직은 칼리스탄 주에서 시크들이 반드시 지켜야 할 종교적 규칙을 시크들에게 강요하였다. 예컨대 시크 학생들에 대한 복장 규칙, 시크 사회 일반에 대한 혼인식 지침, 일상적 대화를 포함한 모든 의사소통에서 펀자비 사용 강요 등이 있었으며, 이를 지키지 않는 개인은 폭력과 살해의 대상이 되었다(Tatler, D. S. 2006: 69).

2) 시크 인권침해와 해외로의 도피

펀잡 주는 1987년부터 1992년까지 대통령의 직접통치 하에 있었다. 국제사면기구는 이 기간들을 공식적인 법체계가 붕괴되어

---

51) 인도 정부군 역시 시크 무장 세력과의 전투에서 사망한 군경을 순교자로 간주하여 그의 이름을 딴 거리와 신도시 및 기관이 등장하였다. 따라서 시크의 순교자 전통은 이러한 정부군의 일련의 순교자 정책으로 크게 훼손된 면이 있었다. 따라서 당시 '순교자'와 '범죄자'를 구분한다는 자체가 어려웠으며 큰 의미를 갖지 못한 면이 있다(Tatla, D. S. 2006: 71).

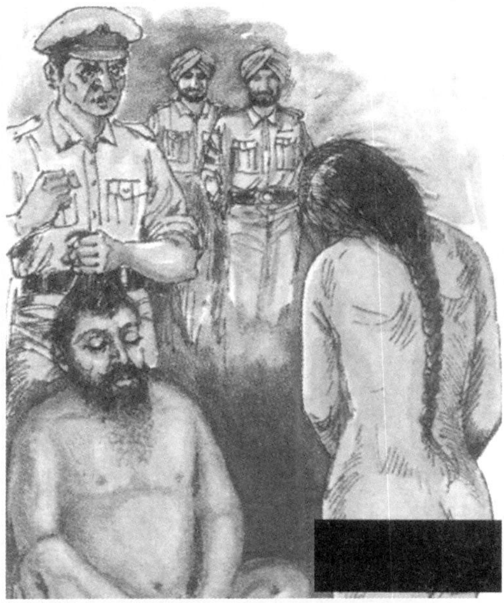

그림 23. 칼리스탄운동 진압과정 속에서 수많은 시크에 대한 인권침해가 있었다

실종, 인질, 임의 구속, 살해 등이 자행되고 테러가 체계적으로 일어난 것으로 보고하고 있다. 이 기간에 사망한 약 1만 5천명 이상의 시크들은 인도 정부군과 시크 무장 게릴라 양측으로부터 공격받은 사람들이었다. 이들 사망자 가운데 상당한 수의 민간인들은 시크 무장단체 진압을 위한 인도정부의 대테러 작전 속에서 인도 정부군에 의해 사망하였다. 경찰과 군 병력으로 이루어진 대테러 진압군은 펀잡지역에서 테러진압이라는 명분 하에 시크 무장 게릴라 외에도 이들의 가족, 친지, 이웃, 친구에게 인권침해에 해당하는 폭력을 가했다. 예컨대 인도 진압군은 시크 민간인과 시크 무장 게릴라로 의심되는 사람들에게 임의동행, 고문, 장기인신구속, 실종, 살인 등을 자행하였다. 감금과 구속과정 속에서 사망한 시크들은 대테러 전투 과정에서 사망한 것으로 기록한

허위 보고서가 작성되었다. 시크 무장 게릴라 색출이라는 명분으로 영장 없이 시크 가택을 수색하는 인도 군경의 많은 탈법적 행위가 인권침해로 제소되는 일은 거의 일어나지 않았다.

군경이 시크에게 가하는 고문의 대상은 시크 무장 게릴라로 의심되는 용의자, 그의 가족과 이웃이었는데, 흔히 고문은 시크의 정부군에 대한 공격의 보복으로 이용되었다. 예컨대 1990년 8월 펀잡의 카투난갈(Khathunangal) 인근의 5개의 마을 200여명의 거주자들이 군경에 의해 포위당한 채 일부 진압군에 의해 심한 구타를 당했다. 이 가운데 일부는 경찰서에 끌려가 고문을 당했다. 이 일은 시크 무장 게릴라들의 소행으로 알려진 지프차 폭발 사건이 일어난 다음날 일종의 보복차원에서 행해진 것이었다. 민간인에 대한 고문이 문제시 되더라도 고문에 간여한 당사자는 잠시 대기발령 상태에 있다가 곧 바로 복직되었다(Amnesty International 1992: 30)[52]. 시크 무장 게릴라 용의자의 실종사태는 빈번하게 일어났다. 정확히 알려지지는 않았지만 이런 식으로 실종된 수는 펀잡 내에서만 수천에 이른다고 추정된다. 실종자에 대한 문의나 항의가 제기되면 수감 자체를 부인하거나 탈옥했다고 변명하였다. 따라서 실종자 가족과 친지들은 희생자의 운명조차도 현재까지도 알 수 없다. 실종자의 대부분은 살해되어 유기되었을 것으로 믿고 있다.

1992년에는 반테러 전략과 진압으로 명성이 높았던 길(Gill, K. P. S.)이 펀잡 총경으로 임명되면서 다양한 테러 진압작전이 전개되었다. 1992년부터 인도 정부는 펀잡 경찰병력, '중앙예비경찰병력'(Central Reserve Police Force), '국경수비대'(Border Security Force) 등 다양한 병력을 동원하여 펀잡 내 칼리스탄 운동에 종지부를

52) Amnesty International, 1992, *India: Torture, Rape & Deaths in Custody*, London, p. 30.

찍고자 하였다. 또한 중앙정부는 '국가 안전법', '테러지역 특별법안' 등 다양한 반 테러법안을 제정하여 진압작전을 법적으로 지원하였다. 펀잡 주 총경인 길의 지휘 하에 수행된 진압작전은 극심한 인권침해 사안을 발생시켰다. 자신이 공언한 펀잡에서 시크 무장투쟁의 완벽한 진압이란 목적달성을 위해 길 총경은 피의자에 대한 고문 등 탈법적인 일을 무시하거나 이를 고무하기도 하였다. 또한 길 총경은 고위급 시크 무장 게릴라를 사살한 경찰에 대해서 포상하였으며 이러한 포상제도는 경찰력이 시크에 대해 탈법적으로 인권을 침해하도록 하는 계기로 작용하였다(Human Right Watch 1994)[53].

편잡의 무장 세력의 핵심은 자트(Jat) 시크 농민층이었으며 이들을 지지한 기반세력 역시 자트들이었다. 자트 시크가 펀잡의 지배적 집단으로 칼리스탄 운동의 핵심 리더들이었다는 점은 인도 중앙정보국 요원들에 의해 운동 핵심세력을 장악하는 요인으로 작용하였다. 인도 중앙정보국은 파벌주의, 과도한 경쟁의식, 평등주의, 명예 추구, 수직적 관계를 강조하는 자트 시크의 사회・구조적 특징을 파악하여 이를 칼리스탄 주요 무장투쟁 요원들을 색출하는데 이용하였다. 즉 체포된 자트 시크 핵심 요원은 자신과 경쟁관계에 있는 다른 시크 무장투쟁 조직에 대한 단서를 제공함으로써 함께 붕괴하도록 만들었다(Pettigrew, J. 1995).

인도 정부의 다각적인 반테러 진압작전, 법적 지원체제 확립, 펀잡 내 시크 사회・구조적 특성을 토대로 한 주요 테러범의 검거 등을 통해 대체로 1994년을 기점으로 펀잡의 칼리스탄 운동은 거의 붕괴되었다(Singh 1996). 앞서 언급한 것처럼 인도 정부의 지원으로 1992년 주 선거를 통해 국민회의가 정권을 창출하였지

53) Human Right Watch, 1994. *Dead Silence: the Legacy of Abuses in Punjab*, p.38.

만, 정치적 소요가 다소 잠잠해지는 1995년에 정치판에 복귀한 아칼리 달은 힌두 보수정당인 바라티야 자나타 당과 연합전선으로 1997년 선거에서 펀잡 주 정권을 창출하였다. 이로써 펀잡 주에는 중앙정부와의 타협과 대립 각을 세우는 정치적 관계가 정상으로 복귀되었으며, 최소한 인도 국내에서 인도 중앙정부를 위협할 정도의 심각한 칼리스탄 운동은 더 이상 재기되지 않았다 (Deol, H. 2000; Tatla, D. S. 1999). 물론 이후에도 작은 규모의 테러기도가 있었지만 국제 바바르 칼사 조직 등은 1992년을 전후로 하여 거의 붕괴되었다. 2005년 5월에 해외에 근거지를 두고 있는 시크 테러집단의 사주를 받은 인도 국내 바바르 칼사 조직원이 인도 뉴델리의 두 곳의 영화관에서 일어난 폭파사건을 주도하였다고 알려졌지만 이들 사건을 제외하면 주목할 만한 다른 테러사건이 일어나지 않았다(Singh, M. P. 2005).

앞 장에서 언급한 바와 같이 1986년부터 2006년까지 '1984년 델리 시크 대학살' 사건과 관련한 약 10개의 각종 진상조사 위원회가 인도 정부의 지시로 구성된 바 있었다. 그러나 이들은 당시 사건에 대한 책임자 규명에 실패하였고, 이에 불만에 찬 시크 집단들의 정확한 진상파악과 책임자 처벌에 대한 요구는 계속되고 있다. 델리 대학살 사건 그리고 1985년부터 1995년 약 10년에 걸친 펀잡의 시크 분리주의 운동에 직·간접적으로 참여한 분리주의 운동원과 그 가족들은 많은 인명피해와 인권침해를 당했다 이에 대한 진상규명은 2008년 현재 시크 출신이 인도정부 수상직에 있음에도 불구하고 쉽게 해결될 수 없는 복마전 같은 정치적 문제이다.

1984년 두 번에 걸친 정부군의 직·간접적 시크 공격과 10 여년 동안 자행된 시크에 대한 인명피해와 인권침해에 대한 본질적인 해명과 보상을 위한 초보적 단계에도 들어서지 못한 실정이다. 특히 이들 사건들에 직접적으로 간여한 책임자에 대한 법적 조치가 거의 되지 않았지만 인도 국내에서 이들 문제를 제기하고 나올 시크 정치적 집단은 거의 없는 형편이다. 물론 펀잡의 일부 시크 조직들이 황금사원 내에 블루스타작전으로 침탈된 성지와 관련한 기념관을 건립하겠다는 등의 발언으로 중앙정부를 압박해 보지만 그 효과는 미미한 형편이며 이들의 일련의 집단적 행동에 대한 정부의 감시와 대처도 매우 강력하다.

이처럼 인도 국내에서 시크 문제를 제기하고 나오는 것 자체는 그 위험부담이 클 뿐만 아니라 그간 10여년 이상을 테러의 지옥에서 지낸 펀잡의 일반 시크들의 호응도 기대할 수 없는 실정이다. 그러나 인도 국내의 시크 침탈과 인명피해 및 인권침해에 대한 아무런 조치가 성사되지 못한 인도 국내의 정치적 현실은 해외 일부 급진파 시크들에게 칼리스탄 운동의 지속력을 제공하는 기반이 되고 있다.

제5장 시크의 초국가적 민족주의

1. 해외 시크의 칼리스탄 운동

시크의 해외 이주사는 크게 보아 영국과 북미로의 이주사로 요약될 수 있다. 펀잡 지방은 영국 식민통치하에서 이미 '캐널 컬러니'조성으로 펀잡 내 이주를 경험한 바 있으며, 영국 식민정부의 '시크 연대'의 일원으로 영국군 주둔지였던 극동지역, 아프리카, 유럽 등에 일찍이 배치된 바 있다. 이러한 역사적 경험은 시크들이 해외의 새로운 사회에 대한 호기심과 해외 이주를 통해 가족의 명예인 '이자트'(*izzat*)를 드높이고자 일찍부터 새로운 기회를 해외에서 찾게 되는 토대가 되었다. 해외 이주 역사 속에서 해외 시크 이주자들은 펀잡의 가족과 친지들과 친족, 혼인 등 다양한 사회·문화적 맥락에서 상호 관계를 유지하고 있었으며, 이러한 관계는 교통·통신수단의 급격한 발달로 더욱 강화되어 가고 있다.

1970년대부터 유럽과 북미, 특히 캐나다의 경우 정착국의 다문화주의(multiculturalism) 정책이라는 우호적인 사회·문화적 환경 속에서 인도에서 이민 온 사람들의 상당수는 정착국에서 시크의 종교적 상징물인 터번과 수염 등의 전통을 고수할 수 있었다. 사실 1970년대 보다 훨씬 전에 이주를 왔던 시크들은 현지의 인종차별을 피하기 위해 자신들의 종교적 상징물의 외형적 착용을 일찍이 포기하였다. 따라서 해외 시크 구르드와라 내부에는 종교적 상징물 착용을 포기하고 현지 문화에 상당히 적응해 온 온건파와 종교적 전통을 고수하고자 하는 이민 후발 주자들의 급진파 간에 특정한 사안을 둘러싼 긴장과 갈등의 조짐이 외부로 드러나기 시작하였다. 1970년대 말부터 서서히 시작된 인도 내 시크 분리주의 운동과 1970년대 말과 1980년대 초 인도 정부의 시크 집단에 대한 정치적 압박이 본격화되자 해외 시크 사회에서도 점차 분리주의를 지향하는 단체들이 등장하기 시작하였다.

1985년부터 격화된 시크 무장 게릴 활동에 대한 인도 정부군의 대대적인 소탕작전이 전개되면서, 시크 무장 전사 뿐 아니라 이들의 색출과정에서 시크 일반인에 대한 구금, 납치, 살상 등 심각한 인권침해 상황도 야기되었다. 특히 정부군에 의해 시크 분리주의 운동가들에 협조한 혐의에 연루된 것으로 의심받은 다수의 시크들은 펀잡을 떠나 미국, 캐나다, 유럽, 동남아 국가로 정치적 난민[54]의 길을 선택할 수밖에 없었다.

시크 대학살 이후 정치적 난민 자격으로 분리주의를 지향하는 시크들이 영국과 북미로 대거 입국하자 급진파 시크 집단들의 세력이 강화되면서 해외에서 대부분의 구르드와라를 장악하였다.

54) 1984년에 시작된 시크 난민의 수를 정확하게 파악하기 어렵지만 외국에 난민자격을 신청한 인도인 대부분이 시크로 알려져 있다. 예컨대 1984년 독일에 난민 자격을 요청한 인도인이 1,083명이었는데 1986년에는 6,554명으로 급증하였으며 1996년에도 4,130명이었는데 이들 대다수가 시크 난민이었다. 난민 자격을 획득 한 사람들은 거의 없지만 이들 대다수는 독일에 임시 체류허가를 받게 되었다(Tatla, D. S. 1999). 독일 외에도 영국, 캐나다, 미국 등의 국가에도 유사한 난민자격을 신청한 시크가 1985년 이후 급증하였으며 많은 수의 시크들이 임시 체류 자격을 획득한 바 있다.

급진파의 대부분은 1970년 이후에 이주해 온 시크들로 많은 수가 터번을 착용하였다. 1984년 황금사원이 인도 정부군에 의해 유린되고 이어 시크 대학살이 일어나자 해외 시크들은 울분에 가득 차 인도 정부에 대항하는 무장 게릴라 집단에 동조하는 경우가 일반적이었다. 이처럼 1984년 황금사원 공격과 델리 대학살 사건은 해외 시크 집단을 졸지에 '희생 디아스포라'(victim diaspora)로 그 성격을 변화시키게 되었다.

1984년 6월에 황금사원이 인도 정부에 의해 유린되자 해외 시크들은 당시 수상이었던 인디라 간디의 허수아비를 불태우는 등 자신들의 분노를 표출하였다. 동년 10월 말에 인디라 간디가 시크 경호원에 의해 시해되자, 캐나다 밴쿠버(Vancouver)에서 시크들이 다운타운에 나가 '스위트'를 나눠먹으며 춤을 추고 환영하였다. 영국에서도 인디라 간디가 암살된 직후 특히 이민 2세 시크들이 암살을 축하하는 거리 축제를 열었다. 그러나 3일 뒤 델리의 시크 대학살이 자행되자 다시 해외 시크들은 인도 정부에 대

그림 24. 1984년 6월 황금사원에 침탈에 캐나다 밴쿠버 다운타운에 모여 항의 집회하는 시크들

그림 25. 1984년 11월 인디라 간디 수상의 시해 소식에 기쁨을 감추지 못하는 밴쿠버 일부 시크들

한 복수를 다짐하였다.

1984년 인도 내 시크를 핍박했던 일련의 사건들로 인해 해외에서 활동하던 소수의 급진파 조직들이 시크 구르드와라를 장악하였다[55]. '세계시크조직'(World Sikh Organization), '국제시크청년연맹'(International Sikh Youth Federation), '바바르 칼사'(Babar Khalsa), '칼리스탄 카운슬'(Khalistan Council) 등은 대표적인 해외 급진파 시크 조직인데, 이들은 전략과 조직은 다소 상호 차이가 있지만 칼리스탄 건설이라는 목표를 공유하고 있었다.

'세계시크조직'은 온건한 칼리스탄 운동지원 단체이며 이로 인

---

55) 1980년대 중반 무렵 인도 정부를 비난하고 맹목적인 시크 충성주의가 지배하는 당시의 캐나다 경우 상황은 시크 전통주의를 주장했던 일부 '신 이민자'와 난민으로 입국한 칼리스탄 조직원들과의 자연스런 결합을 가능하게 하였다. 이러한 당시 분위기 속에서 급진적 성격의 시크 조직들이 결성되었으며, 이들 조직들 특히 급진적 조직으로 알려진 국제시크청년연맹 운동원들은 칼리스탄 운동을 명분으로 밴쿠버의 주요 구르드와라들을 장악하였다. 이들은 커다란 저항 없이 1994년까지 근 10년 동안 대부분의 시크 구르드와라를 독점 운영하였다.

해 해외 거주국 당국으로부터 테러집단으로 분류되지 않아 가장 많은 시크 회원을 유지하면서 현재까지도 운영되고 있다. 이 조직은 간접적인 방법으로 칼리스탄 운동을 지원하고 있다. 예컨대 '세계시크신문'(World Sikh News)을 창간하여 시크가 독립 국가를 세워야 하는 당위성을 강조하고 있을 뿐만 아니라 과격한 형태의 칼리스탄 운동에 관여한 시크가 구속될 경우 변호사비용을 지원하는 등 비폭력적인 방식으로 운동에 관여한다. 또한 이 조직은 해외에서 적극적으로 시크의 종교적 권리와 인권을 보호하는 일에 종사해 왔다. 예컨대 이 조직은 캐나다 경찰에 임용된 시크에게 터번착용을 금하게 했던 사건과 학교 등교 시 키르판을 소지 못하게 하는 학교의 요구들에 반대하는 소송을 제기하여 승소한 바 있다.

캐나다에 본부를 두고 있는 '국제시크청년연맹'은 캐나다 대부분의 구르드와라를 장악하여 인도 국내 칼리스탄 운동에 지원할 재원을 확보하였다. 이들이 내세운 외형적인 목표들은 비폭력을 지향하고 있지만 칼리스탄 건설을 위한 활동으로 간주될 때는 폭력도 불사하였다. 이로 인해 캐나다 정부는 청년연맹을 불법단체로 지목하여 조직을 폐쇄시켰다. 청년연맹은 캐나다 내에서 온건파 시크에 대한 살인, 폭파, 유괴사건에 연루되었으며, 인도 정부 편에서 발언하는 인도출신 정치인과 온건파 시크에 대한 테러도 불사하였다. 캐나다 정부 관련 보고서에 따르면 청년연맹은 보다 급진적인 조직들인 바바르 칼사와 칼리스탄해방군 등과 연결되어 있으며, 사안에 따라서는 이들과 공조행동을 한다.[56] 파키스탄 정보국(Pakistan's Inter Service Intelligence)은 국제시크청년연맹을 다양

56) *"Assented to" Acts Service,* Department of the Solicitor General of Canada, http://www.parl.gc.ca/31/1/parlbus/commbus/senate/com–e/secu–e/repsecintjan99–e.htm.

하게 지원하였다고 의심받는다. 예컨대 칼리스탄을 지지하는 청년들을 군사훈련 시키고, 이들에게 무기와 재원을 지원하였다고 의심받고 있다. 또한 이 청년연맹은 인도로부터 분리 독립이라는 공통된 목표를 갖고 있는 캐시미르 반군단체와도 연결을 맺고 있다고 추정된다(Nandy, C. 2004).

'국제 바바르 칼사'는 캐나다에 근거지를 두고 있으며 소수의 가장 '골수' 시크 조직원으로 구성되어 과격한 폭력행위에 관여한다고 알려졌다. 캐나다에 거주하였던 탈윈더르 싱 파르마(Talwinder Singh Parmar)[57]가 국제 바바르 칼사를 이끌었는데, 이 조직은 시크 종교를 지키다가 죽어간 순교자들의 보복을 위해 모든 수단을 동원하며, 그 궁극적인 목적은 칼리스탄 건설에 있다. 총책으로 알려진 탈윈더르 싱 파르마, '돈줄'로 알려진 리푸다만

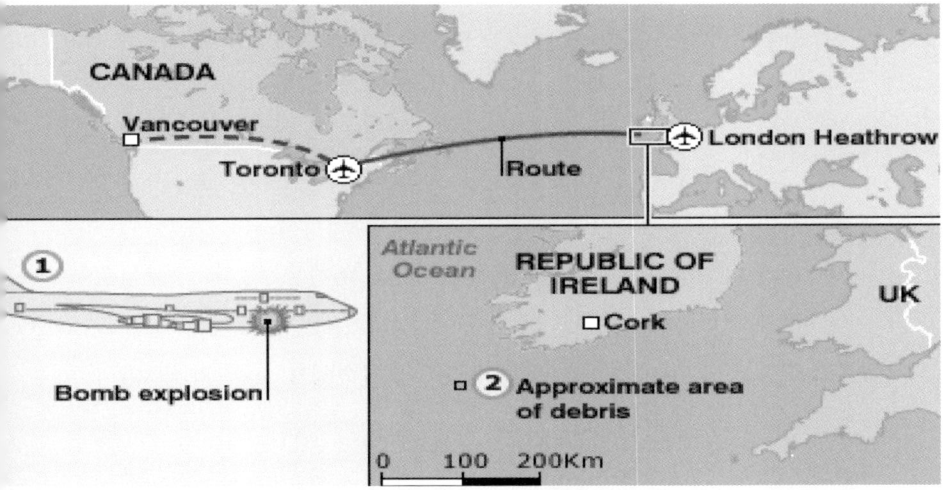

그림 26. 1985년 에어 인디아 182편 폭파 사건 경과를 보여주는 지도

57) 1985년 에어 인디아 폭파를 주도하였으며 해외 무장단체들과 긴밀한 연결을 맺어왔다고 알려진 파르마는 1992년 인도로 잠입하였다가 인도에서 경찰에 의해 피살당했다고 알려졌다.

싱 말릭(Ripudaman Singh Malik), 폭탄 제조 책으로 알려진 인더르지트 싱 레이야트(Inderjit Singh Reyat) 등은 국제 바바르 칼사 조직원들이며, 이들과 함께 일부 국제시크청년연맹과 세계시크조직원이 1985년 에어 인디아 폭파사건에 직·간접적으로 연루되어 있다고 캐나다 경찰은 발표한 바 있다.

1985년 6월 23일 오전 대부분 인도계 캐나다 사람들을 태운 반쿠버 발 에어캐나다는 중간 기착공항인 일본 나리타공항에서 인도로 출발할 방콕 행 비행기로 수하물을 옮기고 있었다. 이때 두 개의 수하물이 폭발하여 수하물 운송 담당자 2명이 현장 즉사하였지만 항공운항 중 일어날 수 있는 대형 폭발은 면할 수 있었다. 이 사건이 일어난 지 채 한 시간도 되지 않아 토론토를 출발하여 인도를 향하고 있던 에어 인디아 182편은 유럽의 아일랜드 상공에서 폭발하여 탑승자 329명 전원이 사망하는 캐나다 역사상 가장 큰 규모의 테러사건이 일어났다. 이들 항공기 테러 사건들은 1984년 황금사원 침탈과 델리 시크대학살을 주도한 인도 정부에 대한 캐나다 거주 시크들의 보복으로 알려졌지만, 에어 인디아에 탑승하여 희생된 대부분의 승객은 인도계 캐나다인이었다. 캐나다 정부로서는 이 사건을 계기로 자국의 시크에 대한 부정적인 시각을 가질 수밖에 없었으며, 국제 바바르 칼사와 국제 시크청년연맹을 불법단체로 간주하여 폐쇄시키고 이 사건에 연루되었던 시크들을 체포하였지만 2008년 현재까지도 관련자에 대한 재판이 진행 중이다.

1985년의 항공기 폭파사건 이후에도 캐나다, 영국, 미국의 급진파 시크 구르드와라의 집행부는 구르드와라 헌금의 일부를 인도 내 칼리스탄 무장 투쟁 집단에게 송금하고, 더 나아가 시크 청년을 파키스탄의 게릴라 훈련소로 보냄으로써 인도 내에서 전개되고 있는 칼리스탄 운동을 적극 지원하였다. 헬벡(Helweg, A.

1989: 322)은 해외의 시크 구르드와라들이 인도 펀잡에서 활동하고 있는 무장 게릴라에게 주당 수천 불씩 송금했음을 인터뷰 대상자였던 한 '칼리스탄 코만도 병력'(Khalistan Commando Force) 대원의 입을 통해 확인한 바 있다.

캐나다의 시크들이 자행했다는 에어 인디아 폭파사건은 캐나다 내에서 과격하게 진행되었던 반인도 정부 성격의 칼리스탄 운동의 기세를 약화시켰다. 그러나 '세계시크조직'과 '국제시크청년연맹'은 시크 구르드와라 내의 정치적 활동뿐만 아니라 정착국가의 정부요인, 정치인, 국제기구를 상대로 칼리스탄 운동을 위한 로비 활동을 하였다. 이들 조직들은 로비 대상을 상대로 시크가 인도로부터 독립되어야 하며, 시크는 인도의 일부분이 아닌 별개의 종교 및 정치적 실체임을 선전해 왔다.

캐나다 등 해외의 주류 언론들의 대부분은 시크가 폭력적인 테러 집단이라 여기는 경향이 있다. 특히 캐나다의 경우 1984년 인도 수상이 피격 당했다는 소식에 거리에서 춤추는 캐나다 시크의 모습, 1985년 에어 인디아 폭파사건에 캐나다의 시크가 연루되었다는 정황, 캐나다 구르드와라 내부에서 권력 장악을 위한 물리적 충돌 사건의 발생 등은 캐나다의 주류 언론으로 하여금 시크에 대한 부정적 이미지를 부각시킬 수 있는 빌미를 주었다. 캐나다 시크들의 인도 정부에 대한 저항 운동적 성격의 칼리스탄 운동의 기세는 이미 약화되었다. 그럼에도 불구하고 밴쿠버의 대표 일간지인 '밴쿠버 선'(*The Vancouver Sun*)은 다쉬메쉬 다르바르 구르드와라를 비롯한 일부 시크 구르드와라를 테러집단과 연결하여 이에 관한 기사를 지속적으로 내 보내고 있다.

2. 터번의 문화정치: 캐나다 시크의 정체성의 정치

'정체성의 정치'는 개인과 커뮤니티의 일상적 삶 속에서 권력, 문화, 정체성의 상호작용을 규명하는 것으로 규정된다. 이 개념에 기대어 여기서는 캐나다 밴쿠버에 거주하고 있는 시크 이민자를 대상으로 캐나다 시크 이민 사회의 역사 속에서 '진정한' 또는 '적합한' 시크의 내용을 정치적 자원으로 동원하여 전개된 급진파 시크와 온건파 시크 간의 정치적 과정이 미시적으로 분석될 것이다.

캐나다 시크 사회는 이주 역사와 배경, 출신 카스트, 출신 지역, 이념적 지향 면에서 이질성을 갖고 있다. 캐나다 시크 사회의 지배력을 확보하려는 시크 집단들은 이러한 이질성을 효과적인 자원으로 동원시켜 정치화시킨다. 캐나다 시크 사회의 '정체성의 정치'는 '모국 정치'(homeland politics)와 밀접한 관계를 맺고 있다. 예컨대 1984년에 인도에서 벌어졌던 시크 대학살 사건은 캐나다 시크 사회의 정체성 정치에 결정적인 영향을 미친 계기로 작용하였다.

이 장에서 언급되는 시크 집단과 시크 사원인 구르드와라는 소위 급진파와 온건파의 시크 사원을 포함한 9개의 시크 사원이 있는 광역 밴쿠버 서리(Surrey)에 위치해 있지만, 시크 이민 역사를 대변하고 있는 밴쿠버 시내에 위치한 북미에서 가장 오래된 사원인 '칼사 디완 소사이어티'를 비롯한 다른 사원들도 조사 범위에 포함되었다.

1) 캐나다 시크 사회의 형성과 전개과정

인도인의 캐나다 이주사는 시크의 이주사라 말해도 지나치지 않다. 2001년 현재 캐나다의 약 713,330명의 인도인 가운데 약

그림 27. 1914년 코마가타 마루(Komagata Maru)편으로 캐나다 입국을 시도하는 시크들

40%인 약 28만 명이 시크이다(Canadian Census 2001). 캐나다 인도인 이민은 1897년 영국 빅토리아 여왕 즉위 60주년 기념퍼레이드에 영국 시크 연대 소속 시크 군인들이 참여하였으며, 그 가운데 일부가 캐나다 밴쿠버에 잔류하면서 시작되었다. 20세기 초 밴쿠버는 목재 산업 분야와 철도 건설 등에 필요한 노동력이 절대 부족하였다. 1904년 이전까지 브리티시 콜롬비아에는 약 100명의 시크 노동자들이 제재소 노동자로 종사하였다. 1905년에서 1908년 사이에는 대부분 시크로 구성된 약 5,000명의 인도인이 브리티시 콜롬비아에 입국하여 제재소와 광산에 노동자로 종사하였다. 당시 북미 서부 태평양 연안지역에는 반아시아인 정서가 팽배해 있었는데, 특히 영어를 구사하지 못하고 턱수염에 터번을 두른 유색인 시크들은 외모 때문에 인종차별의 주 대상이 되었다(Sandhu, K. 1972).

1908년부터 1947년 인도 독립이전까지 캐나다 '동인도인'(East Indian) 공동체에게 가장 중요한 조직은 시크가 주축이 되어 1906년 창립한 '칼사 디완 소사이어티'였다. 1908년 밴쿠버 시내에

그림 28. 코마가타 마루에 승선한 시크들

세워진 이 구르드와라는 종교, 사회, 정치면에서 동인도인을 대변하였다. 당시 대부분의 시크들은 직장에서 경험하는 심한 인종차별을 피하기 위해 머리와 수염을 자르고 터번을 착용하지 않았다. 많은 남성들이 서양식 옷을 착용하고 심지어 일부는 이름까지 서양식으로 바꾸었다.

1947년부터 1960년대까지는 캐나다 정부가 이민자에게 동화를 강요하였던 시기로 볼 수 있다. 1947년 인도의 독립과 함께 동인도인은 캐나다 시민이 되었다. 칼사 디완 소사이어티는 여전히 동인도인들의 이민에 관하여 정부 측에 선처를 요구하는 등 시크들의 종교적 중심 역할을 수행하였다. 이 시기에도 시크들은 주류사회에 편입하고 동화하기 위해 근대식 생활양식을 채택하고 이를 위해 외형적으로 드러나는 시크의 상징물들(터번, 머리와 수염, 키르판 등)을 포기하였다.

1971년 자유당(the Liberal Party) 정권의 트뤼도 수상에 의해 다문화주의가 채택되었다. 캐나다로 이민 오는 시크의 규모가 늘기 시작했지만 이들은 여전히 인종차별과 적대감에 노출되었다(Nayar 2004). 한편 다문화주의 정책이라는 우호적 환경 속에서 1970년

그림 29. 1906년 최초의 캐나다 시크조직 칼사 디완 소사이어티, 1908년 사원건물이 완성되었다

대에 입국한 이른바 '신 이민자[58)]'의 일부는 자신들의 종교적 상

58) 이 장에서 말하는 '신 이민자'와 '구 이민자'라는 표현은 캐나다 시크들이 일상적으로 말하는 'older timers'와 'new comers'라는 표현을 번역한 것이다. 물론 용어가 사용되는 맥락에 따라 상대적이지만, 시크들은 대략적으로 1970년대 이후 캐나다에 입국한 사람들을 '신 이민자'로 여기고 있는 것으로 이해된다. 사실 캐나다의 이민법은 1962년에 변화가 있었다. 비 유럽인들도 이주자로서 포함시킨다는 것이 그 주요 내용이었다. 물론 신이민법 제정 그 자체가 모든 이민자들에게 전면적인 문호개방을 의미하지는 않았는데 '포인트제도'에 근거한 객관적 선발 기준이 엄격하게 적용되었기 때문이었다. 그러나 신이민법

징물인 터번과 수염을 유지하고자 했다.

1970년대 말부터 밴쿠버 시크 집단 내에서는 사원의 운영권을 둘러싼 긴장이 현지 동화된 '구 이민자'와 종교적 상징물을 유지하고 있는 '신 이민자' 사이에 나타나기 시작했다. 1984년 인도에서의 시크 탄압과 대학살로 소수의 분리주의자가 캐나다에 입국하였다. 이들과 전통 지향적 '신 이민자'가 주축이 된 소위 '급진파'[59] 시크 집단들은 급진적 시크조직들을 기반으로 하여 1985년부터 밴쿠버의 주요 구르드와라를 장악하였다. 급진적 성향의 조직들에는[60] '세계종교조직', '국제시크청년연맹', '바바르

제정으로 인해 점차 대규모 인도인이 캐나다로의 이민이 가능하게 되었다. 1960년대 말과 70년대 중반까지 인도인의 이민은 가족결합 이민과 기술을 가진 독립 이민이 주류를 이루었다. 그러나 독립 이민자 이민은 캐나다 경제가 경기침체국면으로 접어든 1976년 이후에는 크게 줄어들었다. 보라리아와 피터(Bolaria, B. S. & Peter, S. R. 1988)의 연구에 따르면 인도인 이민이 1965년 2,664명, 1967년 4,614명, 1970년 6,680명, 1973년 11,488명, 1974년 15,183명으로 지속적인 증가추세였으나 1976년 8,906명, 1979년 5,634명으로 다시 하락하기 시작하였다.

59) 이 장의 '온건파'와 '급진파'란 용어는 캐나다 시크들이 실제로 사용하는 영어 단어, 즉 'moderate group'과 'fundamental group'을 번역한 것이다. 이른 바 온건파는 대부분 '구 이민자' 출신이지만 이주 후 시크 상징물을 포기한 많은 수의 '신 이민자'도 포함되어 있다. 이들은 시크가 인도에서 핍박을 받은 바는 인정하지만 칼리스탄 운동과는 달리 펀잡이 인도 내에 속해야 한다는 생각을 하고 있다. 소위 급진파의 대부분은 '신 이민자'로 구성되어 있으며 대부분 시크 상징물을 착용하고 있다. 비록 칼리스탄 운동이 인도에서 숨죽이고 있지만 이들은 여전히 칼리스탄을 지지하고 있다.

60) '세계종교조직'은 일반 시크들로부터 상당한 지지를 받은 편이다. 이 조직이 캐나다에서 시크의 종교적 권리를 보호하는 사안에 적극 개입한 일들 때문이었다. 예컨대 이 조직은 시크가 캐나다 경찰에 임용될 때 터번을 포기하라는 요구와 학교 등교 시 키르판을 포기하라는 요구를 소송을 통해 승리하였다. 캐나다에 본부를 두고 있는 국제시크

칼사', '칼리스탄 카운슬' 등이 있다. 이들은 이념과 전술의 차이에도 불구하고 칼리스탄 건설이라는 정치적 지향 점을 공유하고 있었다.

2) 시크 '진정성'을 둘러싼 정치적 과정

1984년 인도 국내에서 성지인 황금사원에 대한 군사적 공격과 시크 대학살은 캐나다 시크 내부의 이질성을 일거에 잠재울 수 있는 결정적 계기가 되었다. 대부분의 시크들은 분노하였으며 시크들은 단합하는 듯 했다. 특히 이들 사건들은 이른바 '신 이민자' 자트 카스트[61] 가운데 칼리스탄 이념 지향적인 시크들이 밴쿠버의 주요 사원의 헤게모니를 잡게 되는 결정적 계기로 작용하였다. 1984년과 같은 급격한 정치 사건들은 그간 수면 아래에서 움직이던 캐나다 시크 사회의 이질성을 종교와 일상생활의 구심점인 시크 구르드와라 헤게모니 쟁탈전에 동원하도록 작용하였다.

청년연맹은 기존 사원의 장악을 통해 인원과 재원을 확보함으로써 헌금액 가운데 상당 부분을 칼리스탄 운동에 지원했다고 한다. 바바르 칼사는 소수의 '골수' 시크들을 회원으로 하여 극렬한 폭력을 행사하도록 한다고 알려져 있다. 예컨대 이들 조직원 몇 명은 1985년 에어 인디아 폭파 사건을 계획하였다는 혐의로 체포된 바 있다. 캐나다 정부는 세계시크조직을 제외하고 바바르 칼사와 국제시크청년연맹을 불법단체로 해체시켰다.

61) 칼리스탄 운동의 인도 국내외 핵심 구성원은 거의 자트 카스트 출신이었다. 자트 시크가 펀잡의 지배적 집단으로 운동의 핵심 리더들이다. 해외 있는 자트의 대부분은 다른 카스트보다 훨씬 더 많은 자산과 혈연집단을 펀잡에 두고 있다. 자산의 보호와 혈연집단의 종교생활을 지켜줘야 할 사람들은 자신들이라는 생각이 자트들에게 지배적이다(Pettigrew, J. 1995).

(1) 카스트·지역성 그리고 정체성

20세기 초 해외의 시크 사회는 사회·문화적으로 단일한 집단 관계를 유지하지 않았다. 즉 카스트와 출신지역이란 변수는 해외 시크 사회에서도 사회적 관계의 형성과 유지에 여전히 중요한 힘을 발휘하고 있었다(Ballard, R. 1994). 캐나다도 예외는 아니었다. 1920년대에 캐나다에 이민 와 현재 6명의 직계 자녀들과 밴쿠버에 살고 있는 구르만 상게라(Gurman Sanghera, 남, 85)는 이민 초창기에 말투와 사회적 관습이 동일하여 동향 사람들과 어울리는 경향이 있었으며, 특히 자녀의 혼인을 캐나다에 있는 동향사람 또는 인도의 고향 사람과 시키는 경향이 매우 강했다[62]고 말한다. 그러나 캐나다에서의 이민 생활의 시간이 흘러 갈수록 지역성은 점차 캐나다 이민 사회의 관계 형성과 유지에 중요성을 상실하게 되었다. 캐나다의 시크 가운데 절대 다수는 '말와이'인데, 이는 펀잡 내에서 '말와' 지역이 가장 넓기 때문이다. 따라서 초창기 캐나다 주요 시크 사원에서 말와이의 영향력이 강한 것은 자연스런 현상이었다. 현재 시크 내 지역성은 일부 노년층을 제외하고 젊은 세대들에게는 거의 의미가 없게 되었다. 특히 캐나다 출생 세대들은 부모의 펀잡 내 지역성을 알지 못할 뿐 아니라 이러한 지역성은 자신들의 캐나다 생활에 거의 의미가 없다.

출신 지역의 의미가 급속히 퇴색되었던 것과는 달리 시크 내 카스트는 캐나다 시크의 종교와 일상생활의 사회적 상호작용에 여전히 영향을 미치고 있다. 카스트 차별을 철폐하고자 했던 시

62) 해외 시크들 가운데 동향사람을 혼사에서 선호한 것은 고향 펀잡 내에서 대개 반경 12마일 이내의 사람들 간에 혼인을 포함한 사회적 관계를 유지하는 관습에서 비롯되었다. 그러나 오늘날 인도 내에서도 교통과 통신 수단이 발달하자 이러한 지리적 구분에 따른 사회적 관계는 점차 의미를 잃어가고 있다.

크교의 이상과는 달리 해외 시크 사회에서조차 카스트가 시크 사회의 내부적 분화를 만들고 있다. 카스트에 따른 사회적 분화가 가장 명백하게 드러나는 관계는 지배적 시크인 자트와 불가촉천민 출신인 라비다스 사이에서이다. 편잡에서 농민이자 지주 집단이었던 자트는 제재소 등 산업분야에도 종사하지만 많은 수가 대농장을 경영하거나 농장의 농업노동자로 종사한다. 이에 반해 라비다스의 대부분은 캐나다에서도 단순 노무직에 종사한다. 인도와 동아프리카 출신으로 구성된 람가리아는 목수, 대장장이 등 기술직에 종사했던 경험으로 캐나다에서는 전기 기술자, 배관공 등 기능직에 종사하기 때문에 이들의 경제적 상황은 좋은 편이다.

캐나다 이민 초기부터 현재까지 시크 집단의 약 80%는 자트에 속하는 것으로 추정된다.[63] 나머지 약 20%는 불가촉천민 출신인 라비다스, 기능공인 람가리아 그리고 소수의 카트리로 구성되어 있다. 캐나다로 이민이 시작된 이래 자트 시크가 시크 사원의 헤게모니를 쥐고 있다. 따라서 캐나다의 주요 사원 내 권력 경쟁은 당연히 자트 시크들 사이에서 일어나는 문제였다. 1970년대와 1980년대에 각각 람가리아와 라비다스가 자트 시크의 지배성에서 벗어나고자 독자적인 시크 사원을 운영하였다. 이전까지 이들 하위 카스트들은 자트가 지배하는 밴쿠버의 주요 사원들, 예컨대 칼사 디완 사원과 아칼리 싱 시크(Akali Singh Sikh) 사원을 중심으로 일상과 종교생활을 하였다. 이들 하위 카스트 시크들은 사원

63) 캐나다 센서스에 시크집단 내부의 카스트별 현황은 없다. 그러나 인터뷰한 대부분의 시크들은 캐나다 시크 가운데 자트가 절대 과반수 이상 또는 약 80%라고 추정하고 있다. 해외에서 자트 수의 절대적 우위는 편잡 전체 시크의 65% 정도가 자트인 점, 이들의 편잡 내 정치, 경제적 입지가 월등하기 하기 때문에 더 많은 이민의 기회가 이들에게 열려 있다는 점과 무관하지 않다.

내에서 다양한 종류의 카스트 차별을 경험하였다. 그렇다고 이런 차별을 해소하고자 자신들만의 집단적인 목소리를 내고 행동을 표출해 본 적은 없었다.

라비다스 시크가 1982년 자신들의 사원인 '구루 라비다스 커뮤니티 센터'(Guru Ravidas Community Center)를 독자적으로 운영하게 된 가장 중요한 이유는 이전 사원에서 자트 시크의 카스트차별을 경험하였기 때문이었다. 구루 라비다스 사원의 대변인 람버 라오(Lamber Rao, 남, 50)는 이에 관련지어 다음과 같이 진술하고 있다.

> "우리들이 캐나다에 이민 온 후 칼사 디완 사원 등 주요 사원들에서 예배에 참여하고 종교적인 활동을 하면서 우리들의 신분이 알려지면 다른 사람들 특히 자트들은 우리를 멀리하였다. 그들은 공동식당인 랑가르에서 우리가 음식을 만들거나 배식하는 것을 노골적으로 금지시키지는 않았지만 우리가 그들의 표정을 보면 왜 모르겠는가. 사원에서 우리들이 무슨 프로그램을 만들어서 진행하면 자트시크는 이를 못마땅하게 생각한다. 사원을 만든 더 중요한 이유는 자트 시크가 우리의 구루인 '라비다스'를 시크의 구루반열에 올리지 않고 단순히 흔한 성자들의 한명으로만 취급하는 그들의 태도였다. 자트 시크들은 오직 10명의 시크 구루만을 섬긴다고 주장한다. 그러나 시크의 5대 구루가 시크의 성전이자 영원히 살아 있는 구루인 '구루 그란트 사힙'을 만들 때 불가촉천민 출신인 라비다스 구루의 말씀을 삽입하였다. 이런 저런 이유로 우리만의 독자적인 공간이 필요했다."

라비다스 사원[64]의 행정실 벽 정중앙에는 불가촉천민의 신분

64) 라비다스 사원의 특이할 만한 것은 예배장소의 중앙에 구루 그란트 사힙이 있으며 이 가까이에 구루 라비다스 사진이 놓여 있다는 점이

해방운동을 주창한 천민출신 암베드카르 박사의 사진이 걸려 있다. 라비다스 사원의 회장인 빌 바스라(Bill Basra, 남, 45)는 자신의 사원 내에 시크 구루 사진들이 걸려있고, 예배당에 그란트 사힙이 있으며, 입장 시 머리에 스카프를 착용하고, 랑가르가 운영된다는 점에서 외형적으로나 내부적으로 자신의 사원도 시크 사원임이 분명하다고 말한다. 그러나 자신의 사원이 궁극적으로 지향하는 것은 해외 시크 사회에서 불가촉천민의 인권향상과 카스트 차별을 철폐하는 것이라고 한다. 실제로 라비다스들은 캐나다에 이민 온 후에도 사원에서 뿐 아니라 일상생활에서도 심심치 않게 자트 시크로부터 카스트 차별[65]을 경험하였다. 독립적인 사원을 개원한 뒤 밴쿠버의 모든 라비다스는 거리에 상관없이 자신의 사원에서만 예배를 보기 때문에 자트로부터 차별을 받을 기회가 크게 줄었다.

특히 캐나다의 시크 사회가 칼리스탄 운동으로 이념적 갈등을 겪을 때조차 급진적 자트 시크들은 라비다스 사원을 장악하거나 포섭하고자 하는 시도가 없었다. 사실 라비다스 시크도 1984년

다. 편잡에서는 구루 라비다스 사원에 암베드카르와 구루 라비다스 사진이 구루 그란트 사힙 가까이에 놓는 것은 시크교의 교리에 어긋나는 것이라고 자트 시크가 문제를 삼아 자트와 달리트(불가촉천민) 간의 갈등의 소재가 되고 있다(*The Indian Express* 2001). 그러나 캐나다에서는 이를 공식적으로 문제 삼는 사원은 없었지만 구루 라비다스는 단지 한 성인에 불과하지 시크 구루는 아니라는 것이 비불가촉천민 시크들의 일반적 생각이었다.

65) 라비다스 사원을 다니는 불가촉천민 출신 시크인 야쉬 메해이(Yash Mehay, 남, 46)는 자신의 집에서 편안하게 자신의 일상적 경험을 털어 놓았다. 이민 후 처음 잡은 빌딩 현관 청소일 팀장이 자트 시크였는데 그가 자신의 신분을 파악하자마자 신분을 두고 괴롭히기 시작했다. 그의 아들 역시 학교에서 자트 시크 아들이 차마르 시크라 하여 괴롭힘을 당하다, 결국 자트 시크 아이를 구타하는 일이 벌어져 메해이가 학교로 불려가는 일도 경험했다.

인도 정부군의 황금사원 유린과 시크 대학살 행위를 잘못된 것으로 인식하고 있다. 그러나 대부분 라비다스들은 시크 경호원이 간디 수상을 저격한 사건과 칼리스탄 운동원들이 무고한 사람들을 죽이고 펀잡을 인도로부터 독립시키려는 기도는 잘못된 것으로 인식하고 있다. 이들은 시크들도 인도라는 국민국가 내에 통합되어야 함을 강조한다.66)

자트 시크와 함께 주요 사원에서 종교생활을 영위하던 인도 출신 람가리아는 1970년대 초 동아프리카에서 람가리아가 대거 입국하자 독자적인 조직을 구성하여 자트 지배적인 사원으로부터 독립하게 되었다. 이들은 1972년에 '캐나다 람가리아 시크 소사이어티'(Canadian Ramgharia Sikh Society)를 조직하고 1983년에 현재의 람가리아 사원을 건립한 바 있다. 람가리아 사원의 회원은 라비다스 사원처럼 람가리아에만 개방되어 있으며, 이들은 약 80%의 인도출신과 약 20% 동아프리카 케냐와 우간다67) 출신으로 구성된다. 소수의 람가리아 시크가 칼리스탄 운동에 관여한 바 있지만 이들은 람가리아 사원에서 어떤 영향을 미치지도 못했다. 소수의 운동원 또한 급진적 조직 내의 헤게모니를 자트가 주도하

66) 앞으로 언급되겠지만 라비다스들은 1980년대 중반 이후 약 10년 동안에 캐나다 내에서 급진파 시크들의 횡포에 대해서 종교를 빌미로 한 권력 장악으로 이해하고 있다. 더 나아가 급진파의 랑가르에서 식사예법에 대한 문제제기 역시 권력 장악을 위한 빌미로 생각하여 자신들은 테이블과 의자를 이용하여 식사를 한다. 서리의 싱사바와 다쉬메쉬 다르바르 사원들의 신자의 성황 또한 종교를 빌미로 한 비즈니스로 이해하고 그곳을 찾는 시크들은 자트들이라고 주장한다.

67) 19세기 중반이후 동아프리카에 철도부설 공사를 위해 이주하였다. 1970년대 초 동아프리카의 케냐와 우간다의 영국으로부터의 독립과 함께 인도인을 포함한 아시아인의 추방에 따라 이곳의 인도인들(대부분 람가리아)은 대부분 영국으로 재이주 하였으며 일부만이 북미로 이주하였다(Bachu, P. 1985).

고 있기 때문에 1980년대 말 경에 조직 활동을 포기하였다. 람가리아 사원의 인근에 사는 자트 시크 몇 명이 람가리아 사원에서 예배를 보고 있지만 이 사원의 회원은 될 수 없다. 회원자격이 람가리아에게만 개방되어 있기 때문이다.

이처럼 라비다스와 람가리아 사원의 회원 자격은 다른 카스트에게 폐쇄적이기 때문에 1980년대 중반부터 격렬하게 시작된 칼리스탄 운동과 이에 관련된 밴쿠버 주요 사원 내의 권력 쟁탈전으로부터 이 두 사원은 자유로울 수 있었다. 또한 자트 시크가 주축이 된 급진세력이 여전히 카스트의 철폐에 대해서 무관심할 뿐 아니라 이들의 일련의 행태가 매우 폭력적이었기 때문에 이 두 사원은 칼리스탄 운동을 비판적으로 바라보고 있다.

(2) 초기 캐나다 시크의 분화양상: 인종차별과 종교적 진정성

캐나다 시크 사회에는 1984년 이후 인도 국내에서 시크가 직면한 정치적 상황으로 인해 잠재되어 있던 이질성이 심각한 수준으로 드러났다. 권력 경합은 캐나다 시크 사회에 늘 있어 왔던 현상이었다. 이미 1950년대 초에 캐나다 시크 사원은 시크의 '진정성'을 내세우며 사원 집행부를 장악하기 위한 권력 갈등 결과 내부적인 분화를 경험하였다.

밴쿠버 시내에 있는 '칼사 디완 소사이어티'는 북미에서 가장 유서 깊고 큰 규모의 사원을 운영하고 있었으며, 한동안 캐나다의 모든 시크 사원들은 이 조직 산하에 있었다. 칼사 디완 사원은 제재소와 광산 등지의 노동자로 20세기 초에 이주 온 시크들이 만들었다. 이들은 캐나다 현지 생활에 적응하고자 노력했던 사람들이었다. 1950년대부터 캐나다에 있던 기존 시크 가족의 이민에 따라 점차 시크 인구가 늘어갔다. 당시 대부분의 시크들은 일상과 직장생활에서 겪는 인종차별을 피하기 위해 터번과 5Ks

를 포기하였다. 종교적 진정성을 고수하고자 한 소수의 시크들만이 터번과 수염을 포기하지 않았다. 1952년 칼사 디완 사원의 집행부를 선임할 때 입문식을 거치고 터번을 착용한 소수의 시크들이 그간의 관례를 깨고 사원의 집행부 임원만은 반드시 입문식을 거친 터번 착용자여야 함을 주장하였다. 현재 칼사 디완 사원의 자문역할을 맡고 있는 구루말 싱(Gurmal Singh, 남 72)[68]은 당시 사건에 대해 다음과 같이 기억하고 있다.

> "내가 60년대 중반 이민 온 후 이 사원에 반복해서 들은 이야기이다. 당시 까지만 해도 시크 사원에는 시크가 아닌 힌두 인도인, 스리랑카 타밀 힌두도 심심치 않게 들락거렸다. 당시 칼사 디완 사원은 일종의 남아시아인의 권익을 보호하고 인종차별을 반대를 하는 대변 기관이었다. 그런데 1950년대 들어 시크들 수가 점차 늘자, 소수의 입문식을 거친 시크들이 칼사 디완 사원이 명색이 시크 사원인데 입문식을 행한 '적합한 시크'(proper sikhs)만이 집행부에 선임되어야 함을 주장을 하였다."

새로운 변화를 들고 나온 시크들은 자신들의 주장이 관철되지 않자 칼사 디완 사원에서 분리하여 밴쿠버의 두 번째 사원이 된 '아카리 싱 시크 소사이어티'를 1952년부터 독자적으로 운영하기 시작하였다. 그러나 아카리 싱 역시 얼마 되지 않아 자신들의 집

68) 구르말 싱은 현재 터번을 착용하고 머리카락을 자르지 않았으며 수염을 유지하였지만 키르판을 착용하지 않았다. 아직까지 시크 입문식을 거치지 않았지만 자신이 시크라는데 전혀 의문을 갖지 않은 사람이다. 그는 1960년대 중반에 인도에서 캐나다로 이민 와 당시 밴쿠버 중심지 폴스 크리(False Creek) 근처의 제재소 노동자로 일했다. 자신도 제재소에서 백인들로부터 인종차별을 받지 않기 위해 터번을 벗고 수염을 제거 한 후 1970년대 중반에 터번을 두른 신 이민자가 사원에 늘어나면서 다시 터번을 착용하기 시작했다.

행부에 입문식을 거치지 않은 시크들도 허용하는 등 개방적인 노선을 지향했으며 여전히 칼사 디완 사원과 우호적 관계를 유지하고 있다. 1920년대 캐나다로 이민 온 시크 후손이면서 시크 상징물을 전혀 하지 않아 외형으로 얼핏 봐서는 인도인이 아니라고 착각할 만큼 외모가 말쑥한 구르만 우팔(Gurman Uppal, 남, 57)은 1950년대 당시 아칼리 싱 시크 소사이어티의 독자적인 행보에 관해 다음과 같이 평가하고 있다.

> "캐나다 시크 사회의 분화가 흔히 시크 대학살 사건 이후인 1984년부터 인도에서 온 급진주의 시크들이 기존 사원을 통제하려면서 시작된 것으로 생각하는데 나는 그렇게 생각하지지 않는다. 이러한 문제는 캐나다 시크 사원에 '늘 있었던' 문제였다. 1952년 아칼리 싱 소사이어티가 분리를 선택한 것도 사실은 그들이 칼사 디완 사원의 권력을 장악하려했다가 성공하지 못해 분리해 나간 것으로 봐야 한다. 다시 말해 자신들의 신실함을 내세워 칼사 디완 같이 커다란 조직을 이끌어 보려다가 실패하고 나간 것이다. 이는 그들이 분리한 후 집행부에 입문식을 거치지 않은 사람들을 임명한 것을 보면 알 수 있다. 1970년대에 입국하기 시작한 이른 바 '신 이민자'가 '구 이민자'의 종교생활을 문제 삼으면서 시작된 시크 사원 내부의 갈등도 이와 비슷한 맥락에서 이해되어야 한다고 본다."

1970년대 초 캐나다 정부의 다문화주의의 표방이 캐나다 내의 인종차별을 일거에 척결할 수 있었던 것은 아니었다. 취업 등에서 인종차별은 계속되었기 때문에 1970년대에 입국한 많은 시크들 역시 종교적 상징물을 포기하였다. 그러나 과거에 비해 터번과 수염을 유지하고자 하는 시크들의 수는 점차 늘어나고 있었다. 1970년대 초반에 이민 와 이른바 '신 이민자' 자트 시크인 캐시미르 달리왈(Kashmir Dhaliwal, 남 52)은 칼사 디완 사원의 온건파 집행부 임원이었다. 그는 당시 시크 상징물을 하고 다닌 일부 '신 이민자'에 대한 의견을 다음처럼 피력한다.

> "나도 1970년 캐나다에 입국할 당시에 터번을 착용했고 수염도 있었다. 그러나 인종차별을 피하고 캐나다의 환경에 빨리 적응하기 위해 나의 모든 시크 상징물을 벗어 던졌다. 대다수의 시크가 자신처럼 이민 후 시크 상징물을 포기했지만 적지 않은 수는 시크 상징물을 여전히 유지하고 다녔다. 과거와 달리 당시에 이것이 가능했던 것은 아마도 당시 정부가 다문화주의를 표방한 바 있었고, 시크가 대거 이민 오면서 터번을 착용한 시크가 캐나다 여기저기에 빈번히 눈에 띄면서 종교적 상징물을 유지하고자 하는 사람들이 용기를 얻었기 때문이 아닌가 생각한다."

사실 1970년대 중반부터 종교적 '진정성'을 내세우며 소위 5Ks를 유지하고 있는 '신 이민자'의 목소리가 높아지기 시작했다. 이들은 가장 먼저 서양 사람처럼 머리를 자른 시크가 스카프로 머리를 감추지 않고 예배당에 출입하는 기존 관행을 문제 삼기 시작했다. 이들은 자신들의 주장에 동조하는 '신 이민자'들을 규합하였다. 또한 이들은 그간의 사원 집행부 임원을 선임하던 관행에 반대하며 선거제도 도입을 주장하였다. 1978년에 캐나다 시크 사원 최초의 선거가 캐나다 칼사 디완 사원에서 실시되어 터번을 착용한 '신 이민자' 전통주의 시크들이 사원 집행부의 주요 요직을 맡았다.

신 집행부는 터번을 착용하지 않는 모든 시크들로 하여금 예배당을 출입할 때 스카프로 머리를 감추도록 요구하였다. 이의 찬반을 둘러싸고 신 집행부와 머리를 자른 '구 이민자' 시크들 사이에 지난한 논쟁이 있었다. 결국 '구 이민자'들이 신 집행부 핵심 임원들의 요구를 받아들임에 따라 모든 밴쿠버 사원에도 스카프 착용이 도입되었다. 사실 제재소나 광산의 노동자로 이주한 초기 시크들과 그 후손들은 백인 지배 사회에서 인종차별을 회피하고 현지사회에 적응하기 위해 자신들의 종교적 상징물을 포기하였다. 그러나 이주의 역사가 매우 짧지만 단기간 내에 대거 이민 온 '신 이민자'들은 종교적 진정성을 주장하며 단 기간 내에 사원의 헤게모니를 장악하였다. 1978년 당시 칼사 디완 사원에서 총무를 역임하였던 요겐드라 싱(Yogendra Singh, 남, 68)은[69] 자신들이 사원의 집행부를 장악하고자 했던 중요한 이유를 아래처럼 진술한다.

> "내가 1970년에 이민 와서 처음 칼사 디완 사원에 갔을 때 나는 너무 많은 사람들이 터번을 두르지 않고 머리에 아무 것도 쓰지 않은 채로 예배당에 들어가는 것을 보고 말문이 막혔다. 시크는 반드시 머리를 감춤으로써 나를 낮추고 최고의 구루인 '구루 그란트 사힙'에게 존경을 표해야 한다. 나는 이를 지키지 않는 당시의 사람들을 보고 그들이 시크교를 모욕하고 있다고 생각했다. 그러나 인도로부터 새로운 시크들이 점차 많이 들어오게 되면서 맨 머리로 예배당에 들어가는 사람들에 반대하는 수가 늘어났고 결국 우리가 선거에 승리하면서 시크교에 대한 적절한 예의를 갖출 수 있게 되었다."

69) 요겐드라 싱은 현재 급진파 시크 사원으로 분류되는 '싱사바 구르드와라'의 회장으로서 1970년에 인도에서 이민 온 시크이다. 그는 칼사 디완 사원에서 1978년 총무를 거쳐 1985년~1986년 회장을 맡았다. 이민 올 때부터 현재까지 시크 5Ks를 지속적으로 착용하고 있는 그가 당시 칼사 디완 사원에서 전통주의자로 분류되었고, 1984년 시크 분리주의 운동의 노선에 서게 된 것은 어쩌면 자연스런 과정으로 여겨진다.

그렇다고 요겐드라 싱을 비롯한 당시의 집행부가 1970년대 말부터 시크분리주의를 주장한 것은 아니다. 당시 스카프 착용을 주장했던 시크의 많은 수는 후일 인도에서 들어 온 칼리스탄 운동원과 함께 급진적 노선을 걷게 되었다.

1950년대 초에 이민 온 '구 이민자' 바티(Kesar S. Bhatti, 75)는 당시에 초기 이민자의 입장을 전혀 고려하지 않으려 하는 일부 '신 이민자'의 경직된 태도가 '스카프 논쟁'을 지난하게 만들었다면서 아래처럼 당시 상황을 회상하고 있다. 바티는 현재 칼사 디완 사원의 매니저로 자원봉사활동을 하고 있으며 그는 터번과 수염이 없는 말끔한 시크이다.

> "나는 1951년 브리티시 콜롬비아대학교에 유학생으로 왔는데, 당시에 이 사원에는 약 3,000명의 시크가 있었다. 당시에 터번을 두른 사람들도 소수 있었지만 지금처럼 많지 않았으며, 대다수가 머리를 잘랐다. 나도 인도에서 올 때 터번을 했지만 이곳에 와서 머리를 자르고 수염을 잘랐는데, 학교 다니면서 타인의 주목을 받기 싫어서였다. 당시에 1970년대 이후에 들어 온 시크들은 초기 이주자들의 지난날 고충을 잘 이해하려 하지 않았다. 내가 사원에 처음 왔을 때 나는 나보다 먼저 온 선배 시크들 가운데 일부 시크 남편들이 부인들에게 놀림감이 된다는 이유로 펀자비 파자마 착용을 포기하고 서양식 스커트 착용을 강요한 사람들도 있다고 들었다. 이로 인해 일부 스커트를 착용한 부인들이 구르드와라에서 예배 볼 때 노출되는 장딴지를 가리기 위한 긴 천이 사원에 비치되었다고 들은 바 있다. 초기에 이주한 선배 시크들은 그렇게 해서라도 인종차별을 덜 받아보려 노력했다."

1970년대에 이민 온 시크들은 신흥 개발지역인 서리에서 이민생활을 시작하였다. 당시 서리는 소수의 상점, 공장, 농장이 있었

그림 30. 캐나다 서리 시에 있는 온건파 시크 구르드와라, '구루나낙 시크 사원'

을 뿐 온통 숲으로 둘러싸여 있었다. 점차 서리에 대단위 신흥 주택지가 들어서고 그 가격도 저렴하였기[70] 때문에 대부분의 신 이주자들은 서리로 몰리기 시작하였다. 시크들의 수가 늘어가자 이들을 상대로 한 신흥 상가들이 서리 지역에 조성되었다.[71] 시크 인구와 상업지구의 증가와 함께 서리에도 구르드와라가 필요하였다. 1973년 225명의 구성원이 '구루 나낙 시크 템플'(Guru Nanak Sikh Temple)이란 조직을 결성하였다. 이들은 작은 공장 건물을 대여하여 종교 회합을 하였으며 1981년에는 현대식 시설을 구비한 현재의 사원[72]을 건축하였다.

70) 집에 따라 가격이 다양하겠지만 인터뷰한 시크들 대부분은 밴쿠버 시내의 주택 가격이 캐나다 달러 50만 불이면 서리의 새 주택은 20만 불 정도라 말한다.

71) 예컨대 '칼사 비즈니스 센터', '파엘 비즈니스 센터', '욕 비즈니스 센터' 등은 인도 시크가 운영하는 비즈니스 센터들로 상가의 대부분은 시크가 소유하고 있다. 이들 상가 내에는 사리 등을 취급하는 의복, 식당, 금은방, 비디오와 영화 대여점, 인도인 잡화점 등이 들어서 있다.

72) 부지와 건축 등 1970년대 말 구입 당시에는 120만 캐나다 달러였지

2001년 현재 서리에는 56,325명의 시크가 거주하고 있다(캐나다 센서스 2001). 서리의 어디서나 터번을 두른 남성 시크와 펀자비 파자마를 착용한 시크 여성들이 쉽게 눈에 띈다. 터번을 착용한 남성들은 대개 노년층에 속하며, 이들 대부분은 영어를 구사할 수 없다[73]. 시크 인구의 증가에 따라 구루 나낙 시크 사원을 포함하여 구르드와라의 수는 2006년 현재 9개의 크고 작은 시크 사원이 서리에 있다. 그러나 1980년대 이후 격렬하게 전개되었던 시크 사원 내 권력 경쟁은 개인이 운영하는 소규모 사원이 아닌 구루 나낙 사원, 다쉬메쉬 다르바르 사원, 싱사바 사원에서 일어났다.

(3) 칼리스탄 운동과 캐나다 시크 정체성의 변화 경향

1984년 황금사원이 인도 정부군에 의해 유린되고 이어 시크 대학살이 일어나자 캐나다의 모든 시크들은 참담해 하였다. 먼저 6월에 황금사원이 유린되자 밴쿠버의 많은 시크들이 울분을 참지 못해 다운타운에 모여 당시 수상이었던 인디라 간디를 죽이라는 구호들("kill Indira Gandhi", "Death to Indira Gandhi")을 외치며 간디 허수아비를 태웠다. 약 4개월 후 인디라 간디가 시크 경호원에 의해 피살당하자 다시 많은 시크들이 다운타운에 몰려나왔다. 이들은 축제 등 기쁜 일에 사용되는 인도 '스위트'를 나누어 먹으면서 춤을 추고 환영하였다. 그러나 3일 뒤부터 인도 델리를 중

만 건축물과 부지 등을 합친 현 시가는 약 900만 달러정도라 한다. 건축 당시 모든 경비는 시크들로부터 기부를 받았다고 한다.

73) 캐나다 센서스에 따르면 1996~2000년 5년 동안의 입국한 대부분의 시크 이주자 가운데 영어를 말하고 쓰고 이해할 수 있는 비율이 전체의 1/4에 불과하다고 한다. 입국한 시크들의 대부분이 가족스폰서 프로그램으로 이민 온 자들로서 독립 기술 이민과는 달리 언어구사력이 필수조건에 속하지 않는다.

심으로 수천 명의 시크가 힌두 군중에 의해 희생당했다. 이 사건으로 그간 신실하지 않았던 일부 시크들까지 인도 정부에 대한 복수를 외쳤다. 광분한 일부 시크는 다운타운으로 나가 "칼리스탄은 승리할 것이다"(Khalistan *zindabad*), "순교자에게 경의를 표하자"(homage to martyrs) 등의 구호를 외치며 인도 정부에 대한 복수의 칼날을 세웠다.

1980년대 중반 무렵 인도정부를 비난하고 맹목적인 시크 충성주의가 지배하는 당시의 캐나다 상황은 시크 전통주의를 주장했던 일부 '신 이민자'와 난민으로 입국한 칼리스탄 조직원들과의 자연스런 결합을 가능하게 하였다. 이러한 분위기 속에서 급진적 성격의 시크 조직들이 결성되었으며, 이들 조직들은 칼리스탄 운동을 명분으로 밴쿠버의 주요 사원인 칼사 디완 사원과 구루 나낙 사원을 장악하였다.

칼리스탄 운동의 여세를 몰아 급진적 조직으로 알려진 국제청년연맹 운동원들은 1986년 구루 나낙 사원을 장악하였다.[74] 이들은 커다란 저항 없이 1994년까지 근 10년 동안 구루 나낙 사원을 독점 운영하였다. 과거 사원의 집행부 임원자리는 모든 신자들에게 개방되어 있었으며, 사원 재정 상황 역시 정기적으로 신자들에게 투명하게 공개되었다. 그러나 이들 급진파는 사원 집행부에 자신의 핵심 운동원만을 임명하고 회계의 공개도 일체 거부했다. 공개를 요구하는 것은 시크 분리주의 운동에 반대하는 행위로 간주되었다. 1988년에는 1985년 아일랜드 상공에 폭파한 에어 인디아 폭파[75] 용의자들이 캐나다 최고 과격파 시크 조직

74) 이러한 상황은 밴쿠버 시내의 칼사 디완 사원의 경우도 마찬가지였다. 1985년부터 1988년까지 칼사 디완 사원은 급진파 조직인 '세계시크조직'이 운영권을 장악하였으며 이어 1989년부터 1995년까지는 국제시크청년연맹이 접수하였다.

으로 알려진 '바바르 칼사'에 속한다는 캐나다 수사 발표가 있었다. 그간 급진적 시크들에 의한 일련의 폭력적 행태와 에어 인디아 폭파 사건은 잠잠하게 있었던 상당수의 온건한 시크들로 하여금 급진파 시크들에 대한 불신을 싹트게 하는 계기가 되었다. 그러나 1990년대 중반까지 급진파에 대한 저항을 노골적으로 표현하기는 어려웠다. 당시 온건파가 급진파에 대해 저항하지 않았던 이유에 대해 '구 이민자'에 속하는 우팔은 다음과 같이 설명한다.

> "사실 구 이민자들은 1984년 이후에 입국한 급진적 시크들을 처음에는 종교적으로 자신들보다 훨씬 많이 알고 시크 종교의 발전만을 생각하는 사람인 것으로 알고 그들을 지지했다. 왜냐하면 정식으로 시크에 입문하지 않고 외형적으로도 시크로 보기 힘든 자신들에 비해 이들은 입문식을 거쳐 5Ks를 늘 착용하고 다니기 때문에 우리들을 종교적으로 인도할 것이라고 한 동안 믿고 지지해 주었다. 게다가 그들은 매우 조직적이고 폭력적이기 때문에 쉽게 대응하기 힘들었다."

우팔의 설명처럼 캐나다 사회에 익숙한 '구 이민자' 시크와 온건파 '신 이민자' 시크들은 시크교의 위기를 외치며 시크와 시크교를 살리자는 명분을 내세운 급진 세력에 저항하기는 어려웠다. 급진파 집행부가 인도 내 칼리스탄 무장 투쟁 집단에게 헌금의 일부와 소수의 젊은 시크들을 파키스탄의 게릴라 훈련소로 보낸다는 소문이 당시 무성했다[76]. 이들 급진 세력에 대해 불만을 표

---

75) 1985년 밴쿠버를 출발하여 아일랜드를 거쳐 델리로 가는 에어 인디아가 아일랜드 상공에서 폭발되었다. 이 사건으로 캐나다 시크 가족들을 포함한 무고한 329명의 인명이 살상되었다.

76) 헬벡(Helweg, A. 1989)에 의하면 캐나다와 영국 및 미국의 시크 사원들이 펀잡에서 활동하고 있는 무장 게릴라에게 주당 수 천불씩 송금

현하는 사람들은 봉변을 당하기 일쑤였다.

인도에서 칼리스탄 운동이 거의 힘을 상실하기 시작한 1990년대 중반 무렵 구루 나낙 사원의 창립 멤버들의 집행부 복귀 움직임이 활발해 졌다. 사원을 건립했던 당사자인 초창기 멤버들은 사원의 '정상화'와 운영권을 되찾는 일을 포기할 수 없었다. 2006년 초 당시 구루 나낙 사원의 회장이었던 발완트 싱 길(Balwant Singh Gill, 남, 66)은 1995년 당시의 상황을 다음과 같이 회상한다.

> "우리들은 이 사원을 건립하기 위해 서리의 모든 시크 집을 가가호호 방문해 모금했으며, 핵심 멤버들은 자신의 집을 은행에 근저당 잡아 필요한 돈을 대출받았다. 사실 이 사원은 우리의 전부였는데 1986년 인도에서 새로 들어 온 급진파들이 우리를 밀어낸 것이다. 당시 그들은 우리가 입문식도 거치지 않았고 터번도 쓰지 않으며 집에서 고기를 먹는 '진정한' 시크가 아니기 때문에 사원을 운영할 자격이 없다고 주장하였다. 그러나 시트 구루들의 말씀 어디에도 입문식을 거치지 않은 터번 쓰지 않은 시크가 사원을 운영하지 못한다는 구절이 없다. 그리고 무슬림의 고기인 할랄 고기를 먹지 말라 했지 모든 고기를 금식하라고 어떤 구루도 말한바 없다. 그러나 당시 이런 내용을 따질 수 있는 분위기가 아니었다. 당시에 모두가 시크교의 위기를 느꼈기 때문이었다. 그러나 인도 국내 칼리스탄 운동이 잠잠해지자 우리는 반격을 위해 다시 사람을 규합했다. 캐나다처럼 법이 잘 통하는 나라에서는 법으로 일을 해결하는 것이 최선이라고 생각했다."

했다고 한다. 그가 만난 칼리스탄 코만도군(Khalistan Commando Force)의 한 대원과의 인터뷰에서 그 대원은 해외 시크 조직들로부터 6만 불을 지원받은 바 있다고 진술하였다. 전투 인원의 지원에 관해서도 그 대원은 파키스탄에 있는 칼리스탄 훈련 캠프에 해외 시크 청년들 일부가 자원하여 훈련에 참여하였다고 진술하였다.

1994년 구루 나낙사원과 칼사 디완 소사이어티의 온건파들은 당시 집행부가 근 10년 동안 공식 선거를 치르지 않은 점과 예산 공개를 거부한 점을 들어 밴쿠버 법원에 소송을 각기 제기하였다. 법원은 선거를 명령하였으며, 1995년 선거에서 양 사원의 온건파가 승리하였으며 이후 연속하여 급진파를 이겼다. 밴쿠버의 두 주요 사원의 선거에서 연속 패배를 당한 급진파는 사원 장악을 위한 새로운 명분을 찾기 시작했다. 급기야 1998년에 이들은 시크 사원의 공동 식당인 '랑가르'에서의 식사예법을 문제 삼았다. 이들의 주장은 시크교가 카스트의 위계질서를 깨고 평등주의를 구현하기 위해 랑가르 바닥에 둘러 앉아 식사를 해야 한다는 것이었다. 그러나 캐나다 시크 이주역사에서 바닥에 앉아 식사를 한 사원은 당시까지 한 곳도 없었으며 이런 주장을 하는 급진파도 마찬가지였다.[77]

그러나 급진파는 이를 쟁점화 하기 위해 시크교의 최고 기관인 인도 암리차르의 아칼 타크트(Akal Takht) 최고 사제 자테다르(jathedar)에게 식사예법 갈등의 판결을 의뢰했다. 사실 해외에 나가 있는 시크들은 물질적으로는 인도 국내 시크보다 훨씬 윤택하게 살고 있지만, 종교적 사안에 대해서는 늘 자신들이 열등하다고 생각하는 경향이 있다. 따라서 해외 시크 집단들은 자신들의 종교적 딜레마를 아칼 타크트에 문의하곤 했다.[78] 당시 펀잡의 자테다르는 식사 관련 칙령을 유보하였지만,[79] 1998년 급진파는

77) 카스트의 위계질서는 음식을 주고받는 관계 뿐 아니라 식사 시 카스트의 위계에 따라 분리되어 식사를 하는 것에서도 구체화된다. 현재도 펀잡의 시크 사원에서는 바닥에 둘러 앉아 식사를 하지만 서양사회에 이민 온 시크들은 처음부터 의자와 테이블에서 식사를 했다.

78) 이론상으로는 아칼 타크트의 자테다르의 칙령이 펀잡 내의 시크에게만 수용되는 것으로 인정되지만 대체로 해외의 시크들도 상당히 진지하게 칙령을 수용하는 경향이 있었다.

'진정한' 시크는 바닥에 앉아서 식사를 해야 한다는 자신들의 주장에 아칼 타크트가 동의해 주었다고 주장했다. 시간이 지나면서 양 사원에서 온건파와 급진파 사이의 갈등이 심화되었으며, 특히 구루 나낙 사원의 경우는 물리적 충돌까지 발생하였다.

양 사원에서 통제권을 탈환하는데 실패한 급진파는 1996년부터 독자적인 사원 건립을 위한 기금을 모으기 시작하여 1998년에 다쉬메쉬 다르바르 사원이 그리고 1999년에는 싱사바 사원이 서리 상가지역에 각기 문을 열었다. 다쉬메쉬 다르바르 사원의 부대변인 서크프리트 싱(Sukhpreet Singh, 23)은 당시 자신들의 새로운 사원건립에 대한 필요성을 다음과 같이 말한다.

> "구루 나낙사원이나 칼사 디완 소사이어티 사람들은 시크의 정통성이 무엇인지 모른다. 랑가르의 개념은 카스트, 이념, 피부색을 초월하여 모두가 바닥에 앉아 식사를 함으로써 평등함이 구현된다는 철학을 반영하고 있다. 그러나 의자와 테이블을 이용하는 것은 이러한 철학을 이미 상실하는 행위이다. 바닥에 함께 앉아 식사를 하는 것은 '도덕적'인 일이며, 전통의 유지를 위해 매우 중요한 사안이다. 왜냐하면 전통은 철학에 연결되어 있기 때문이다. 나와 같은 젊은 세대조차도 일찍이 세례를 받고 5Ks를 준수하고 있다. 보다시피 우리는 사원의 랑가르 바닥에 앉아서 식사를 한다. 시크의 모국이 가르친 평등을 실천하기 위해 우리만의 길을 걷고 있는 것이다. 종교, 철학, 전통을 모르는 사람들과 한 배를 탄다는 것은 참을 수 없는 일이었다."

---

79) 식사를 두고 소란이 심각해지자, 칼리스탄 카운슬의 회장인 Mr. Aulakh는 1998년 5월 20일에 당시 자테다르였던 란지트 싱(Ranjit Singh)에게 랑가르 내부에서 평등이라는 이념만 구현되면 그 구체적인 방식은 개별 사원에 맡기는 것이 공동체의 유지를 위해 도움이 될 것이라는 편지를 썼다(an appeal to Akal Takht, http://khalistan.com).

그림 31. 식사예법을 둘러싸고 구루 나낙 사원에서 벌어졌던 물리적 충돌

젊은 나이지만 터번과 키르판까지 착용하고 턱수염을 유지하고 있는 부대변인은 현재 대학에 재학 중이다. 그가 젊은 나이에 사원의 부대변인 자리에 있을 수 있는 것은 사원의 핵심 구성원 대부분이 그의 아버지를 포함한 친인척이기 때문이다. 기존 건물을 구입해 사원으로 개조하는데 필요한 자금은 40–50명 되는 핵심 멤버 가족들이 출연한 것이다. 이들은 헌금의 관리도 비공개로 하고 있으며 집행부 구성원 역시 철저히 핵심 멤버들로만 제한되어 있다.

이런 사정은 싱사바 사원도 마찬가지이다. 싱사바의 주요 구성원들은 '세계시크조직'에 관여하는 시크들이며, 이들은 다쉬메쉬 다르바르를 만든 '국제시크청년연맹'처럼 칼리스탄 운동을 지향한다하는 점에서는 공통점이 있다. 그러나 싱사바 사람들의 칼리스탄 운동 방법은 무력이 아닌 타협과 대화였다는 점에서 다쉬메쉬 다르바르 사원보다 덜 급진적이다. 1999년 서리에 있는 책 바인딩 공장을 구입·개조하여 시크 사원으로 사용하는 싱사바 사원은 현 회장인 요겐드라 싱 신두(Yogendra Singh Sindhu)와 그의 친인척들이 사원구입에 사재를 투자했다. 따라서 이 사원의 집행부 임원은 창립 멤버인 약 40명의 가족으로 구성된 사람들에게만 개방되어 있다[80]. 요겐드라 싱 회장은 자신들의 독자적인 사원의 출범을 다음과 같이 설명하고 있다.

> "우리의 핵심 구성원의 99%는 입문식을 거치고 5Ks를 착용하였을 뿐 아니라 일상생활에서조차 철저히 시크 행동규범을 준수하고 있다. 구루 나낙사원이나 칼사 디완 소사이어티의 집행부를 봐라. 이들 대부분은 터번도 착용하지 않고 입문식을 거치지도 않았다. 봐라, 구루 나낙의 회장인 Mr. Gill은 술과 고기를 마시고 먹지 않는가? 입문식도 받지 않고 스스로 술과 같이 독성이 있는 것을 하는 사람들이 어떻게 젊은 세대 시크들에게 입문식을 이야기하고 올바른 시크가 되라고 이야기 할 수 있겠는가? 구루 나낙이나 칼사 디완 사람들을 흔히 '온건파'(moderate group)로 부른다. 그러나 우리는 그들에게 좀 더 부정적인 용어, 예컨대 '위선자'로 불러야 할 것이다. 술을 마시고 수염을 면도한 사람들을 어찌 시크라 부를 수 있겠는가. 시크교는 면도를 하지 말고 5Ks를 준수하라고 가르치고 있다. 그들은 이를 지키지 않는 사람들이다. 우리는 그들과 질적으로 다른 시크들이기 때문에 우리만의 길을 택할 수밖에 없었다."

---

80) 다쉬메쉬 다르바르와 싱사바 사원 모두 멤버십을 소수의 특정인에게 제한하고 있는 것을 두고 당사자들과 기존 온건파를 자칭하는 시크들의 견해에는 차이가 있다. 당사자들은 구루 나낙과 칼사 디완 사원의 경우에서 잘 드러난 것처럼 대중들에게 집행부를 개방하면 이의 장악을 둘러싸고 분쟁이 일어나 결국 종교 본연의 길에서 벗어나기 때문이라고 주장한다. 그러나 구루 나낙과 칼사 디완 사원 사람들은 이를 소수의 급진적 시크들이 종교를 빌미로 비즈니스를 하고 있다고 비난한다. 실제로 요겐드라 싱과 서크프리트 싱에 따르면 이 두 사원에 들어 온 헌금의 일부는 설립 당시 투자하였던 사람들의 돈을 돌려주기 위해 사용되고 있다고 한다.

사실 싱사바나 다쉬메쉬 다르바르 사원의 핵심 구성원은 늘 5Ks를 착용하고 있다. 이 두 사원에는 터번을 두른 시크들이 칼사 디완 소사이어티나 구루 나낙사원에 비해 훨씬 많다. 다쉬메쉬 다르바르 사원 로비의 벽에는 5Ks의 견본과 그에 대한 설명이 부착되어 있다. 또한 예배당 내의 구루 그란트 사힙이 모셔져 있는 성소 뒤 벽면에 "칼리스탄이 승리하리라"(Khalistan *zindabad*) 라는 구호가 부착되어 있다. 다쉬메쉬 다르바르 사원에는 신자들이 문전성시를 이루고 있다[81].

칼사 디완과 구루 나낙 사원에 비해 다쉬메쉬 다르바르 사원에

그림 32. 서리지역에 있는 급진파 시크 사원, '다쉬메쉬 다르바르 사원'의 랑가르에서는 신자들이 바닥에 앉아서 식사를 한다

81) 다쉬메쉬 다르바르 측의 주장에 의하면 일주일에 약 1만여 명의 신자가 사원을 방문한다고 한다. 이러한 신자 수가 반영해 주고 있듯이 현 사원보다 더 큰 규모의 건축물이 사원 길 건너편에 건축되고 있다. 여기에는 사원의 일부 부속시설이 들어서고 남은 공간은 결혼식 등 각종 행사를 위한 장소로 이용될 계획이다.

더 많은 시크 인파가 몰리고 있는 이유는 무엇일까. 반드시 이 두 사원에 비해 다쉬메쉬 다르바르 사원의 규모가 다소 작은 이유에서 그렇게 보이는 것만은 아니다. 인도 공군에서 기술병과에 근무하다 1997년 캐나다에 기술이민 온 후, 다쉬메쉬 다르바르 사원 입구에서 시크 종교서적과 성물(聖物) 가게를 운영하는 수크데브 싱(Suhkdev Singh, 49)은 다음과 같이 그 이유를 설명하고 있다.

> "다쉬메쉬 다르바르 사원은 정기적으로 펀잡에서 이름난 구루를 초빙하여 '정통'의 시크 예배를 고집하고 있다. 생각해 봐라 자신의 고향에서 이름난 구루가 온다면 오지 않을 시크가 어디 있으며, 이들은 자기가 알고 있는 인근 사람들까지 이끌고 사원에 나온다. 모든 종교행사를 인도의 펀잡 방식으로 행하고 있으며, 인도에서처럼 랑가르 바닥에 앉아 식사를 하기 때문에 이민 온 뒤 캐나다를 낯설게 생각하는 사람들은 고향처럼 모든 것이 친숙한 이곳이 좋을 수밖에 없을 것 아니겠는가. 그리고 방금 떠나온 고향처럼 이곳에 오면 5Ks를 준수하고 있는 사람도 많아 자기도 남의 눈치 볼 필요 없이 5Ks를 착용할 수 있다. 새로 이민 온 시크들은 다쉬메쉬 다르바르 임원들이 다른 사원 사람들보다 전통적인 종교관행을 잘 준수하고 있다고 생각한다."

사실 대학생인 수크데브 싱의 딸과 아들은 집 안팎에서도 5Ks를 착용하고 있다. 브리티시 콜롬비아 대학교에 다니는 아들은 터번과 수염을 유지하고 있으며, 외부에서는 보이지 않게 허리춤에 키르판도 착용하고 있다. 부인과 여대생인 딸은 남성의 터번과는 형식이 다르지만 터번과 유사한 기능을 하는 커버를 집 안팎에서 착용하고 있다. 모두 입문식을 통과한 이들 남매는 구루나낙이나 칼사 디완 사원에 가면 근대화된 형식에 다소 낯설지만

그림 33. 밴쿠버의 터번을 착용하고 일상 생활을 하는 여대생 시크 신자

다쉬메쉬 다르바르에서는 인도에서처럼 편안함을 느낀다고 한다. 이처럼 최근에 이주한 시크들은 일단 서리에 정착한 후 다쉬메쉬 다르바르나 싱사바 사원에서 행해지는 인도 펀잡 스타일의 예배 방식에 편안함을 느낀다. 이는 고향 펀잡에서 행했던 의례 방식과 그곳 출신 구루의 잦은 방문 때문에 느낄 수 있는 감정이다.[82] 또한 이들에게 랑가르 바닥에 앉아서 밥을 먹고 담소를 나누는 것은 매우 익숙한 일이다.

시크의 '진정성'을 내세워 독립한 다쉬메쉬 다르바르와 싱사바 사원들은 현재 신흥 이주자가 많은 서리지역에서 '호황'을 누리

82) 특별한 이유가 없는 한 시크들은 대개 자신들의 거주지에서 가까운 사원을 나가는 경향이 있다. 그러나 람가리아 시크나 불가촉천민인 라비다스 시크처럼 독자적인 자신들의 사원이 운영되는 집단들은 사는 곳에 불문하고 자신들의 사원을 고집한다. 그러나 자트 시크가 절대 다수인 시크사회에서 이들은 거리상 가까운 사원을 찾아 나가기 마련이다.

고 있다. 이 두 사원을 다니는 시크 모두가 펀잡의 분리 독립을 믿는 사람들은 아니다. 특히 1990년대 들어 이주하여 이 두 사원을 나오는 시크들은 인도의 칼리스탄 운동이 이미 그 힘을 상실했음을 잘 알고 있다. 따라서 최근 이민자들의 많은 수는 시크의 독자적인 정체성을 인정하면서도 시크와 펀잡은 반드시 인도 국민 국가와 친밀한 관계를 유지해야 한다고 생각한다.[83)]

이 두 사원이 신자의 수에서 더 '호황'을 누리는 이유를 온건파 사원 핵심 구성원들은 다쉬메쉬 다르바르 사원과 싱사바 사원이 아칸드파쓰(*akhandpath*)[84)]에 관한 규범을 제대로 준수하고 있지 않는데서 찾고 있다. 즉 이 후자의 두 사원이 동시 다발적으로 아칸드파쓰가 행해지도록 허용하고 있다는 것이다. 따라서 여러 아칸드파쓰에 관련된 시크들이 금요일부터 일요일까지 사원에 몰릴 수밖에 없으며, 이는 헌금의 양을 늘리게 된다. 이런 방식을 따르지 않는 구루 나낙과 칼사 디완 사원의 임원들은 변칙적인 아칸드파쓰를 허용하는 싱사바 사원과 다쉬메쉬 다르바르 사원을

---

83) 다쉬메쉬 다르바르 사원에 만난 바르지트 싱(Barjit Singh, 남, 52)은 밴쿠버에 온지 6개월 되었다. 터번을 쓰고 있는 그는 시크들이 펀잡에만 사는 것이 아니라 북부 인도 전역에 살고 있을 뿐더러 전체 인구의 2%도 되지 않는 시크들이 인도를 벗어나 독립 국가로 제대로 설 수 없다고 생각한다.

84) 아칼 타크트의 행위 규범에 따르면, 구루 그란트 사힙은 사원의 오직 한 곳에서 한 사람씩 낭송되어야 한다. 따라서 해외 사원의 경우 대개 일요일에 가장 많은 사람들이 사원에 군집하기 때문에 금요일 아침 10시경에 낭송이 시작되면 중단됨이 없이 여러 사람들이 이를 이어받아 일요일 아침 10경에 끝나는 것이 일반적이다. 이를 '아칸드파쓰'라 부르는데 시크들은 이를 행하는 것을 종교상 공덕을 쌓는 일로 간주한다. 아칸드파쓰는 대체로 가족단위로 행하며, 이를 주도하는 가족은 일요일의 랑가르에서 공급되는 식사를 제공한다. 특정 집안 구원이 아칸드파쓰를 행하게 되면 이들은 자신들과 관계를 맺고 있는 친인척과 친구들을 아칸드파쓰에 초대한다.

'종교를 빌미로 한 비즈니스'를 행한다고 비난한다. 이들은 급진파 두 사원을 세우는데 막대한 자본을 투자한 그곳 임원들이 자신들의 '본전'을 빠른 시간 내에 찾으려는 속셈으로 아칸드파쓰를 변칙적으로 운영한다고 지적하고 있다. 그러나 다쉬메쉬 다르바르의 창립 멤버의 한 사람인 하르멘드르 싱(Harmendr Singh, 남 69)은 동시에 많은 아칸드파쓰가 행해지도록 허용하는 것에 대해 다음과 같이 자신들의 입장을 대변하고 있다.

> "많은 시크들이 해외에 나와서 더 많은 공덕(merit)을 쌓을 수 있도록 우리는 원칙을 융통성 있게 적용하고 있을 뿐이다. 그렇다고 시크교의 정통성이 훼손되는 것은 아니다. 시크교가 뭔지도 모르는 사람들이 운영하는 구루 나낙이나 칼사 디완 사원을 가 봐라. 그곳에는 활기가 없다. 고향을 떠나 이곳에 있는 사람들에게 종교적인 활력을 줘야 된다. 그래서 우리는 펀잡에서 이름난 종교 악단과 설교자를 주기적으로 초빙하여 캐나다에서 시크교를 부흥시키려 한다. 임원들이 술 마시고 담배 피우는 사람들이 종교를 알기나 하겠는가."

급진파들은 아칸드파쓰의 변칙적 운영에 대해서도 시크와 시크교의 부흥을 내세운다. 이들은 자신들이 5Ks와 시크 행위규범을 준수한다는 정통성을 내세우며, 그렇지 못한 온건파의 아칸드파쓰에 대한 비난을 무시한다. 이들은 시크교의 상징물을 유지하는 것 자체가 그렇지 못한 집단에 대한 종교적 권위를 지켜준다고 생각한다.

3) 해외 시크 집단의 문화정치 성격

시크는 터번을 착용하고 턱수염이 있으며 남성은 '싱'(Singh) 그리고 여성은 '코르'(Kaur)라는 성씨를 공통적으로 사용한다. 이런 점에서 시크는 다른 집단들과 차이가 있으며, 이러한 차이는 시크의 '종족적 경계'(ethnic boundary)를 구성하는 신체적이고 문화적인 상징으로 이용되어 왔다. 외부인은 시크가 이러한 독특성을 공유하고 있음을 전제로 그들의 내부적 차이보다는 동질성에 주목하기 십상이다.

그러나 인류학자 발라드(1996)가 주장하듯 시크는 동질성에도 불구하고 내부적 분화로 인한 파벌주의(factionalism)가 항존해 있었다. 이로 인해 시크사회의 '불화'(disunity)는 그들에게 늘 있어 왔던 문제였다. 이 장의 본문에서 등장했던 캐나다 시크 '우팔' 역시 캐나다 시크 사회 내의 일련의 갈등을 그간 '늘 있었던' 문제로 인식하고 있다. 시크 사회는 내부적 분화에도 불구하고 외부의 집단적 위협에 대해서는 자신들의 동질성을 기반으로 하여 강한 내부 결속을 다져왔다.

1906년 밴쿠버에 칼사 디완 소사이어티 사원이 문을 연 이후 2006년 현재까지 약 100년 동안 시크 사회가 당면한 문제는 시기에 따라 다양하였다. 캐나다 시크는 동질성 외에도 카스트, 지역성, 이주 역사, 이념적 성향 면에서 내부적 차이를 내포하고 있었다. 이러한 내부적 차이는 '불화'를 일으키는 요인들이었으나, 인종차별이 극심했던 이주 초기에는 내부의 이질성보다는 동질성이 강조되었다. 특히 1950년대 이전까지 시크 수가 많지 않고 시크 사원인 구르드와라가 남아시아인 전체를 대변하는 역할을 했기 때문에 '종교적 실천의 적합성'(the proper form of religious practice) 여부가 정치적 장에 본격적으로 동원되지 않았다.

그러나 1970년대 이후 시크 사회 규모가 커지고 캐나다 정부의 다문화주의의 표방 등은 시크 사회의 이질성이 내부적 권력 경합의 자원으로 동원될 수 있는 환경을 조성하였다. 이주 초기에 내부적 차이를 부각시켰던 것이 시크의 지역성과 카스트였다면, 시크 사회의 규모가 커지기 시작하자 '종교적 실천의 적합성'을 둘러싼 내부적 불화가 야기되었다. 그러나 인도 내에서 시크 성지 유린과 대학살을 계기로 캐나다 시크 사회의 급작스런 '대단합'이 조성되었지만 오래 지속되지 못했다.

급진적 성향의 '신 이민자'는 약 10년 동안 캐나다 주요 사원을 장악하였다. 그러나 이들은 인도의 통합과 다문화사회에 대한 적응을 강조하는 온건파로부터 1990년대 중반 이후 강한 도전을 받았다. 식사예법을 둘러싼 '종교적 실천의 적합성' 시비로 급진파와 온건파 사이에 극한 대립이 있었다. 현재 분리주의를 여전히 신봉하는 다쉬메쉬 다르바르와 싱사바 사원은 입문식 거행, 랑가르 바닥에서 식사, 시크행위 규범 준수, 5Ks의 항시 착용 등 시크 행위규범을 강조하면서 칼사 디완과 구루 나낙 사원과의 차별성을 강조하고 있다. 이러한 차이의 부각은 고향 펀잡에서 늘 전통적인 방식의 예배에 익숙한 최근 이민자에게 좀 더 많은 호소력을 발휘하고 있다.

이 장이 보여주고 있듯이 캐나다의 시크 사회의 전개 과정과 그 변화의 역동성의 배후에는 시크 사원인 구르드와라에 대한 통제권을 둘러싼 끊임없는 불화가 있었다. 시크의 '평등주의'(egalitarianism)와 '회중주의'(congregationalism)에 대한 강조는 시크로 하여금 일상과 종교생활을 구르드와라 중심으로 영위되도록 하고 있다. 특히 낯선 이민사회에서 시크처럼 가시적인 종교집단에게 가해지는 인종차별은 시크들로 하여금 구르드와라 중심적 공동생활을 선택하게 만든다. 따라서 시크, 특별히 자트 시크에게 구르드와라의 장악은 이민 생활 가운데 성취할 수 있는 중요한 정치적 목적의 한 가지가 되어 왔다. 이 장은 캐나다 시크의 권력경쟁을 위한 집단 역동학이 정당 등 기성 정치적 경합 장과는 달리 '종교적 교리'(doctrine)나 '의례적 실천'의 차이를 토대로 자아와 타자에 대한 정체성을 규정짓는 일련의 정치적 과정 속에서 전개되고 있음을 민족지적으로 규명하였다.

3. 왜 해외에서 시크 저항은 지속되나?

1970년대 캐나다 정부는 '범 동인도인 종족·정치적'(pan-East Indian ethno-political) 조직을 통해서만 인도인들의 공적 활동이 가능함을 강조하였다[85]. 이에 발족된 것이 시크를 포함한 모든 인도인들을 포괄하는 '인도출신 캐나다 전국 연합회'(National Association of Canadian of Origins in India, 이하 NACOI)였다. 물론 시크 집단이 본 조직의 핵심 역할을 수행해 왔다. 이 조직은 캐나다에 거주하는 인도에 기원을 두고 있는 인도인들이 공통의 기원 국가와 공통의 문화를 공유하고 있는 것을 전제로 탄생되었다. 최소한 1984년 인도 국내에서 시크와 관련된 일련의 사건이 터지기 전까지는 시크들도 NACOI를 통해 캐나다 정부와 사회 일반을 상대할 수밖에 없었다.

그러나 1984년 일련의 사건들 이후 시크 급진파가 시크 집단을 장악하자 자신들의 새로운 정체성, 즉 '시크 정체성'을 캐나다

85) 1971년 자유당 정권에 의해 다문화주의가 실시된 이후 더 많은 수의 인도인들이 캐나다로 이민 오게 되었다. 1,000-3,000명 내외의 수준이었던 인도 출신 입국자 수가 1970년대에 들어서면서 5,000-12,000명 선으로 급증하게 되었다. 다문화주의의 기조는 특정인 조상의 '기원지'(place of origin), '국가적 기원'(national origin)을 중심으로 사회적 단위를 분류하는 것이다. 따라서 이 이념에 따르면 사적, 자발적, 획득적 성격인 개인의 종교는 사회 단위의 분류 시 중요한 요인이 되지 못한다. 대신 공공적, 본질적, 태생적 성격을 지닌 '기원 국가'가 사회단위 분류의 중요한 기준이 된다.

사회가 인정해 주길 요구하기 시작했다. 상대적으로 최근에 이주한 '신 이주자' 가운데 일부 급진파 칼리스탄 지지자들은 '동인도인'으로 단순 분류되는 자신들의 정체성에 문제를 제기하였다. 다시 말하면 이들은 캐나다의 다문화주의 논리에 따른 사회적 범주체계에 문제제기를 한 것이다. 이들은 스스로 '캐나다 시크'일 뿐이며, 자신들을 대표하는 정치 조직은 오직 구르드와라 또는 시크들이 만든 조직일 뿐이라고 주장하였다. 이런 입장에 서 있는 시크들은 자신들이 독자적인 '종족·영토적인 공동체'(ethno-territorial community)에 속함을 주장한 셈이었다. 특히 시크 민족국가(Sikh nation-state) 건설을 주장하는 급진파 시크들은 자신들이 세울 독립 국가는 공통된 언어, 인종, 영토, 역사, 종교, 정서, 정치적 목표와 열망을 공유할 수 있을 것이고 주장한다.[86)]

1980년대 중반 이후 최소한 10여년 이상을 영국과 북미의 주요 사원이 칼리스탄 운동에 직·간접 관련된 조직들에 의해 통제되었다. 특히 '세계시크조직'과 '국제시크청년연맹'은 시크 사원 내의 정치적 활동뿐만 아니라 정착국가의 정부요인 및 정치가 그리고 국제기구를 상대로 로비활동을 하였다. 이들 조직들은 로비 대상을 상대로 시크가 인도로부터 독립되어야 하며 시크는 인도의 일부분이 아닌 별개의 종교·정치 조직임을 선전해 왔다.

이들의 로비활동은 대체로 성공적이었다. 예컨대 이들은 로비활동을 통해 국제인권 NGO들, 예컨대 국제사면기구(Amnesty International)와 휴먼 라이트 워치(Human Right Watch) 등에도 접근

---

86) 칼리스탄을 주장하는 인도 국내외 시크들은 "모든 시크는 펀잡에 속하며, 펀잡은 시크에 속한다"고 강조한다. 그러나 이들은 펀잡에 있는 힌두, 힌두와 통혼하는 시크, 신디어(Shindi)를 사용하는 시크, 시크 내부의 카스트·지역성·종파 등의 이질성을 모두 무시하고 이런 주장을 하고 있다.

그림 34. 사이버스페이스 칼리스탄 운동을 위한 웹사이트에는 1984년을 망각 하지 못하게 하는 다양한 메시지를 담은 이미지와 동영상이 있다

하여 펀잡에서 시크에 대한 인권탄압 실상을 공개하고, 국제기구 기관지에 이를 공개하도록 촉구하였다. 특히 '세계시크조직'은 '유엔경제사회위원회'(UN Economic and Social Council)의 옵서버 자격을 1987년부터 1994년까지 유지하였으며, 1992년 1월에 캐나다의 하원의원 3명을 설득해 펀잡을 방문하도록 설득하여 인권침해의 현장을 돌아보게 했다[87].

이들 조직들의 국제적 활동은 웹 사이트를 이용하여 초국가적으로 긴밀한 네트워크 유지를 통해 전략적으로 이루어져 왔다. 이는 '사이버스페이스 칼리스탄 운동'(cyber space Khalistan Movement)이 진행되어 왔음을 보여주는 것이다. 2007년을 기준으로 해외에서 운영되는 칼리스탄 운동 관련 웹 사이트 수는 약 50개 이상이며 여기에 개인이 운영하는 웹 사이트나 블로그까지 포함하면 이 수는 훨씬 많다. 직접적으로 칼리스탄 운동만을 목표로 운영

87) 그러나 이들 시크 조직들은 후일 흔히 테러리스트 또는 근본주의 단체로 간주되어 국제기구에서 회원자격을 상실하게 되었다.

되고 있는 웹 사이트 뿐 아니라 시크 정체성을 홍보하기 위한 웹 사이트를 합친다면 그 수는 거의 헤아릴 수 없이 많다. 특히 칼리스탄 운동과 직접적으로 관련 있는 웹 사이트들에는 칼리스탄 카운슬(the Council of Khalistan)의 www.khalistan.com, 칼리스탄 어페어스 센터(the Khalistan Affair Center)의 www.khalistan–affairs.org, 달 칼사(Dal Khalsa)의 www.dalkhalsa.com, 바바르 칼사(Babbar Khalsa)의 www.khalistan.demon.co.uk, 시크 청년연맹(Sikh Youth Federation)의 http://syf.jaj.com, 세계시크조직의 www.world–sikh.org 등이 있다. 이들 웹 사이트에는 1984년의 블루스타작전, 델리 시크 대학살 그리고 약 10년에 걸쳐 펀잡에서 자행된 시크에 대한 인권침해에 관련된 동영상, 음성텍스트, 증언 텍스트, 이미지 사진, 음성 등의 멀티미디어 자료들이 시크의 아픔과 고통을 기억하고 인도 정부의 인권침해 현실을 고발하기 위해 적극적으로 이용하고 있다. 이로써 이들 웹 사이트를 운영하고 있는 칼리스

그림 35. 해외 시크들은 1984년 블루스타작전으로 상처 입은 세계 시크들에게 '기억의 정치'를 지속하고 있다

탄 운동에 관련된 해외 시크들은 좁게는 세계 도처에 있는 시크 집단을 향해 그리고 포괄적으로는 세계인을 대상으로 칼리스탄 운동의 정당성과 시크 인권침해를 고발하기 위한 '기억의 정치'(politics of memories)를 전개하고 있다.

인도 국내적으로 보면 현재까지 1984년 시크 대학살에 대한 책임자 처벌과 피해자 보상에 대한 문제가 매듭지어지지 않았다. 대체로 1994년 이후 인도 국내에서 격심한 시크 분리주의 운동은 다시 나타나지 않았다. 그간의 해외 칼리스탄 운동이 탄력을 받은 것은 인도 내의 칼리스탄 운동이 적극적으로 진행되었기 때문이었다. 영국과 북미에서 아직까지도 칼리스탄 운동이 사라지지 않는 것은 무엇 때문인가? 이러한 의문에 대한 해답의 실마리는 2006년 당시 캐나다 밴쿠버의 급진파 사원인 다쉬메쉬 다르바르의 부대변인인 서크프리트 싱(Sukhpreet Singh, 남 23세)[88]의 진술을 통해 알 수 있다.

> "나는 칼리스탄 운동을 지금도 지지한다. 나는 어렸을 때 이곳으로 이민 왔다. 종교적인 분위기에서 성장했고 일찍이 세례도 받았다. 나는 현재 대학생인데 내 생각에는 인도 내에 시크 국가를 세운다는 것에는 다소 현실성이 없어 보인다. 현재도 캐나다에 칼리스탄을 믿는 상당히 많은 시크들이 있는데, 내 생각에 이것은 캐나다에 살고 있는 시크들의 단결을 요구하는 일종의 담론('discourse')이라 생각된다."

서크프리트 싱의 이야기에는 21세기에도 해외 시크들에게 칼리스탄 운동이 여전히 중요한 것은 이들이 이민국에서 직면한 소외와 불안정 때문일 수도 있다. 종교적 민족주의에 호소함으로써

88) 필자의 2006년 1월의 캐나다 밴쿠버에서의 인터뷰 자료이다.

이러한 불안들의 해소, 즉 다양한 이주민들 가운데서 주체성(subjectiveness)을 확보하기 위한 방편(Kinnvall, C. 2006: 134)으로 사용되고 있음을 알 수 있다.

사실 해외 현지인들에 칼리스탄 운동원들을 포함한 대부분의 시크들은 '난폭한' 또는 '테러리스트'로 오해받는 경우도 있다. 1984년 인도 수상이 피격 당했다는 소식에 거리에서 춤추는 모습, 1985년 에어 인디아 폭파사건에 캐나다의 시크가 연루되었다는 정황, 사원 내부에서의 물리적 충돌 등은 시크들의 호전적 이미지를 만드는 원인이 되었다. 이런 부정적 인상에도 불구하고 캐나다의 경우 시크들은 캐나다 정부와 사회 일반에 시크로서의 자신들의 존재와 정체성을 지각시키는 일에는 부분적으로 성공하였다. 즉 각종 칼리스탄 운동은 시크라는 종교적 정체성을 인정하지 않는 캐나다의 다문화주의 정책에 대한 도전이자 자신들의 존재를 인정받으려는 정치적 행위로 해석될 수 있다. 즉 시크들은 종교를 토대로 한 자신들의 정체성을 인정받고자 했던 일종의 '인정의 정치'(politics of recognition)를 해 온 것으로 해석될 수 있다.

앞서 언급한 바와 같이 펀잡의 칼리스탄 운동의 대중성은 크게 약화되었다[89]. 이는 현재의 해외 칼리스탄 운동이 인도 국내용이기 보다[90]는 해외 시크들을 위한 운동이고, 그들에게 더욱 의미

---

89) 여기에 대해서는 1980년대부터 지금까지 펀잡을 현지조사하고 있는 맨체스터 대학교의 Roser Ballard 교수도 2006년 4월 '인도인 디아스포라 학술회의' 참석 차 한국에 왔을 때 동일한 견해를 피력한 바 있다.

90) Gayer (2002)는 펀잡의 한 노인과의 인터뷰에서 해외의 칼리스탄 운동에 대해 다음과 같은 진술을 소개한다. "해외 시크들이 눈치 보지 않고 자기들 마음대로 떠들 수 있기 때문이다. 국내 시크들의 많은 사람들은 더 이상 피 흘리는 것을 원치 않는다. 외국에서 생각 없이

있는 것으로 이해된다. 해외 칼리스탄 운동의 지속은 최소한 이 운동과 이에 심적으로나마 동조하고 있는 시크들이 다문화주의를 표방하는 캐나다 사회에 살면서 자신들의 정체성을 시크로 인정받기 위한 대열에 참여하고 있는 것으로 해석될 수도 있다. 즉 이들에게 있어서 칼리스탄 운동은 인도 내 독립국가 건설이라는 실현 가능한 구체적 목표가 아닌 다른 것일 수 있다. 이는 오히려 다문화주의 사회에서 소수자로 살면서, 제대로 된 정체성(종교적 정체성)을 인정받지 못한 자신들의 존재를 확인시키고자 하는 지속적인 담론일 수 있다. 이렇게 본다면 캐나다를 비롯한 해외 거주 시크들은 초국가적인(transnational) 환경 속에서 순환되고 있는 '칼리스탄 이데올로기'의 생산자이자 소비자인 셈이다(Gayer, L. 2002).

"칼리스탄 건설에 대한 '동경'(longing)은 시크들이 거주하고 있는 국가에서 자신들의 '소속감'(belonging)을 주장하고자 하는 것"으로 해외 칼리스탄 운동을 파악하고 있는 듀센베리(1995)[91]

그림 36. 캐나다 서리 시크들의 배사키 축제 퍼레이드

벌이는 칼리스탄 운동의 피해자는 오히려 국내 시크가 될 수 있다."

91) 듀센버리(1995)는 캐나다에서의 칼리스탄 지지자들은 칼리스탄 운동을 통해 이민국에서 존경과 파워를 획득하고자 하였다고 주장한다.

의 주장은 큰 설득력을 갖는다.[92]. 해외 시크의 칼리스탄 운동에 관련지어 앗파라두이(Apparadui, A. 1996)는 "영토적 민족주의(territorial nationalism)가 이런 운동의 핑계거리에 불과하며 근본적인 동기나 최종 목표는 아니다"고 주장하고 있다. 칼리스탄 운동에 관한 이들 전문가들의 주장을 종합해 보면, 현재까지 해외에서 진행되고 있는 칼리스탄 운동은 인도 '국내용'이기보다는 캐나다를 비롯한 해외 주재국 내에서 소수자로 살고 있는 시크들이 자신들의 존재를 '인정받기 위한 정치적 행위'로 이해될 수 있다.

앞서 언급한 바처럼 해외 급진파 시크는 과거와는 달리 해외 시크 집단을 칼리스탄 운동을 내세워 완전히 장악할 수 없는 현실이다. 그러나 이들은 일상적인 시크 종교행사와 특정한 시크 축제일, 대표적으로는 1699년 칼사단이 출범한 북인도의 추수절인 배사키[93] 축제일에 맞춰 빈드란왈레와 간디 수상을 피격한 저격범 등의 사진을 축제에 등장시켜 순교자로 추앙하는 등 칼리스탄 운동이 진행되고 있음을 외부로 시위하고 있다. 캐나다 밴쿠버 서리에서는 2007년과 2008년 배사키 축제의 퍼레이드에서

92) 주재국 내에서 해외 시크들의 칼리스탄 운동이 일어난 바에 대해, 헬벡(1989)은 그들의 주재국 내에서의 고립, 아노미의 경험 후 자신들의 명예에 대한 갈망이라는 '심리적이고 문화적인 틀'을 강조한다. 골드번(Gouldbourne, H. 1991)은 시크 공동체가 자신들의 결속 확보와 주재국 사회에 대한 환멸과 불안감 때문에 인도 아대륙 내에 독립적이고 안정적인 모국을 요구하게 되었다고 주장한다. 한편 유어겐스메이어(Juergensmeyer, M. 1988)는 디아스포라 시크가 펀잡의 모국 공동체로부터 주변화 된 까닭에 자신들의 소속감을 획득하기 위해 해외의 칼리스탄 운동에 적극적이라고 해석한다.

93) 북부 인도 특히 펀잡 지방의 추수 축제이다. 그러나 시크들은 1699년 열 번째 구루였던 구루 고빈드 싱(Gobind Singh)이 배사키 축제일에 정통 시크교단인 '칼사'(Khalsa)단을 출범시켰기 때문에 배사키를 가장 중요한 축제로 여기고 있다.

그림 37. 다쉬메쉬 다르바르 구르드와라의 배사키 축제에 부착된 빈드란왈레 등의 칼리스탄운동의 희생자들 사진

빈드란왈레, 에어 인디아 폭파 용의자 파르마, 2명의 인디라 간디 저격범 빈트 싱(Beant Singh)과 사트완 싱(Satwan Singh)의 사진이 전시하여 순교자로 추앙한 바 있었다. 이 축제에는 칼리스탄 관련한 다양한 구호들이 플래카드와 구호의 형태로 등장하였다. 예컨대 "칼리스탄만이 시크를 위한 유일한 해결책이다", "시크는 자유와 칼리스탄을 원한다", "우리는 우리의 위대한 순교자들에게 경의를 표합니다" 등의 구호가 부착되고 제창됨으로써 서리 축제 조직위원회는 1984년 블루스타작전, 델리 시크 대학살 사건, 1985년 에어 인디아 폭파 사건 관련자들을 순교자로 미화하고 이들을 기념하고 있었다. 이 축제의 프로그램 내에 시크 칼리스탄 운동의 정치적 내용이 있을 것을 사전에 감지하지 못하고 행사에 참석했던 서리 시장, 서리 지역구 국회의원 등은 서리 축제의 정치적 구호에 난감해 했으며, 이로 인해 밴쿠버 유력 일간지들로부터 비난을 감수해야 했다.

해외 급진파 시크들이 칼리스탄을 다양한 형태로 여전히 주장하고 있지만 이들의 상당수는 현실적으로 펀잡이 인도로부터 독

그림 38. 다쉬메쉬 다르바르 구르드와라의 배사키 축제에 인디라 간디 암살범이 성인으로 추앙받고 있었다

립가능하다고 생각하지 않는다. 이들은 칼리스탄 건설을 실현 가능한 목표로 인식하기보다는 다문화주의를 표방하는 캐나다와 같은 서구 사회에서 자신들의 정체성이 단순히 '인도계 캐나다인'(Indo-Canadians)이라는 출신 국가를 통해 범주화되기보다 '시크'라는 보다 구체적인 종교적 정체성을 토대로 인정받고자 한다.[94] 자신들이 범주화되는 국가가 자신들을 정치적으로 핍박하였으며, 이로 인해 현재도 정신적 트라우마를 안고 살고 있는 많은 시크들이 인도가 아닌 시크 정체성을 통해 자신들이 인정받기를 원하고 있다. 해외 시크 가운데 소위 급진파 또는 전통주의자 시크들의 이러한 '인정의 정치'가 해외에서 칼리스탄 운동이 지속되고 있는 토대가 되고 있는 것으로 해석할 수 있다.

94) 실제로 2007년과 2008년 이들과의 인터뷰에서 그들을 '인도-캐나다인'으로 호칭하자 그들은 우선적으로 자신들을 '시크 캐나다인'(Sikh-Canadians)으로 호칭하라고 요청하였다.

제2부

시크사회의 사회 · 문화적 경관

제6장___**시크 지배적인 인도 농촌사회의 사회 · 문화적 성격**

제7장___**국제 이주와 시크의 '이주문화'**

제6장 시크 지배적인 인도 농촌사회의 사회·문화적 성격

1. 인도 시골마을, 사단와스

농촌 마을 사단와스(Sadanwas)는 펀잡 주와 하리야나 주의 경계에 위치하고 있다. 그러나 행정구역상으로는 하리야나 주의 히사르 군에 속해 있다. 히사르 군은 하리야나 주의 북서쪽에 위치하고 있으며 북과 북서로는 펀잡주의 바힌다(Barhinda) 군, 동으로는 하리야냐의 진드(Jind) 군, 남동으로는 로탁(Rothak) 군, 남으로는 비와니(Bhiwani) 군, 남서로는 라자스탄 주의 준즈나(Jhunjhna) 군, 서로는 하리야나의 시르사(Sirsa) 군과 경계를 마주하고 있다. 히사르 군은 1970년대 히사르의 일부 지역이 인근의 다른 군으로 배속되었음에도 불구하고 1981년 현재 하리야나 주에서 가장 면적이 넓고 인구가 많다. 1981년의 센서스에 따르면 히사르 군의 면적은 6,315 평방킬로미터로서 하리야나 주 전체의 약 14.3%를 차지하고 있으며, 전체 인구는 1,496,534명으로서 주 전체 인구의 약 9%를 차지하고 있다. 히사르 군의 소재지는 히사르이며 히사르 군의 행정 조직은 3개의 구역과 5개의 수세원으로 구성되어 있다. 3개의 구역은 히사르, 한시(Hansi), 파테하바드(Fatehabad)이며 5개의 수세원은 히사르, 아담푸르(Adampur), 토하나

(Tohana), 파테하바드, 라티아(Ratia)에 있다.

하리야나 주에서 주요하게 사용하는 언어는 사용 인구를 기준으로 보면 힌디, 펀자비, 우르두의 순이며, 우르두어는 독립 이전에 하리야나 주에 살던 많은 수의 무슬림들이 주로 사용하였으나 이들이 파키스탄으로 이주한 지금은 소수의 노년층들만이 사용하고 있다. 하리야나 주에서 가장 널리 사용되고 있는 방언은 반구르(Bangru), 메와티(Mewati), 아히르와티(Ahirwati)이며 이 가운데 히사르 군에서 가장 많이 사용되는 것은 반구르이다.

분리 독립으로 파키스탄에서 하리야나로 이주한 사람들의 대부분은 시르사 군, 암발라(Ambala) 군, 카르날(Karnal) 군 등 지리적으로 펀잡 주에 인접하고 있는 군들에 거주하고 있으며, 히사르 군에도 상당수가 거주하고 있다. 현재 히사르 군의 시크들의 대부분은 파키스탄의 물탄(Multan) 출신이며 이 밖에도 리알푸르(Lyallpur), 바하왈푸르(Bahawalpur) 등에서도 이주해 왔다. 하리야나 전체 인구의 종교별 분포를 보면 약 89%의 힌두, 6%의 시크, 나머지는 자이나교, 무슬림, 기독교 등으로 구성되어 있다. 히사르 군만을 보면 힌두가 92%, 시크 6.5%이며 다음으로 무슬림과 자이나교도 순으로 많다.

시골 마을 사단와스는 행정 구역상 히사르 군의 파테하바드 구역의 토하나 수세원에 속하며 면 소재지 자칼(Jakhal)과 인근 면 소재지 라티아를 이어주는 비포장도로를 따라 촌락이 형성되어 있다. 자칼에는 체신국 지청, 전신 전화국 지청, 은행, 정기 시장 등이 있다. 자칼 기차역은 펀잡 방향에서 오는 기차들을 히사르 군 소재지의 역으로 이어주는 역할을 하는데 펀잡의 루디아나와 자칼을 이어주는 기차선로는 일찍이 1901년에 놓였으며, 이후 1913년에 자칼과 군 소재지 히사르를 잇는 선로가 가설되었다. 기차 편에 비해 자칼을 외부 세계와 이어주는 국도(國道)와 주도

(州道)가 없기 때문에 육로를 이용하기 위해서는 자칼부터 인근 면소재지인 부나(Bhuna)까지의 좁은 지방 도로를 이용하여 그곳으로부터 다른 지역으로 나가야 한다.

촌락 사단와스가 형성된 시기는 정확치 않으며 1947년까지는 많은 수의 무슬림과 힌두들이 함께 거주하였지만 인도와 파키스탄 분리로 인해 모든 무슬림이 파키스탄으로 이주하고 그곳으로부터 시크들이 촌락으로 이주하였다. 당시 촌락에는 무슬림 외에도 힌두 바니야, 타르칸(Tarkhan), 람다스(Ramdas), 나익, 방기 그리고 소수의 힌두 오우드, 말리 등이 있었다. 당시까지는 관개 시설이 낙후되고 빈곤이 심했으며 모든 가옥도 흙집이었다.

파키스탄과의 분리로 인해 약 8만 여 명의 이주민이 파키스탄으로부터 히사르 군으로 이주해 오게 되었다. 이들에게는 무슬림이 버리고 떠난 가옥이 임시 배정되었으며, 파키스탄에서 경작했다는 자신들의 농지 규모에 대한 각 개인의 주장에 따라 농지가 임시 할당되었다. 요구된 농지가 과도하여 농지 부족 현상이 있자, 파키스탄의 도움을 받아 그곳에 버리고 떠나온 농지 규모 등의 확인 작업을 거쳐 1955년에야 비로소 영구 농지 소유권이 이주민에게 주어졌다.

사단와스로 이주해 온 집단들은 시크 집단에 속하는 자트 시크(Jat Sikh), 캄보즈 시크(Kamboj Sikh), 세니 시크(Seni Sikh), 라이 시크(Rai Sikh)와 힌두 집단의 아로라(Arora), 바지가르(Bazigar) 및 일부 오우드 등이다. 이들이 이주할 당시에는 전력 공급과 관개 시설이 거의 없었지만 1958년경부터 전력 공급 상태와 관개 시설의 상황이 호전되면서 작황도 좋아지게 되었다. 특히 이주해 온 자트 시크를 비롯한 캄보즈와 세니 등은 농사를 주업으로 하는 전형적으로 근면한 집단이었기 때문에 이들을 중심으로 한 농업 활동은 활기를 보였으며 토착민이면서 가장 다수 집단인 힌두 불

[표 1] 사단와스 촌락의 카스트별 가구 수, 직업, 종교 현황

카스트 이름	직 업	가구 수 (전체대비)	종교	비 고
바니야	상업(상점운영)	3(0.6%)	힌두교	
아로라	상업(상점운영)	7(1.4%)	힌두교	
자트 시크	농업	112(23.6%)	시크교	
캄보즈 시크	농업	40(8.4%)	시크교	
세니 시크	농업	46(9.7%)	시크교	
타르칸	대장장이	7(1.4%)	힌두교	여타후진계급
오우드	가축 장사	65(13.7%)	힌두교	여타후진계급
쿰하르	토기공	5(1%)	힌두교	여타후진계급
침바	재단사	10(2.1%)	힌두교	여타후진계급
라이 시크	임금 노동	8(1.6%)	시크교	여타후진계급
나익	임금 노동	7(1.4%)	힌두교	여타후진계급
바지가르	농 업	11(2.3%)	힌두교	지정카스트
람다스	임금노동/제화업	134(28.3%)	힌두교	지정카스트
마자비 시크	청소부	19(4%)	시크교	지정카스트
총 계		474(100%)		

가축천민 람다스 등은 전자들의 무 토지 농업 노동자였다. 이주집단 가운데 라이 시크와 오우드 등이 배당 받은 대부분의 농지는 후일 자트, 캄보즈, 세니 시크집단에 의해 구입되었다.

위의 [표 1]은 촌락 사단와스의 카스트에 따른 가구 수 및 그들의 직업을 보여주고 있다.

[표 1]이 보여주듯이 사단와스는 힌두와 시크의 14개의 카스트에 전체 474가구로 구성된 큰 규모의 촌락이다. 촌락 내에는 브라만과 라즈푸트가 없으며 소위 재생(再生) 카스트로는 바니야뿐이며 6개의 여타후진계급과 3개의 지정카스트와 이들 범주에 속하지 않는 자트 시크, 캄보즈, 세니 등의 파키스탄으로부터의 이주집단이 있다. 가장 다수 가구 집단은 전체 가구 수의 약 28.3%를

차지하고 있는 힌두 람다스이며 다음은 23.6%를 차지하고 있는 자트 시크이다. 촌락에서 가장 많은 농지를 확보하고 있는 집단은 자트 시크이며 다음은 세니와 캄보즈 시크이지만 최다수 집단에 속하는 힌두 람다스와 오우드에게는 거의 농지가 없다.

1999년 1월 현재 촌장은 자트 시크의 처[95]이며 부촌장은 바지가르 남자이고 촌락 의회원 10명은 자트 시크 3명, 캄보즈 3명, 람다스 3명과 1명의 타르칸으로 구성되어 있다. 촌락 내에는 촌장과 촌락 의회원의 공식적 지도자가 있으며 소위 남바르다르(*Nambardar*)라는 비공식적 지도자도 있다. 사실 후자는 공식적 직책은 아니지만 촌락의 법과 질서의 유지를 돕고 촌락 내에서 발생하는 범법 행위 등을 경찰서나 구역장에게 보고한다. 현재 사

그림 39. 사단와스의 입문식을 거치지 않은 시크 소년들

95) 사단와스가 속한 토하나 수세원에는 62개의 촌락 의회가 있으며 1997년부터 이들 가운데 33%의 판차야트 라즈의 의장(촌장)직은 여성에게 의석 지정이 되었다. 사단와스 역시 33%의 범주에 속하게 되어 자트 시크 여성이 촌장으로 되어 있으나 지난 촌장이었던 그녀의 남편이 실제적인 촌장직을 수행하고 있으며 촌락민들도 그를 촌장으

단와스의 남바르다르는 자트 시크, 세니, 캄보즈, 람다스 각 1명이다. 이들은 촌장과 함께 촌락 내에서 야기되는 각종 갈등의 해소와 촌락과 특정 집단의 규범을 위반한 자의 징계를 위한 집회에 참여한다.

촌락 내에는 2개의 구르드와라와 1개의 작은 힌두 사원이 있다. <표 1>에 제시되어 있듯이 시크교를 신봉하는 집단은 자트 시크를 비롯해 5개의 카스트에 불과하지만 명목상 힌두에 속해 있으나 실제적으로 시크교를 추종하여 구르드와라를 다니는 일부 타르칸, 침바, 람다스 등도 있다. 촌락의 경제력을 장악하고 있는 집단들의 대부분이 시크에 속하기 때문에 비 시크 집단에 대한 시크의 영향력이 강하다. 촌락 내에는 브라만이 없기 때문에 통과의례 등 각종 의례에서 힌두식을 고집하고 있는 바니야, 아로라, 오우드, 람다스의 노년층은 자칼의 힌두 판디트를 초빙한다.

촌락 전체적으로 주로 시크가 사용하는 펀자비의 영향이 매우 강하다. 하리야나의 방언인 반구르의 사용보다는 펀자비의 사용을 고급스럽게 생각하여 이의 사용을 선호하는 경향이 있다. 또한 복식에 있어서도 많은 수의 힌두들이 시크식의 터번인 파그리(*pagri*)의 착용을 대체로 선호할 뿐 아니라 쿠르타-파자마(*kurta-pajama*)를 착용한다. 또한 일부 힌두 카스트들조차 자신들의 통과의례를 구르드와라에서 행하는 경우가 적지 않다.

사단와스에서 가장 순수한 시크교도라 자부하는 자트 시크를 비롯해 캄보즈, 세니 시크의 많은 수가 약 15-20여 년 전까지 육식을 하였으며 힌두 가운데에서도 람다스, 오우드 등도 육식을 매우 선호하였다. 그러나 약 20여 년 전에 사단와스를 비롯한 인근 촌락들에 육식 금지, 금주 등을 강조하며 모든 사람들에게 종

로 인식하고 있는 것 같다.

교적 신앙을 전파한 시크 구루의 영향으로 자트 시크를 비롯하여 여타 다른 집단들이 육식을 포기하기 시작하였다. 그러나 힌두 오우드와 바지가르 등은 여전히 육식을 선호하고 있다.

2. 시크 지향적 생활 방식

인도와 파키스탄간의 분리 독립 이전의 사단와스에는 무슬림과 소수의 힌두들이 농업에 종사하였다. 가장 다수 세력이었던 람다스 가운데 소수는 전통적인 일인 죽은 가축을 치우고 있으며 이들 가운데 대다수는 무토지 농업 노동자이다. 오우드는 염소 등의 가축을 사육하여 라자스탄 등 타지에 파는 일에 종사했기 때문에 농업과는 크게 무관하다.

파키스탄으로부터 이주한 자트와 캄보즈 및 세니 시크 집단들은 전통적으로 자영으로 농사를 짓는 근면한 집단이었다. 이들은 이주 후 인도 정부로부터 할당받은 농지를 효율적으로 경영하여 점차 토착민의 토지와 이주 집단 가운데 농사와 무관하지만 토지를 할당받았던 오우드의 토지를 구입하여 1950년대 후반부터 사단와스의 경제적 지배 세력이 되었다. 또한 이들의 일부 가족 구성원은 유럽, 미국, 동남아시아 등지로 이주하여 해외 근로를 통한 일부 수입을 촌락에 잔류한 가족의 가옥 신축과 토지 구입 등에 투자하였다. 자트 시크를 비롯한 이주 집단 가운데 힌두 오우드를 제외하더라도 시크교를 신봉하는 인구는 전체 촌락 인구의 약 43% 이상을 차지하고 있어 수적으로도 다수 집단이며 경제적으로도 지배 집단이 되었다. 그간 사단와스의 모든 촌장은 시크 출신이었으며 조사 당시의 촌락 의회를 구성하고 있는 10명의 의회 구성원 가운데 1명의 타르칸과 3명의 람다스를 제외한 6명이 시크였다. 그리고 4명의 촌락 비공식 지도자인 남바르다르의

3명 역시 시크이다.

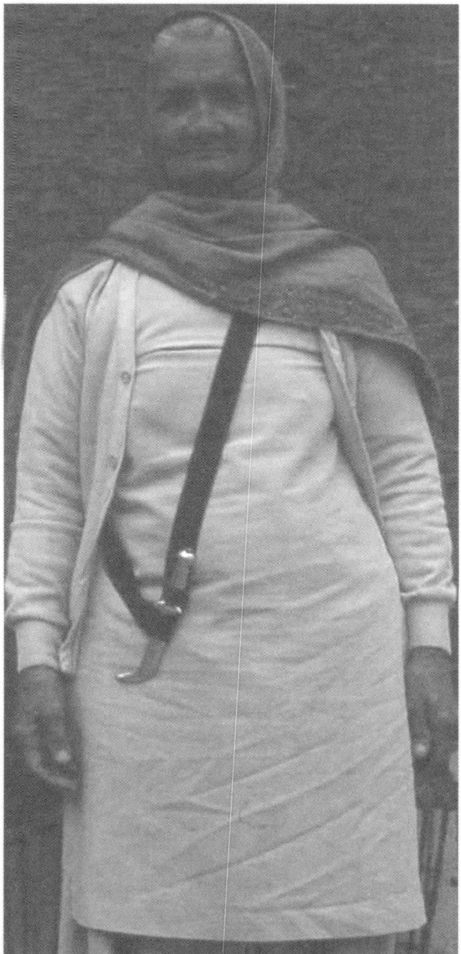

그림 40. 사단와스의 자트 시크 할머니, 늘 키르판을 착용하고 일상생활을 한다

1) 유사 시크교도화

시크교도는 일련의 음식과 토바코와 같은 기호품 등에 대한 엄한 금기 외에 외형적으로 정통적 시크교도임을 나타내는 5Ks의 착용을 준수해야 한다. 시크교도는 머리를 자르지 않는 대신 머리에 터번을 힌두교도와는 다른 방식으로 착용한다. 성년이 되면 시크교의 성전인 구루 그란트 사힙의 내용을 최고의 명령으로 삼고 살겠다는 시크교식 입문식을 거쳐야 한다. 입문식을 수행하지 않은 사람은 완전한 시크교도의 일원으로 인정받을 수 없기 때문에 이 사람이 만든 음식을 정상적인 시크교도는 먹지 않는다. 한편 입문식을 수행치 않은 사람은 시크교도가 준수해야 할 규범의 일부를 위반하여도 비난의 정도가 약하기 때문에 입문

식을 수행치 않은 일부 청년들은 음주나 흡연을 은밀히 하기도 한다. 정상적인 시크교도는 5Ks의 준수 뿐 아니라 자신들의 모든 통과 의례를 구르드와라에서 수행하며 그곳의 구루에게 공양[96]을 게을리 하지 않는다.

마자비 시크는 힌두 집단의 방기와 동일한 집단으로서 후자와의 차이점은 이들이 시크교를 신봉한다는 점이다. 사단와스의 토착 집단인 마자비 시크에 따르면 '독립 이전까지[97]'는 방기라 칭해졌으나 독립 이후 스스로 마자비 시크로 칭하고서 시크교를 신봉하기 시작했으며 머리에 파그리를 착용하였다. 물론 평소에 이들이 착용하는 파그리는 자신들에게 일거리를 주는 정통적 시크와 '감히' 동일하게 할 수 없어 머리에 파그리를 단순히 몇 번 휘감은 형식을 취하지만 사돈집의 방문처럼 중요한 바깥출입 시에는 정상적인 파그리를 착용한다. 그 동안 대부분의 마자비 시크는 자트 시크, 캄보즈, 세니 등 시크의 농지에서 분익 소작농으로 농사에 종사하였으나 농업의 기계화가 확산되면서 무 토지 임금 노동자로 전락하였다. 현재 이들은 노동을 파는 것 외에도 자트 시크 등의 부유 농가의 집에서 청소부로서 소똥 수거와 마당 청소 등을 하고 이에 대한 대가로 가구당 월 20kg의 밀을 받고 있다.

---

96) 구루는 매일 새벽 4시경부터 시간대별로 구르드와라에 설치된 스피커를 통해 그루 그란트 사힙을 낭송한다. 힌두가 지배적인 지역에서 만디르의 확성기를 통해 힌두 경전이 소란스럽게 낭송되는 것과는 극히 대조적으로 사단와스에서는 구르드와라에서 흘러나오는 경전 낭송 소리가 온 촌락을 덮고 있다. 구르드와라에서 의례를 집전하는 대가로 시크들은 매일 아침에 우유와 음식물을 받기 위해 오는 구루에게 우유와 음식물을 공양한다.

97) 독립 이전까지라는 것은 인도-파키스탄 분리이전까지, 구체적으로는 시크교도가 촌락으로 이주하기 이전까지를 의미한다.

마자비 시크는 자신들의 방기 집단과 음식 및 혼인의 관계 등을 맺는 등 상호 교류를 하며 방기와 생활양식에서 거의 차이가 없다. 독립 이후 그들은 자신들이 섬기는 모든 고용주가 시크였기 때문에 시크로 개종하였다. 그러나 이들의 명칭은 시크로 되어 있지만 실제로는 힌두 방기와 거의 다름이 없다. 단지 다른 촌락의 힌두 방기와 차이가 있다면 마자비 시크가 돼지 사육을 하지 않는다는 점과 이들의 의례를 구르드와라에서 수행하고 있다는 점이다. 전자의 사실은 인도-파키스탄 분리 이전에 본 촌락의 지배적 농민들이 무슬림들이었기 때문에 당시 방기들이 돼지 사육을 못했던 현실에서 연유되었다. 비록 젊은 층의 마자비 시크가 구르드와라에서 의례를 수행하더라도 일부 노년층 마자비 시크가 명칭만 시크일 뿐 스스로가 힌두 방기에 지나지 않는다고 진술하는 것은 이들 스스로의 시크로서의 정체성이 아직까지도 확고하지 못함을 보여주고 있다.

마자비 시크와는 달리 힌두 범주에 속하지만 일부 타르칸, 람다스, 침바는 시크와 같은 외형을 부분적으로 채택하여 스스로를 시크교도로 정체화 시키기를 시도하고 있다. 바느질을 전통적 직업으로 하는 침바는 힌두에 속하지만, 사단와스의 침바는 스스로를 시크라 주장한다. 이들은 사단와스의 토착민으로서 시크처럼 머리와 수염을 기르면서 시크 구르드와라에서 혼인하고 의례 시 구르드와라를 찾아가기 때문에 자신들을 시크교도라고 생각하는 것이다. 특히 이들은 사단와스나 하리야나를 벗어날 때 시크식의 파그리를 착용하고 외부인 에게 자신을 시크교도라 소개한다. 목수 겸 대장장이 일을 전통적 직업으로 수행하고 있는 타르칸은 머리와 수염을 기르고 시크식 파그리를 착용할 뿐 아니라 복식에 있어서도 힌두 남성이 착용하는 차다르(*chadar*) 보다는 쿠르타-파자마만을 착용한다. 타르칸은 의례 등의 목적으로 힌두 브라만을 초대하기도 하지만 구르드와라를 찾는다. 람다스는 북부 인도에서 차마르라 통칭되는 카스트로서 전통적으로 힌두 집단에 속한다. 사단와스의 소수의 람다스는 죽은 가축을 처리하는 전통적인 일에 종사하지만 주로 농업 노동자로서 농업에 종사한다. 이들 가운데 젊은 층의 일부는 촌락 내외에서 시크식 파그리를 착용하며, 혼인 의례 시 브라만 판디트 대신 구르드와라에서 혼인을 거행하기도 한다.[98] 이들이 이러한 태도를 보이는 것은 시크교도는 부유하고 교육열이 강하고 근면하다는 일반적인 평판에 근거하여 스스로를 시크에 가깝게 동일시하려 하기 때문이다.

2) 시크 지향적 생활양식으로의 변화

사단와스의 정통 시크는 자트 시크, 캄보즈, 세니이며 라이 시크와 마자비 시크는 시크라는 명칭이 붙어 있지만 전자의 세 집단과는 달리 수염, 머리 등을 자르거나 또는 사안과 형편에 따라서는 힌두 판디트에게 일을 부탁하는 등 힌두적 속성을 여전히 가지고 있다. 사단와스에서 철저히 힌두의 생활양식을 유지하고 있는 바니야, 아로라, 오우드, 나익, 바지가르일지라도 이들이 하리야나가 아닌 외지에서는 자신을 하리야나인이 아니 펀잡인으로 행세하려 한다. 실제 사단와스가 펀잡과의 경계에 있는 촌락이기 때문에 행정 구역상은 하리야나에 속했으나 문화적으로는 펀잡의 영향이 강하다.

일반적으로 시크들은 시크교도가 집단으로 거주하고 자신들의 성지가 있는 펀잡 주와 깊은 관련성을 갖고 있다. 시크교도와 유

98) 사단와스와는 달리 시크교도의 영향력이 미미하여 구르드와라가 없으며, 힌두 브라만 사제도 없는 인근 촌락에서는 기왕 의례를 수행하기 위해 시크가 아닌 힌두 브라만 사제를 초빙한다.

사 시크교도 그리고 사단와스에 거주하는 힌두들조차 하리야나가 아닌 타지에서 자신을 펀잡인으로 드러내고자 하는 사람이 많은데 이러한 노력은 일반적으로 '펀잡 = 부유하고 발달된 지역'과 '펀자비 사용하는 자 = 펀잡 사람 = 시크교도'의 등식이 통용되기 때문이다. 이것의 대표적인 사례는 아래의 오우드의 경우에서 파악될 수 있다.

오우드는 지정카스트인 람다스를 제외하고 힌두 가운데 수적으로 가장 다수 집단이며, 이들은 염소와 양을 사육하여 타지로 매매를 떠나는 것을 전통 직업으로 삼고 있기 때문에 현재 농사에 종사하는 오우드는 거의 없다. 이들은 시크식의 파그리 착용을 하지는 않지만 일부 노년층을 제외하고 쿠르타-파자마를 착용한다. 촌락이나 하리야나에 거주할 때는 지역 방언인 반구르를 사용하지만 염소 매매를 위해 라자스탄 등 다른 지역에서는 펀자비를 사용하여 자신이 펀잡 출신으로 보이도록 한다. 이러한 위장 동기는 펀잡인 행색을 하게 되면 발달된 지역에서 왔다고 객지인들이 자신을 보다 우호적으로 대해주기 때문이다. 그러나 하리야나 주나 촌락 내에서 오우드는 펀자비를 사용치 않고 지방 방언을 사용하며 특히 여성들은 남성에 비해 평균 학력이 낮고 외부 출입 기회가 거의 없어 하리야나 방언만을 사용한다. 일반적으로 하리야나 내에서조차 시크 지배적인 지역에서는 펀자비를 사용하는 자는 교육받은 자로, 지방 방언을 사용하는 자는 교육받지 못한 자로 인식되는 경향이 있다. 따라서 오우드 자녀들은 지방 방언을 사용하는 부모를 부끄러워 여기면서 펀자비 사용을 종용하기도 한다.

펀자비의 사용은 사단와스의 힌두와 시크 모두가 자신의 집단과 다른 집단을 구분 짓는 중요한 기준으로 작용하고 있다. 예컨대 세니는 시크지만 흔히 힌두 말리(Mali)들과 카스트의 기원과 직업이 동일하다. 사단와스에도 독립 이전에 10여 가구의 힌두 말리들이 있었으며 현재도 인근 촌락에는 힌두 말리들이 다수가 있다. 파키스탄에서 이주해 온 시크 세니들의 영향으로 사단와스의 토착 말리 가구들도 시크로 개종하여 세니로 행세하고 있으며 사단와스의 전체 세니들은 자신들과 인근의 말리들 간의 구분을 펀자비의 사용을 통해 하고 있다. 즉 세니들은 펀자비를 주로 사용하지만 인근 지역의 말리들은 지방 방언인 반구르를 사용하기 때문이다. 캄보즈 시크와 힌두 문니 초우드리(Muni Chaudri)는 카스트의 기원과 직업이 동일하다. 그러나 캄보즈는 파키스탄에서 이주해 온 펀자비를 사용하는 사람이고 후자는 하리야나 토착민이면서 지방 방언을 사용하는 사람이다. 마자비 시크와 힌두 방기의 구분과 바느질을 하는 침바와 치피(Chipi)간의 구분도 세니나 캄보즈와 같이 펀자비의 사용 여부를 통해 이루어지고 있다.

언어와 함께 시크 영향력이 사단와스에서 발견되는 것이 의복착용 영역이다. 캄보즈/문니 초우드리, 세니/말리, 마자비 시크/방기, 침바/치피의 구분이 의복착용을 통해 이루어지는 것은 남녀의 성별에 따라 다소 다른 내용을 보여준다. 즉 남성 의복 착용은 시크와 비시크 간의 차이가 발견되지 않고 모든 남성들이 쿠르타-파자마를 착용하고 있어 구분이 쉽지 않지만 남성 의복에 비해 보수성이 강한 여성 의복은 힌두와 사단와스의 시크 간에 차이가 발견된다. 대부분의 남성들이 쿠르타-파자마를 착용하지만 정통 시크 예컨대 자트 시크, 캄보즈, 세니를 제외한 모든 힌두와 마자비 시크, 라이 시크들처럼 유사 시크교도의 노년층들은 상의에 쿠르타 또는 서양식이 섞인 카미즈에 차다르를 착용한다. 그러나 후자 집단의 젊은 세대들은 차다르를 착용치 않고 거의 파자마 또는 서양식 신사용 바지를 착용한다.

한편 사단와스 카스트들의 여성 구성원들은 거의 모두 쿠르타-

파자마를 착용하고 있지만 사단와스에 거주치 않은 힌두 여성들은 쿠르티-렝가(*kurti-lengha*) 또는 쿠르티-가그라(*kurti-ghagra*)를 착용하고 있다. 쿠르티는 허리까지 내려오는 블라우스 상의로서 농촌 지역의 여성들이 주로 착용하며 허리와 배꼽이 감추어진다. 렝가 또는 가그라는 인도의 힌두 여성들이 전통적으로 농촌 지역에서 착용하는 의복으로 가그라는 무릎 바로 아래까지 내려오는 주름 치마이고 렝가는 가그라보다 주름 수가 작으면서 길이가 발목까지 내려오는 치마이다. 사단와스 사람들에게는 쿠르타-파자마 착용에 비해 쿠르티와 렝가 또는 가그라를 착용하는 것은 '농촌 출신', '낙후된', '세련되지 못함' 등을 의미하는 것으로 인식되고 있다.99)

사단와스가 시크 지향적인 생활 방식으로 전환되고 있음은 촌락민들의 식 습관의 점진적 변화에서도 알 수 있다. 촌락에 무슬림이 있던 시기에는 전체적으로 촌락민들의 식 습관은 형편이 허락하는 한 육식을 선호하는 분위기였다. 소고기를 비롯해 다른 육식을 즐겼던 무슬림과 염소나 양고기를 즐겨먹는 힌두 오우드뿐 아니라 일부 람다스는 소고기를 먹었으며 다른 종류의 육식도 선호하였다. 한마디로 소수의 바니야를 제외하고 대부분의 사단와스 촌락민들은 형편이 허락한다면 육식을 하였다.

육식 인구보다는 채식 인구가 더 많았던 파키스탄에서 이주해 온 자트 시크, 캄보즈, 세니 등이 촌락에 정착한 이후 육식은 채식에 비해 더 바람직하지 못한 식 습관이라는 인식이 확산되기 시작하였다. 더구나 약 15년 전에 사단와스를 비롯해 인근 지역에서 저명한 시크 구루가 육식 습관 포기와 금주 등의 생활 방식을 요구하는 포교 활동은 시크를 비롯한 많은 육식가들의 식 습

99) 인도 사회에서 의복과 카스트, 성별, 지역별 정체성에 대한 논의는 김경학(1999)을 참조하기 바람.

관을 변화시켰다. 채식을 강조하는 사람들은 육식이 사람들의 몸을 병들게 한다고 생각하는 경향이 있다. 예컨대 시크들은 촌락의 힌두 오우드에게 결핵 환자가 많은 주요 이유를 다른 카스트에 비해 육식을 선호하여 지속적으로 육식을 하고 있는 힌두 오우드의 식생활 유형에서 찾고 있다. 오우드들의 염소와 양의 사육으로 인해 주거 환경이 청결치 못하여 질병이 많다는 점은 부차적인 이유로 여겨진다. 자트 시크를 비롯한 대부분의 시크들은 오우드들이 촌락 내에서 육식을 여전히 자주하고 특히 혼인 등의 연회에서 고기를 대접하기 때문에 오우드의 연회에는 참여하지 않는다고 주장한다.

3. 위계의 약화 : 카스트의 내부 관계

카스트 내부에는 여러 종류의 하층 카스트들이 있고 그것들은 일련의 위계 하에서 상호 작용을 한다. 위계가 구체적으로 드러나는 영역은 혼인 등의 의례적 영역과 음식 관계처럼 일상적인 장들에서이다. 서로 다른 카스트간의 위계질서 외에도 동일 카스트 내부에서도 여러 종류의 하층 카스트 간에 위계가 발견되며, 이 경우에도 상대에 대한 위계적 지배는 일반적으로 음식 관계와 혼인 관계를 통해 주장된다(Mayer, A. C. 1966; Kim, K. 1994).

사단와스의 경우, 세니는 토착 말리를 자신들 보다 모든 점에서 열등하게 생각한다. 언어와 복장상의 차이점 외에도 말리에 비해 세니가 경제적으로 안정되어 있고 다른 카스트에 대한 영향력이 크다고 생각하기 때문에 그들은 약 15년 전까지는 말리와 혼인과 식사 관계를 맺지 않았다. 그렇지만 말리의 경제적 형편이 좋아지고 이들의 펀자비 사용빈도가 높아지며 특히 일부 말리들이 시크교를 따르기 시작하면서 세니와 말리 간에 혼인 및 음식의 관계가 성립되기 시작했다. 캄보즈는 힌두 문니 초우드리와 거의 일상적, 의례적 접촉을 하지 않았다. 캄보즈의 입장에서는 경제적 형편이 좋은 자신들과는 달리 문니 초우드리는 경제적으로 어려워 여러 가지 채소를 섭취하지 못하고, 소위 '차트니 로티를 먹는 자'이다. 그들은 청결치 못한 의복을 착용하고, 펀자비를 사용치 않고 지역 방언을 사용하기 때문에 캄보즈 입장에서는 그들과 혼인 관계 등을 맺지 않았다고 한다. 그렇지만 인근의 문니 초우드리 집단이 펀자비를 사용하기 시작하고 시크처럼 머리와 수염을 자르지 않는 등 외형적으로나마 시크에 근접하면서, 캄보즈들은 5–6년 전부터 불완전하나마(문니 초우드리의 여성을 받기만 하지 자신의 여성을 주지 않는 형식의) 혼인 관계를 맺기 시작했다. 침바와 치피는 모두 힌두지만 침바는 스스로를 시크라고 주장하며 외형적, 종교적으로 시크교를 받아들인다. 침바는 시크교를 신봉하면서 채식을 주로 하기 때문에 스스로를 힌두 치피보다 정(淨)하다 생각할 뿐 아니라, 많은 수의 힌두 치피가 여전히 바느질에 종사하여 경제적 형편이 어려운 반면 자신들은 거의 모든 가구가 자영농으로서 경제력이 있다고 생각한다. 최근 3–4년 이래 점차로 치피 집단의 여성을 수용하는 식의 혼인 관계가 침바와 치피 간에 이루어지고 있다.

이상의 캄보즈, 세니, 침바 카스트의 사례들은 최근 10여 년이래 카스트 내부에서 의례적 정(淨)함의 차이로 인해 혼인 관계와 음식 관계를 맺지 않음으로써 위계를 강조했지만 하층 집단들이 점차 두 집단 간의 생활양식, 즉 위생상의 청결함, 정(淨)한 언어와 복식의 사용, 종교 등의 동질화로 혼인 및 음식의 관계가 이루어지고 있음을 보여주고 있다.

이러한 관계의 개선에도 불구하고 여전히 위계적으로 우월함을 내세우는 집단이 일방적으로 여성을 받는 집단이 되고 자신의 여성을 상대 집단에게 주지 않으려 하며, 혼인 사례도 아직 많지 않을 뿐 아니라 이런 종류의 혼인 관계를 '잘된' 혼인으로 여기지 않고 있다. 이처럼 공적으로는 카스트의 위계 문제가 아닌 생활 방식의 차이가 강조되지만 개인적인 사안에서는 위계가 사라진 것이 아니고 이로 인해 인도 농촌 사회의 소위 이중 문화의 단면을 보여주고 있다.

위의 세 카스트들과는 달리 마자비 시크는 비록 시크로 개종하였지만 자신들과 유사한 힌두 집단과는 과거부터 지속적으로 혼인 관계를 맺고 있어 특정 종교로의 개종이 그들의 혼인 관계에 걸림돌이 되지 않고 있다. 예컨대 마자비 시크는 힌두 방기와 오래 전부터 혼인과 음식 관계를 맺고 있다. 이들의 전통적 일은 오물 치우는 일로 동일하다. 단지 두 집단 간의 차이점이 있다면 힌두 방기는 오염 관념이 강하게 작용하는 힌두 지배적 촌락에서는 여전히 매우 천한 대접을 받지만, 시크 지배적인 사단와스에서의 마자비 시크는 의례적 오염으로 전자만큼의 어려움을 당하진 않는다는 것이다. 따라서 마자비 시크는 촌락의 구르드와라를 자유롭게 출입할 수 있다.

가장 다수 힌두 집단인 람다스는 일반적으로 인도에서 차마르로 알려진 지정카스트이지만 사단와스 람다스들은 쇠가죽으로 재래식 구두인 주타(*juta*)를 만드는 2-3 가구를 제외하고는 자신의 카스트가 죽은 가축 치우는 일을 하지 않는다고 말한다. 현재 사단와스에서도 죽은 가축을 치우는 일이 깨끗하지 못한 일이라 여겨지지만 시크 지배적인 촌락이기 때문에 람다스가 다른 카스트들에 대해 지켜야 할 행위나 금기 등이 그다지 복잡하거나 엄격하지 않다. 카스트를 불문하고 소가 죽어 집밖으로 실려 나갈 때 죽은 소를 트랙터나 마차에 올리는 일은 2-3명의 람다스 외에도 죽은 소 주인의 손을 반드시 필요로 한다. 따라서 죽은 소의 주인은 자신의 손에 죽은 소를 닿을 수밖에 없게 되며 이러한 행위를 특별히 오염으로 여기지 않고 있다. 지금도 대부분의 람다스가 죽은 소를 치우는 일을 계속 수행하거나 쇠가죽 신발을 만드는 일을 하는 가구와, 내심으로 꺼리는 경향은 있지만, 혼인이나 음식 관계를 단절하는 일은 없다.

자트 시크는 힌두와 원칙적으로 모든 관계를 맺고 있지 않다. 20–30여 년까지는 비 시크 또는 다른 카스트와 혼인하면 그 가정과 혼인 관계와 음식 관계를 단절하는 등 카스트 집단에서 징계를 하였다. 그러나 이제는 이러한 징계의 강도도 낮으며 일정 기간이 지나면 금기를 위반한 가정과의 관계가 개선이 된다. 힌두 오우드, 바니야, 타르칸 등은 여전히 상이한 하층 카스트간의 혼인관계를 다른 집단에 비해 상대적으로 엄격하게 허용치 않고 않으며 상이한 카스트와의 결합이 이루어지면 이들의 자녀는 몇 세대 걸쳐서까지 '정상적'인 배우자와 혼인하기 어려워진다.

이처럼 혼인의 규칙을 여전히 엄격히 하고 있는 카스트 가운데에서 힌두 오우드는 다른 카스트와는 달리 인근 30–40여 개의 촌락에 걸쳐 힌두 오우드 카스트 위원회(Aud Caste Council)를 가지고 있었다. 이 위원회는 각 촌락의 대표들로 구성되는데, 여기서 오우드 카스트의 지위 향상을 위한 행동 강령이 결정된다. 오우드는 흔히 오우드 라즈푸트(Aud Rajput)라 자타에 의해 불리는데, 이들이 파키스탄에서 이주하여 새로운 환경에 정착한 후 자신의 카스트 위원회에서 스스로를 라즈푸트라 칭할 것이 결정되었다 한다. 그러나 여타후진계급에 대한 의석 지정 정책이 시행되자 다시 위원회가 일상적 삶 속에서는 오우드 라즈푸트라 부르지만 공식적 서류 기재 시에는 라즈푸트를 삭제할 것을 요구하고 있다. 이처럼 카스트 위원회의 행동 지침[100])을 통해 오우드 집단은 지위 상승을 추구하고 있으며, 오우드 집단의 혼인이나 음식관계의 지평은 여전히 좁은 편이다. 또한 사단와스에서는 유일하게 힌두 오우드 카스트 위원회가 운영되고 있음은 이들 카스트의 전통적 가치가 유지되도록 하는 통제 기제가 유지되고 있음을 의미한다.

4. 서로 다른 카스트간의 상호 관계

1) 불가촉성과 오염 개념의 약화

카스트의 위계를 유지해주는 중요 개념은 의례적 오염과 정(淨)이다. 오염을 처리하거나 오염과 관련된 카스트들은 의례적 지위가 낮으며, 상층 카스트들은 이들과의 접촉을 금지하도록 요구되었다. 카스트의 의례적 위계가 가장 쉽게 목격되는 곳은 상이한 카스트간의 음식의 공식(共食)관계이다.

사단와스에서는 시크 집단의 영향력이 증대되면서 힌두 지배적인 촌락에서 찾아 볼 수 없는 소위 불가촉천민에게 가해지는 금기들이 점차로 사라지게 되었다. 그러나 불가촉천민 스스로와 상층 카스트의 진술들을 종합하여 보면 일반적으로 오늘날과 같은 상이한 카스트간의 상호 관계가 이루어진 것은 불과 약 15-25년 전부터라 추정된다. 이것은 시크들이 오염과 불가촉성의 개념을 완전히 불식하고 있다는 주장은 아니다. 그러나 이것은 힌두 카스트의 위계질서를 부정하고 구르드와라에 부착되어 있는 공동 식당에서 모든 사람이 함께 식사를 할 수 있어야 한다는 시크교

---

100) 카스트 위원회에서는 신부 지참금의 과다 요구 금지, 조혼 금지, 금주, 장례식의 과대 소비 금지 등의 행동 강령을 지시하고 있으며 이를 지키지 않으면 집단에서 추방시키는 일까지 있을 수 있다.

의 이념을 따르는 집단들이 사단와스에서 세력을 안정되게 잡은 이후 힌두 집단들에 비해 불가촉천민들에 대한 행위 통제를 크게 완화시켰음을 의미한다.

사실 20–30여 년 전에는 람다스와 마자비 시크, 바지가르에 대한 비(非)불가촉천민들의 행위는 힌두 지배적 촌락의 모습과 유사하였다. 모든 연회에서 판크티(*pankti*)가 운용되어 불가촉천민은 문밖이나 가축우리 근처에 앉아서 식사하고 식사를 위해 자신의 식기를 가져와 음식을 먹어야 했으며, 특히 그들에게는 비불가촉천민의 암소 등의 가축우리와 부엌출입이 금지되었다. 식수를 위해 람다스 우물과 마자비 시크의 우물이 별도로 있어서 그들은 그것만을 이용하였다. 불가촉천민이 비불가촉천민의 집의 출입 시 신발을 벗어야 하며 어떤 형태로든 신체적 접촉은 허용되지 않았다. 현재는 판크티 체제가 엄격하게 운용되지 않고 있으며 람다스에게 '하리잔'이란 호칭을 사용하며 비불가촉천민 집에서 마자비 시크나 람다스에게 음식을 제공할 일이 있으면 전자는 이들용으로 별도로 준비해 둔 식기를 사용하며 후자는 식사 후 식기를 직접 세척하고 전자는 이를 별도의 위치에 보관한다. 식수는 이제 더 이상 불가촉천민 용 별도의 우물에서 제공되지 않으며 약 30여 년 전부터 손 펌프와 모터가 장착된 수도가 보급되기 시작하여 현재 약 전체 인구의 25% 이상의 가구가 개별 손 펌프를 소유하고 있다.

불가촉성과 오염의 개념이 과거에 비해 크게 약화되고 이에 따라 상이한 카스트간의 공식의 범주의 폭이 넓어지고 있는 것은 사실이지만 특정한 카스트간의 음식물 수수 관계의 금기는 여전히 존재하고 있다. 힌두 바니야와 아로라는 음식 관계에서 가장 보수적인 집단들로서 자트 시크와만 음식 공유 관계를 지니고 있다. 자트 시크 역시 시크 이념상으로는 구르드와라에 나오는 모든 카스트 집단과 음식공유가 가능해야 하지만 음식과 용기의 불결함을 들어 바니야, 아로라 외에 캄보즈, 세니 시크 집단과만 음식 관계를 공유하고 있다.

세니와 캄보즈의 음식 관계의 범주는 비슷하다. 이들은 바니야, 아로라, 자트시크의 음식은 먹을 수 있으나 마자비 시크, 람다스, 바지가르 등의 지정카스트 외에 오우드, 침바, 나익 등의 음식도 먹지 않는다. 그러나 최근 들어 이들은 라이 시크의 음식은 정(淨)하다면 먹을 수도 있다고 생각한다. 바니야와 아로라를 제외한 힌두 가운데 가장 의례적으로 정(淨)한 집단으로 인정받는 것은 타르칸이다. 나무를 이용하여 노동을 하는 것은 그렇게 의례적으로 낮은 일이 아니라 여겨지기 때문에 오우드, 쿰하르, 침바 등이 타르칸의 음식을 받아먹는다. 침바는 스스로를 시크라 생각하는 집단이며 이들은 타르칸보다는 못하지만 오우드나 쿰하르보다는 의례적으로 정(淨)하다고 생각한다. 최근 들어 타르칸은 쿰하르와 음식 관계를 공유하기 시작했지만 오우드, 라이 시크, 하리잔의 음식은 여전히 거부한다. 쿰하르 역시 자신들이 오우드나 침바보다는 의례적으로 상층에 있다고 생각하지만 최근 들어 오우드와 음식 관계를 개선하였다. 이들은 침바, 라이 시크, 하리잔의 음식을 거부한다. 오우드가 육식을 즐긴다는 사실은 다른 비불가촉천민이 오우드의 음식을 거절하거나 오우드를 의례적으로 낮게 보는 이유가 되고 있다. 오우드는 하리잔, 라이 시크의 음식을 거절하고 있으며 최근 들어 쿰하르와는 음식물 수수의 관계를 갖고 있다. 라이 시크는 오우드, 침바, 타르칸으로부터 음식 관계를 거절당하지만 세니, 캄보즈와는 음식을 공유하고 있으며, 자트시크 역시 라이 시크의 음식 수용 가능성으로 추정할 때 오우드, 쿰하르, 침바 등과 비슷한 의례적 지위에 있는 것으로 생각할 수 있다. 하리잔들 가운데에서 람다스와 마자비 시크는 상호 음식을 함께 하지는 않았지만 5-6년 전부터 음식 공유를 시작하였으며, 바지가르는 이들의 음식을 거절하고 있다. 그러나 람다스는 바지가르의 음식을 수용하고 있는 것으로 보아 바지가르의 의례적 지위가 다소 높은 것으로 보인다.

이상의 음식 공유 관계에서 나타난 바와 같이 바니야, 아로라, 자트 시크처럼 다른 카스트에 의해 우월한 것으로 인정받는 경우가 아니고 비슷한 지위를 누리고 있는 타르칸, 침바, 쿰하르, 오우드, 라이 시크의 경우가 음식물 수수의 관계를 토대로 지위 경쟁이 심함을 알 수 있다. 그러나 앞서 언급된 일부 카스트에서 발견되듯이 최근 들어 음식 관계를 갖게 된 사례들을 보면 오염 등의 개념을 토대로 형성된 경직된 의례적 위계가 약화되고 해당 집단의 경제적 형편과 이로 인해 나타나는 음식 등의 일상생활의 정(淨)함[101)]에 따라 새로운 관계가 설정될 수 있음을 알 수 있다.

오염과 불가촉성의 개념이 유발되는 가장 중요한 것은 탄생과 죽음의 맥락에 관련되어 있다. 현재 탄생과 죽음에서 중요한 역할을 수행해야 하는 이발사 나이(Nai)와 도비(Dhobi)는 사단와스에는 없다. 예컨대 출산 시에는 조산원과 출산모의 피 묻은 옷을 세탁해야 할 세탁부가 필요하다. 물론 불가촉천민의 경우는 출산과 죽음 의례 시 당사자들이 처리하는 경우가 일반적이지만 비불가촉천민에게는 전문 카스트가 필요 불가결하다. 현재 자트 시크 등은 출산 시에 자칼에 있는 도비와 나이를 불러 고용하기도 하지만 조산원인 다이(Dhai)는 촌락의 하리잔인 마자비 시크 등을 고용할 수 있다. 시크의 장례식의 경우는 구르드와라의 구루가 주도하지만 힌두 가운데는 바니야와 아로라만이 자칼에서 나이를

---

101) 실제적으로 마자비 시크나 람다스, 오우드 등은 경제적 상황이 열악하기 때문에 그들의 거주 지역은 가옥이 밀집되어 있고 하수도 시설이 뒤떨어져 비위생적인 경우가 대부분이다.

불러 고용하고 있다.

출산과 장례에는 여전히 오염이라는 개념이 작용하고 있어 비불가촉천민들은 조산원을 고용하며 장례식은 힌두 판디트 또는 구르드와라의 구루가 장례식을 주도한다. 장례식에서 테르미(*termi*)라는 오염을 제거하는 의례를 수행하고 있지만 오우드와 같은 일부 카스트 위원회에서는 테르미의 경제적 손실을 우려해 수행하지 말 것을 권고하기도 한다. 이처럼 소수의 상층 힌두 카스트를 제외하고 대부분이 스스로 의례적 직무에 있어서 오염이라는 개념을 크게 개의치 않고 수행하고 있는 점은 사단와스에서 오염과 불가촉성의 개념이 다른 촌락에 비해 강하지 않기 때문으로 해석된다.

이와 관련하여 의례 외적 맥락에서의 카스트의 성격도 관찰할 수 있다. 1980년대 이후 카스트가 정치적 맥락, 특히 선거에 깊숙이 관여하면서 람다스와 같이 다수 집단의 정치적 영향력을 의식하기 시작하면서 불가촉천민에 대한 노골적인 차별화가 약화되기 시작했다. 전체 촌락 인구의 28.3%를 차지하고 있는 람다스는 촌장 선거를 비롯해 주 의원 선거 등에서 중요한 유권자 집단으로 그 중요성이 부각되기 시작했다. 촌락의 공식적 지도자인 촌장을 비롯해 판차야티 라즈 구성원 10명 가운데 3명이 람다스 출신이며, 4명의 비공식적 지도자인 남바르다르 가운데 1명의 람다스가 유일한 힌두 집단출신인 점은 람다스의 수적 지배성 때문인 것으로 여겨진다.

힌두 지배적인 촌락에서의 차마르가 지배 집단 가옥과 사원의 출입이 여전히 자유롭지 못한 것과는 달리 사단와스에서는 람다스가 자트 시크[102]의 집을 비롯한 다른 상층 카스트의 집의 출입

102) 실제로 사단와스의 지배 집단은 자트 시크로 평가된다. 그들은 경제적 상황이 가장 안정되어 있으며 전체 인구의 약 23.6%를 차지하고

이 자유롭고 신체적 접촉도 상대적으로 개방되어 있는 편이다. 특히 람다스 등의 일부 젊은 세대들이 시크식의 파그리 착용을 모방하는 일과 람다스의 거의 모든 구성원들이 싱(Singh)이나 람(Ram)이라는 성씨를 자유롭게 사용할 수 있는 것은 람다스의 수적 우월함을 의식하여 시크 집단들이 람다스와 불편한 관계를 원치 않기 때문인 것으로 해석될 수 있다. 시크들은 자신들의 종교적 신념 때문에 불가촉천민에 대한 차별 대우를 하지 않으며 오히려 촌락 내의 힌두 집단들이[103] 불가촉천민에 대해 차별을 가한다고 주장한다.

2) 재생 카스트 문화의 부재와 생활양식의 동질성

힌두 카스트 제도에서 정당성을 확보하고 있는 재생 카스트 문화는 산스크리트 문화 전통을 공유하고 있다고 전제된다. 따라서 이들은 채식을 선호하고, 형제 연혼(levirate)이나 '로가이 카리'(*logai kari*) 같은 혼인 행위를 하지 않는 것으로 알려져 있다. 또한 카스트의 금기를 위반했을 경우 위반자에게 가해지는 벌칙이 엄격하여 정상적인 카스트의 일원으로 인정받기 위해서는 복잡한 오염 제거 행위 등이 요구된다. 하지만 사단와스에서는 그렇지만은 않다. 그것은 이 촌락에 나타나는 지배 카스트의 성격으로 인

있을 뿐 아니라 고등교육을 받아 외국이나 촌락 외부에서 생활하고 있는 자녀들도 자트 시크 출신이 가장 많기 때문이다.

103) 예컨대 힌두 집단 가운데 전체 인구의 13.7%를 차지하고 있어 람다스 다음으로 수가 많은 오우드 집단은 자트 시크 지배적인 촌락의 정치적, 경제적 구도에 내면적으로 불만을 지니고 있다. 오우드는 상당히 큰 규모의 지역 카스트 위원회를 토대로 자신들을 라즈푸트의 후손으로 주장하고, 다른 힌두 집단들과는 달리 육식을 지속하고 있으며 파그리를 착용하는 일이 거의 없다. 이들은 불가촉천민을 여전히 타부시하는 경향을 보이고 있다.

해서이다. 사단와스에는 힌두 브라만이 없으며 소위 재생 카스트에 해당되는 바니야와 아로라가 있으나 이들은 수적으로 극히 소수일 뿐 아니라 경제적 상황이 자트 시크 등의 시크 집단보다 열등하기 때문에 이들의 생활양식이 여타 다른 카스트들의 생활양식의 모방 대상이 될 수 없다.

형제 연혼에 대해서 이야기하자면, 현재 사단와스에서 바니야와 아로라를 제외한 전체 카스트가 이를 허용하고 있다. 원래 형제 연혼의 대상은 사망한 남편의 손아래 형제 범주에 속하는 자가 유일하다. 즉 여성은 자신이 얼굴을 가리는 궁거트(*ghunghut*)를 착용을 할 필요가 없는 상대에게만 시집을 가는 것이 허용된다. 그렇지만 일부 람다스의 경우는 사망한 남편의 손위 남자 형제와의 형제 연혼도 허용하는 상당한 파격이 나타나고 있다. 로가이 카리의 경우도 크게 다르지 않다. 로가이 까리란 정상적인 형식의 혼인을 통해 여성을 맞는 것이 아니라 혼인식을 치르지 않고 외지에서 여성을 데려와 부부로 사는 것을 말한다. 따라서 외부 즉 남성의 문화권 밖에서 여성을 데려올 경우 그 여성의 카스트의 신분을 확인할 수 없기 때문에 해당 남성 카스트 집단 구성원들은 해당 남녀 커플을 인정하지 않으려 한다. 따라서 이러한 정체불명의 혼인에 대한 의구심을 제거하기 위해서는 해당 남성이 일련의 오염 제거를 위한 의례나 연회를 제공함으로써 자신의 카스트의 집단으로 합류할 수 있는 길을 반드시 모색해야 한다. 보통 힌두 재생 카스트 지배 분위기 하에서는 이러한 결합을 통해 얻은 자녀들은 몇 세대 이내에는 정상적인 배우자를 만나기가 어렵고, 결국 그와 유사한 내력을 지닌 집안끼리 혼인한다. 사단와스에서도 대부분이 로가이 카리를 선호하지는 않는다. 하지만 불가피하게 일어난 경우 해당 카스트 집단이 까다로운 오염 제거를 위한 일련의 의례를 치르도록 요구한다거나 당사자들을 집단에서 추방시킨다든지 하는 행위는 하지 않을 뿐이다. 그들은 얼마간 그 부부와 거리를 두고 지내지만 시간이 흐르면서 결국 자신들의 집단 일원으로 인정해 주는 것이 보통이다. 로가이 카리를 통한 결합처럼 비공식적 결합으로 인한 자녀들의 혼사가 전혀 문제되지 않는 것은 아니지만 힌두의 재생 카스트가 지배 카스트의 위치에 있고 그들이 오염을 엄격히 적용하고 있는 촌락에 비해 그 제재가 심하지는 않다.

5. 위계에서 생활양식으로

사단와스처럼 힌두적인 규범과 관습이 지배적이지 않고 시크적인 것이 지배적인 촌락에서는 흔히 힌두 사회의 근간으로 여겨져 왔던 카스트의 성격에 변화가 상당할 수밖에 없다. 따라서 자연스럽게 사단와스에서는 카스트의 위계라는 구조적 원리에 어긋나는 많은 실재적인 사례가 정치, 경제적인 영역 뿐 아니라 의례적 영역에서도 발견되고 있다.

사단와스의 세니-말리, 캄보즈-문니 초우드리, 침바-치피 등의 대립적 구도 내에서 과거에는 전자 집단과 후자 집단 간의 음식 관계와 혼인 관계가 의례적 정결함의 차이로 인해 폐쇄되었다. 그러나 최근 10-15여 년 전부터 두 집단 간의 생활양식의 동질화 정도가 커지면서 동일 카스트 내부에서 상호 관계의 지평이 넓어지고 있다. 즉 과거의 하층 카스트간의 위계적 등급은 이제는 상이한 하층 카스트간의 경제적 형편의 차이로 인한 식사 습관과 의복 상태의 차이, 착용하는 의복의 종류의 차이, 사용하는 언어의 차이 등으로 설명되어 지고 있으며, 이러한 생활양식이 동질화 되어감에 따라 두 집단 간의 혼인과 음식 관계의 교류 빈도도 높아져 가고 있다.

카스트의 위계의 약화 현상은 상이한 카스트간의 관계에서도 목격된다. 시크들이 촌락의 지배력이 안정되기 시작하면서 힌두 지배적 촌락과는 달리 오염 등의 개념들이 일상생활과 의례적 상황에서의 적용 정도가 약화되고 있다. 비록 대부분의 집단들이 이중 문화적 기준을 토대로 공적 혹은 사적 영역에서의 행위 규범을 여전히 달리 적용하고 있지만 사단와스에서 상당 부분의 힌두들이 지배적인 시크적 기준을 채택함으로써 오염과 불가촉성의 개념의 적용 정도가 약화되어가고 있다. 즉 최근 들어서는 음식 관계만 고려하더라도 오염 등의 개념을 토대로 형성된 경직된 의례적 위계가 약화되고 해당 집단의 경제적 형편과 이로 인해 나타나는 음식 등의 일상생활의 위생적인 청결도에 따라 새로운 관계가 설정될 수 있음을 알 수 있다.

사단와스에서 시크가 지배 집단일 뿐 아니라 브라만과 크샤트리아와 같은 소위 힌두 상층 카스트의 부재는 힌두들의 시크적 생활양식의 채택과 생활양식의 동질화를 촉진시킨 원인이 된 것으로 이해된다. 예컨대 지배 집단인 자트 시크를 비롯한 모든 집단이 소위 힌두 상층 카스트가 금기시하는 관습들(예컨대 형제 연혼 등)을 허용하거나 관대하게 처리하고 있는 것은 사단와스에서 카스트의 의례적 위계가 더 이상 전체 사회를 구조화시키는 역할을 할 수 없음을 보여주고 있다.

제7장 국제 이주와 시크의 '이주문화'

전통적으로 이주(migration)에 관한 연구들은 이주를 모국에서 정착국으로 사람과 문화가 이동하는 현상으로 전제하였다. 따라서 대부분의 이주연구는 이주자의 모국보다는 이주를 수용한 국가의 입장에서 이주자의 정착 국가에 대한 동화, 갈등, 조화 등을 주요 주제로 삼았다. 그러나 1980년대 말 무렵부터 초국가적 시각(transnational perspective)에서 수행된 이주 연구들은 이주자가 국민국가의 영토를 벗어나 모국과의 다양한 관계를 유지하고 있는 점을 강조하기 시작했다. 인도인의 국제 이주의 역사에서 영국 제국주의시기에 카리브 해와 남태평양 일대로 이주하여 모국과의 관계가 거의 단절되었던 인도인 계약노동자(indentured laborers)를 제외한다면, 사실상 인도인 해외 이주자 역시 모국과의 관계를 유지해 왔다고 볼 수 있다. 다만 20세기 중반 이후 교통과 통신 수단의 획기적인 발달로 이주자와 모국과의 네트워크의 빈도와 밀도가 급격히 향상되었음은 이론의 여지가 없다(Kearny, M. 1995; Portes et al. 1995; Smith, M. P. and Gurnaizo, L. E. 1998; Vertovec, S. and Cohen, J. 1999).

인도인을 중심으로 한 남아시아인의 19-20세기 국제이주와 관련된 대부분의 연구들은 이주지에서 남아시아인의 현지 적응, 원주민과의 사회적 관계, 남아시아인 공동체의 형성 등을 종교, 카스트, 가족과 혼인이라는 사회·문화적 요인과 연결 지어 논의해 왔다(Jain, 1993). 그러나 1990년대 중반 이후 남아시아인에 대한 이주관련 연구들은 국민국가의 경계를 뛰어넘어 이주자와 모국과의 다양한 초국가적 네트워크의 연결에 주목하고 있다(Ballard, R. 2003; Gardner, K. & Grillo, R. 2002; Lessinger, J. 2003; Mand, K. 2002; Mooney, N. 2006; Voigt–Graf, C. 2004; Walton–Roberts, M. 2001).

일반적으로 이주연구는 이주 국가와 이주자 당사자를 연구의 주요 대상으로 삼는다. 초국가적 시각이 비록 모국과 이주자 간 네트워크의 내용과 성격을 강조하고 있지만, 이들 연구 에서도 국제이주를 발생시킨 이주자 모국의 환경, 이주과정, 모국에 끼치는 영향에 대한 관심은 여전히 뒷전으로 밀려 있다. 그러나 국제이주의 사회·문화적 의미를 포괄적이고 체계적으로 규명하기 위해서는 이주 수용국가 뿐 아니라 이주자 모국의 지역사회와 개인들에 대한 이야기가 상세히 기술되어야 한다.[104) 그간의 이주 수용국가 중심적인 연구들을 비판적인 시각으로 바라보는 일부 학자들은 주요 이주 수용국가들, 예컨대 북미와 유럽 등이 주로 북반구에 위치해 있음을 부각시켜, 이주연구에 '선진국 중심적'인 경향이 있었음을 지적하고 있다(Gardner, K. & Osella, F. 2003: xi).

더욱이 21세기 들어 더욱 강화되는 이주자와 모국 간의 초국가적 관계를 적절히 이해하기 위해서는 이주자의 이주 과정과 이주로 인해 야기되는 모국 사회의 사회·문화적 변화에 주목할 필요가 있다. 캔달과 메시(Kandal, W. & Massey, D. 2002)에 의해 널리

104) 이를 위해 마커스 피셔(Marcus, G. E. & Fisher, M. 1986)가 제시한 '다중적–지역의 현장연구'(multi–sites field research) 방법에 따라 해외 이주한 인도인 사회 뿐 아니라 모국 사회를 함께 현지 조사하는 연구가 시도되고 있다(Walton–Roberts, M. 2001).

사용된 바 있는 '이주문화'(culture of migration)라는 개념은 이주가 모국에 끼친 영향을 파악하는데 매우 유용하다. 특히 이 개념은 이주 발생국의 다수의 사람들을 국제이주 하도록 만드는 사회·문화적 분위기를 연구하는데 유용하게 이용될 수 있다. 캔달과 메시는 주로 이주를 발생시키는 경제적 요인과 이주 네트워크를 분석하는데 이 개념을 이용하고 있지만, 이주로 인한 가족과 혼인에 대한 전통적 개념의 변화, 가치관과 사회구조의 변화 등 포괄적인 주제들도 '이주문화'라는 개념을 통해 분석될 수 있을 것이다.

인도사회의 이주연구에서 명시적으로 '이주문화'라는 개념을 이용한 연구는 소수에 불과하다. 그러나 이 개념을 굳이 사용하지는 않았지만 헬벡(Helweg, A. 1979)과 같은 연구자는 영국거주 펀잡 출신 시크 연구에서 국제이주가 펀잡과 그곳 사람들의 삶에 끼친 영향을 규명한 바 있기 때문에, 그의 연구는 '이주문화'에 관련된 선행연구의 하나로 간주될 수 있을 것이다. 또한 국제이주로 인해 남아시아 지역의 사회적 분화가 일어나고, 송금이 지역사회의 지위구조를 변화시키는 양상을 다룬 일부 기존 연구들(Gardner, K. 1995; Ghosh, A. 1992; Kurien, P. 2002; Osella, C. & Osella, F. 2004)도 마찬가지로 이와 같은 주제에 대한 논의에 포함된다.[105]

'이주문화' 개념을 구체적으로 적용하여 인도사회를 분석한 최초의 연구는 알리(Ali, S. 2007)의 하이데라바드(Hyderabad)의 무슬림 커뮤니티에 대한 연구일 것이다. 알리는 모국에서 쉽게 취업할 수 있지만 국제이주 하기는 어려운 상황 하에서, 왜 전문가 집단

105) 국내 학계에서 해외 남아시아인 사회를 다룬 연구들은 소수에 불과하며, 더 나아가 해외 남아시아인이 모국사회에 끼친 영향에 대한 연구에는 박정석(2007)의 연구가 있다.

과 비숙련 노동자 집단이 미국과 사우디아라비아로 이주하고자 그토록 노력하고 있는가를 '이주문화'라는 개념을 이용하여 분석하고 있다.

사실 '이주문화'의 개념은 미국으로의 이주를 열망하는 멕시코 사회를 분석하는데 유용하게 사용되어 왔다. 예컨대 라우스와 스미스 연구(Rouse, R. 1995; Smith, R. C. 2006)는 '이주문화' 개념을 이용해 미국행 국제이주를 열망하는 멕시코 사회와 이들의 사회적 행위들을 분석하고 있다. 또한 캔달과 메시(2002)의 연구와 코헨(Cohen, J. 2004)의 연구 역시 '이주문화' 개념을 이용하여 멕시코인의 미국행 이주가 이들에게는 일종의 일상생활 경험의 부분이 되어버린 멕시코 사회의 문화적 분위기를 체계적으로 분석하고 있다.

이 장은 국제이주가 모국에 남아 있는 개인, 가족, 지역사회에 끼치는 영향을 규명하기 위해, 국제이주와 관련하여 인도 펀잡 지방에서 표출되는 다양한 사회·문화적 표현(socio-cultural expression)과 사회적 행위들을 '이주문화'라는 개념을 동원하여 분석하고 있다. 이 장에서 언급되는 펀잡 주 도압 지역의 잘란다르 군의 '치마 카란'(Chemma Kalan) 마을과 마을 사람들은 이주 열병에 지독히 걸려 있다. 이 장은 다음과 같은 구체적 사회·문화적 양상들을 강조하거나 규명하는데 주요 관심이 있다.[106] 첫째, 펀잡

106) 이 장에서 언급되는 현지조사는 2007년 1월에 펀잡 지방에 체류하며 수행되었다. 인터뷰를 한 대상은 총 31명인데, 이는 자트 시크(Jat Sikh) 15명, 람가리아 시크 4명, 브라만 3명, 나이 2명, 라비다스 4명, 발미키(Valmiki) 3명으로 구성된다. 인터뷰를 특별히 이주자가 많은 가구만을 선별하여 행하지 않았음에도 불구하고, 인터뷰에 응한 대부분의 가족은 해외에 가족원의 일부(증조부를 공유한 친족 구성원을 포함하여)를 두고 있었다. 인터뷰 대상의 선정은 초기에 소개받은 인터뷰 대상이 다른 대상을 소개해 주는 방식으로 연구

지역의 '이주문화'의 형성이 펀잡의 '식민주의와 이주'라는 독특한 역사적 경험 및 국제 경제적 환경과 밀접히 연결되어 있음을 강조한다. 둘째, 펀잡 지방 사람들의 국제이주 열망의 지속성을 송금 경제와 지위 경쟁이라는 요인을 중심으로 설명한다. 셋째, 국제이주가 가져온 여성 중심 가족 형태와 이주전략으로서의 혼인의 성격을 밝힐 것이다. 넷째, 국제이주의 현상을 더욱 일상적으로 만들고 있는 시크의 초국가적 연결의 강화에 대해 설명할 것이다.

1. '이주문화'와 시크의 국제이주

1) '이주문화'

캔달과 메시(2002)는 미국에 이주한 멕시코인들에 대한 연구에서 '이주문화'의 개념을 포괄적으로 설명한 바 있다. 이들은 국제이주가 특정 커뮤니티에 지배적으로 자리 잡아가면 해당 커뮤니티의 가치와 문화적 개념은 미래의 이주 가능성을 높이는 방향으로 변화되는 경향이 있음을 강조하였다. 이주가 사람들의 행위목록 속에 깊이 각인되어감에 따라 이주와 관련된 가치들이 커뮤니티의 주요 가치 중의 일부로 자리 잡게 된다. 일단 '이주문화'가 형성되면 국제이주는 해당 커뮤니티의 젊은 남성들, 경우에 따라 여성들에게 일종의 통과의례로 자리 잡는다. 따라서 국제이주를 통해 자신의 지위향상을 위해 노력해보지 않는 젊은이들은 게으르고, 진취적이지 못할 뿐 아니라, 바람직스럽지 못한 사람으로 간주되기 쉽다. 일반적으로 문화가 해당 커뮤니티의 핵심적

기간이 늘어나면서 대상자도 증가되어 가는 일종의 '눈덩이 굴리기 표본조사'(snowballing sampling) 방식이 사용되었다.

가치를 표현하는 상징이라면 '이주문화'가 팽배해 있는 지역에서는 이주하거나, 또는 이주자를 한 명이라도 두고 있는 가족은 '정상적인' 가족으로 인정받게 된다.

한편 알리(2007)는 이주와 이주자를 환대하는 생각, 실천, 문화적 장치를 '이주문화'라고 조작적으로 정의하고서, '이주문화'에는 이주와 관련된 신념, 의욕, 상징, 신화, 교육, 찬양 등이 포함된다고 한다. '이주문화'가 팽배해 있는 사회에서는 우선 해외에 친인척을 두고 있는 사람들이 이주를 실행하도록 크게 동기화된다. 그러나 국제이주가 일상적으로 일어나는 환경에서는 해외에 친인척이 없는 사람들까지도 기회를 만들어 이주하도록 자극하는 문화적 풍토, 즉 '이주문화'가 팽배해 있기 십상이다. 즉 '이주문화'가 일반화 되어 있는 사회적 환경에서는 해외에 기존 네트워크를 갖고 있는가의 여부에 상관없이 사람들을 국제이주 하도록 자극하는 문화적 풍토가 발견된다.

'이주문화'가 확산되어 있는 사회에서는 이주자의 사회적 지위는 비이주자보다 높이 평가되는 경향이 있다. 따라서 이주는 혼인 시장(marriage market)에서 자신의 가치와 지위를 높일 수 있는 가장 효과적인 방법이 된다. 예컨대 씨앙(Xiang, B. 2001)의 연구는 '이주문화'가 팽배해 있는 인도 안드라프라데시(Andra Pradesh) 주에서 해외에 거주하는 안드라프라데시 출신 IT 남성 기술자와 혼인하려는 신부 측은 거액의 신부지참금을 준비해야 한다. 신부지참금 액수는 신랑감인 해외 IT기술자가 머무르고 있는 국가들에 따라 차등이 있는데, 예컨대 미국, 영국, 호주, 동남아 순으로 고액의 지참금이 요구된다. 씨앙의 연구가 보여주듯이 '이주문화'로 인해 나타나는 다양한 사회·문화적 양상들의 규명을 위해서는 이주를 보내는 모국과 이주가 결정되는 과정 등 다양한 이주 관련 양상들에 대한 현지조사를 통한 상세한 기술(記述)이 요구된다.

2) 시크의 이주사와 '이주문화'

사실 '이주문화'가 펀잡 지방에 자리 잡은 역사는 인도의 어떤 다른 지역보다 깊다. 펀잡 지방의 '이주문화'의 기원은 영국 식민주의와 동 기간 내에 발생되었던 이주의 상호작용 산물로 볼 수 있다. 펀잡 지방은 1849년 영국 식민통치하에 들어갔다. 영국식민지기 동안 펀자비의 눈을 해외로 돌리게 한 계기는 소위 '캐널 컬러니'의 조성과 자트 시크의 영국 군대 입대였다. 영국 식민당국은 농산물 생산량 증대를 위해 인구밀도가 낮은 황무지였던 펀잡의 서부지대에 수로를 설치해 개관시킨 후 펀잡의 중부지역 사람들을 이주시켰다. 영국식민지 당국은 토지는 비옥하지만 전체 토지 규모에 비해 인구밀도가 크게 높았던 중부지대의 잘란다르, 호시아르푸르(Hoshiarpur), 루디아나, 구르다스푸르, 암리차르 군의 농민들을 막 개간된 서부지방으로 이주시켰다. 당시 서부의 농지를 불하받은 대부분의 농민들은 영국 식민당국으로부터 가장 부지런한 경작자로 인식된 자트 시크들이었다. 자트 시크 외에 영국 군대에 일정 기간 복무한 사람들도 개간된 일부 농지를 연금의 형태로 받을 수 있었다. 캐널 컬러니에서의 생산량의 증대와 농지와 생산물 가격의 상승으로 자트 시크 농가들의 일부 가족원은 국제이주에 필요한 운임을 감당할 수 있게 되었다.[107)]

영국 식민당국은 소위 '세포이'(용병)에 의해 주동된 '1857년 대폭동' 진압 때 보여준 자트 시크의 용맹성에 인상 받아 시크를

107) 20세기 초에 캘커타에서 홍콩까지의 운임은 200루피였고 그곳에서 밴쿠버까지는 당시 가격으로 2에이커의 농지가격이었다. 따라서 당시 해외로 가족원을 보낸 자트 시크 농민들은 먹고 사는데 어려움이 없는 중농이거나, 최소한 운임을 마련해 주기 위해 저당할 농지를 소유한 자영농이었다(Tatla, D. S. 2004: 48).

‘군인에 어울리는 종족’(martial races)으로 인식하게 되었다. 1858년부터 제 1차 세계대전 기간 동안 인도 육군에 복무했던 시크의 수는 급증하였으며, 이들 대부분은 농촌출신 자트 시크였다. 시크 연대 소속 자트 시크들은 영국군 주둔지였던 극동지역, 아프리카, 유럽 등에 배치되었으며, 군복무 기간의 종료와 함께 일부는 현지의 경찰이나 경호 분야의 취업으로 현지에 정착하였다. 1897년 빅토리아 여왕 즉위 60주년 기념퍼레이드에 참가한 영국군 소속 시크 군인들 일부는 행사 후 퇴역한 후 캐나다 밴쿠버에 잔류하여 노동일을 시작하였다. 한편 귀국한 퇴역 군인들은 캐널 컬러니의 농지를 보상으로 받았지만, 이 가운데 일부는 홍콩, 싱가포르, 말레이시아, 북미, 영국 등으로 다시 이주를 하였다.

캐널 컬러니 조성과 영국군 입대라는 역사적 사건들은 펀잡 지방의 자트 시크를 중심으로 한 국내외 대규모 이주를 발생시켰다. 당시 해외 이주를 선택한 자트 시크들은 가난한 사람이 아닌 ‘먹고 살만한’ 농부들이었다(Lessinger, J. 1995). 당시 이주자의 새로운 세계에 대한 도전과 호기심도 있었겠지만, 이주자 대부분은 가난 극복보다는 이주를 통해 더 많은 농지를 구입하고, 새로운 주택을 건축함으로써 가족의 명예, 즉 ‘이자트’를 드높이고자 이주하였다(McLeod, W. H. 1986).

대장장이 로하르(Lohar)와 목수 타르칸(Tarkhan)을 ‘람가리아 시크’라 부르는데, 이들은 영국 식민지기에 케냐와 우간다 등의 동아프리카 지역의 계약노동자로 이주하였다. 이들은 케냐의 몸바사와 우간다의 캄팔라를 연결하는 철도부설 작업에 투입되었으며, 계약기간 만료 후 대부분이 현지의 도시 지역에 정착하였다.

영국 식민지기에 발생한 대규모 펀자비의 국제이주는 펀잡, 특히 도압 지역 농촌에 ‘이주문화’의 초기 형태를 조성하였다. 이미 펀잡 중부에서 캐널 컬러니로의 국내 이주와 영국군대 입대와 함께 해외 주둔 경험은 당시 도압지역 사람들의 이주 지향적인 태도 형성에 큰 영향을 주었다.

1947년 독립 이후 영국의 전후 경제 호황이 시작되면서 펀자비를 포함한 남아시아 사람들은 영국으로 대거 이주하였다. 영국은 노동력의 부족으로 그때까지 유색인종들에게 허용하지 않았던 직종의 문호를 개방하였다. 이러한 소식이 펀잡의 친족과 마을 동료들에게 전해지면서 영국으로의 대규모 펀자비 입국이 시작되었다. 펀자비가 가장 열악한 환경에서 노동하였음에도 불구하고 이들은 인도보다 월등히 많은 임금을 영국에서 받을 수 있었다(Ballard, R. 2003). 밀려오는 아시아인들의 입국을 제한하기 위한 '취업허가'(work permit) 제도가 1962년 도입되었으나 이들의 유입을 막을 수는 없었다. 1965년 취업허가제가 중지되자 홀로 있는 남편과의 재결합을 위해 영국으로 떠나는 시크 부인과 자녀가 속출하였다.[108] 한편 1980년대부터 이탈리아, 스페인, 포르투갈, 그리스 등의 남부 유럽인들이 영국 등 서유럽으로 이주하자 노동력 송출국가였던 이들 국가들은 1980년대 말부터 1990년대 중반까지 동유럽, 북아프리카, 아시아로부터 농산물 추수와 거리 청소 등 단순 노무직에 종사할 인력의 입국을 허락하였다(Castes, S. & Davidson, A. 2000: 56–57). 이 기간 동안 일부 펀자비들이 남부 유럽으로 이주하여 정착하거나 영국 또는 북미로 재이주를 하였다. 이상 살펴본 것처럼 식민지기 종료 후 변화된 국제 노동시장의 환경은 펀잡 지방의 '이주문화'를 더욱 강화시켰으며, 당시 이주

108) 또 한 번의 시크의 대규모의 이주는 1960년대와 70년대에 발생하였다. 영국 식민지였던 동아프리카 국가들이 그곳의 인도인을 강제로 추방시키면서 야기된 이주로서 당시 영국으로 이주한 사람들의 대부분은 식민지기 동안 아프리카에 정착한 람가리아 시크들이었다. 이들 가운데 일부는 영국에 도착한 후 다시 북미로 이주를 떠나기도 하였다.

의 꿈을 한번쯤 마음에 품어보지 않은 젊은이가 없을 정도였다 (Ballard 1994).

3) 해외 지향적 마을, 치마 카란

치마 카란(Cheema Kalan)은 인도 펀잡주의 잘란다르 군에 속하며 치마 카란이 속해 있는 누르메할(Nurmehal) 면 소재지는 루디아나와 잘란다르 군 소재지로부터 각각 약 32km 떨어진 중간 지점에 위치해 있다. 잘란다르와 루디아나 군의 모든 지방 국도변 마을들에는 2–3층의 신흥 호화주택들이 세워져 있다.

치마 카란의 마을명 가운데 '치마'는 치마(Cheema)라는 자트 시크 씨족 명에서 유래 하였고, '카란'은 '크다'를 의미하는 접미사이다[109]. 치마 카란과 옆 마을인 '치마 쿠르드'(Cheema Khurd)는 약 300년 전에 치마 성씨의 자트 시크 입향조(入鄕祖)에 의해 마을이 조성되었다고 전해진다. 2007년 1월 현재 치마 카란은 전체 363가구이며, 인구는 약 2,000명으로 추정되고 있다.[110] 자트 시크는 약 217가구로 전체 마을 가구 수의 약 60%를 차지하고 있는 다수집단이다. 불가촉천민인 발미키와 라비다스는 마을 전체 109가구로 약 전체의 30%를 구성하고 있는데, 이 가운데 발미키는 80가구(전체 22%)[111], 라비다스는 29가구(전체 8%)이다. 다수

109) 치마 카란과 경계를 접하고 있는 '치마 쿠르드' 마을도 치마 자트 시크가 지배적이다. 이 두 마을의 경계에 위치한 정부고등학교는 두 마을이 공동으로 토지를 희사하여 건립되었다.

110) 촌장은 마을 내에 해외나 인도 도시지역으로의 유동인구가 많아서 정확한 인구 통계를 갖는 것은 거의 불가능하다고 주장한다. 따라서 2,000여명은 대략적인 마을 인구수이다.

111) 2001년 인도 센서스에 따르면 펀잡주의 전체 인구 가운데 약 30%가 불가촉천민에 속하며, 이들의 약 80%가 농촌지역에 거주한다 (Puri, H. K. 2003: 2693).

집단에 속하는 자트 시크와 힌두 불가촉천민을 제외한 전체 가구의 약 10%에 해당하는데 35가구는 15가구의 힌두 브라만, 6가구의 시크 로하르, 8가구의 시크 타르칸, 4가구의 힌두 나이(Nai), 2가구의 힌두 체르(Cher)로 구성된다. 촌장에 따르면 다수 집단인 전체 자트 시크 217가구 가운데 해외에 나가 있는 사람들을 제외하면 마을에 거주하는 자트 시크의 수는 크게 감소한다고 한다. 마을의 농지세 징수를 보조하는 소위 '남바르다르' 직을 맡고 있는 체탄 싱(Chetan Singh, 남 68) 자트 시크에 따르면 마을 전체 농지 규모는 약 700에이커이고, 이 가운데 약 90%는 자트 시크 소유이다. 4-5명의 소규모 토지 소유 불가촉천민과 일부 브라만, 타르칸 등 비 불가촉천민이 남은 10%를 소유하고 있다.

치마 카란의 취락구조는 마을 중심가에 자트 시크가 밀집 거주하고 있고, 이 구역을 마을 주요 도로인 순환도로(ring road)가 에워싸고 있다. 불가촉천민 발미키와 라비다스 구역은 순환도로 밖 양 끝에 위치해 있어 마을의 중심지와 약간 떨어져 있다. 그러나

그림 41. 마을 구르드와라에서 행사 중인 치마 카란 주민들

자트 시크의 가구 수 증가와 일부 이주자의 호화주택이 마을 외곽지대에 신축되면서 불가촉천민의 지리적 고립성은 점점 약화되고 있다. 사실 불가촉천민의 주택의 크기와 높이는 대체로 작고 낮으며, 구역 전체에 집들이 오밀조밀 몰려 있을 뿐 아니라 거리의 폭도 매우 좁아 전체적인 삶의 환경이 매우 열악하다.

치마 카란 사람들의 주요 생계활동은 농업으로 밀과 사탕수수가 주요 작물이다. 전통적으로 자트 시크는 전형적인 자영농이었다. 1970년대 말부터 마을로 해외 현금이 들어오기 시작하면서 트랙터와 이앙기 등 농기계를 구입한 소수의 농가는 자신의 농지와 해외로 이주한 친인척의 농지를 소작으로 경작하는 등 농사의 규모를 키워갔다. 자트 시크가 고용한 전통적 농업 노동자는 불가촉천민이었다. 그러나 인도의 전통적 경제관계였던 소위 '힌두 자즈마니체계'가 붕괴되기 시작한 것은 1960년대 말부터 마을 내 불가촉천민들이 토지 소유주인 자트 시크의 지배로부터 벗어나면서 동시에 더 높은 임금을 받을 수 있는 마을 밖에 노동을 팔기 시작했기 때문이다[112]. 마을 불가촉천민을 대체하여 농업노동력을 제공한 사람들은 펀잡 인근 주들인 우타르프라데시, 비하르 주 출신의 계절노동자들이다. 1970년대부터 펀잡 지방으로 이주하기 시작한 이들 계절노동자들은 고향에서 일자리를 잡기 어렵고, 펀잡의 임금 수준이 고향보다 훨씬 높기 때문에 펀잡으로 유입되어 왔다(Gill, S. S. 2004: 181-184)[113].

112) 펀잡의 불가촉천민이 자트 시크와의 전통적 경제관계를 해체하고 동시에 자트 시크와의 농업관계를 벗어나려는 움직임은 펀잡 전반에 걸쳐 나타나는 현상이다(Jodhka, S. S. 2004).

113) 2007년 1월 조사 당시 마을에 약 50명의 비하르 출신 농업임금노동자가 있었으며, 이들은 자트 시크 농가의 사탕수수를 수확하거나 물소 키우는 일을 하고 있었다.

2. 펀잡 지방의 '이주문화'의 현주소

치마 카란은 역사적으로 펀잡 내부 이주와 국제 이주가 대규모로 발생하고 있는 도압 지역의 잘란다르 군114)에 속하며, 이 지역에는 일찍이 '이주문화'가 자리 잡고 있었다. '이주문화'는 국제이주를 일상의 한 부분으로 여기게 하고 개인, 가족, 지역 공동체를 위해 국제이주를 한 번쯤은 시도해볼만한 것으로 여기는 사고와 행위를 형성하는데 일정 부분 영향을 주었다.

1) 왜 펀잡에서 국제이주는 지속되는가?

실제로는 이주할 가능성이 매우 낮음에도 불구하고 치마 카란의 많은 사람들이 국제이주를 열망하고 있는 이유는 무엇인가? 무엇보다도 해외에서 가져올 수 있는 경제적 부가 국내의 것보다 상대적으로 너무 크기 때문이다. 마을 내에서 경제적으로 윤택하게 사는 이주자 가정, 특히 호화주택을 소유한 집안은 소규모 자영농과 토지 없는 불가촉천민에게 이주의 욕망을 강하게 치밀게 하는 자극제임에 틀림이 없다.

1930년대 말 미국에 정착한 자트 시크인 다르와나 싱(Darwana Singh, 사망)이 1969년에 고향에 건축한 인도식 2층 대형 주택이 해외에서 유입된 자금으로 건축된 최초의 호화 주택이었다. 그 이후 마을에 해외 송금으로 건축된 주택 수가 점차 늘어가기 시작했다. 대략 1980년대 말부터 서양식 호화주택 건축 붐이 일어

114) 잘란다르 군 농촌 사람들은 이주하고자 하는 대상 국가를 '바레 데시'(*bare deshi*)와 '초타 데시'(*chota deshi*)로 나누어 부르고 있다. 영국과 유럽 및 북미 지역 국가는 '큰 나라'를 의미하는 '바레 데시'로 두바이와 바레인 등 중동 국가는 '작은 나라'를 뜻하는 '초타 데시'로 불린다.

나기 시작하여 2007년 1월 현재 30채의 호화주택이 있으며, 브라만 1채, 발미키 2채, 체르 1채를 제외한 이들 주택의 소유주는 모두 자트 시크들이다.

대체로 호화주택에는 최소 3–4개의 수세식 화장실과 현대식 부엌 등이 완비되었으며, 특히 일부 자트 시크 주택에는 고급 가구와 최신 가전제품[115]이 구비되어 있다. 그러나 대부분의 호화주택은 년 중 이용되는 2–3개월을 제외하고 늘 잠겨있다. 마을의 중심가에 지어진 5채의 체탄 싱의 영국거주 사촌형제들의 호화주택 역시 1년에 2–3개월을 제외하고 늘 잠겨있는데, 이들의 자물쇠는 마을 내 체탄 싱이 보관하고 있다[116].

대부분의 호화주택을 소유한 해외 거주 자트 시크들은 1950대와 1960년대에 영국으로 건너가 노동자로 이주생활을 시작하였지만 현재는 안정된 생활을 하고 있다. 앞서 언급된 체탄 싱 사촌형제들 역시 1950대 중반과 1960년대 초에 영국으로 건너가 공장 노동자 생활을 하였지만 현재는 영국에 소규모 잡화점을 운영하고 있다. 또한 마을에 호화주택을 소유한 수크데브 싱의 사촌 형 발데브 싱(Baldev Singh, 남 65세) 역시 1950년대 중반에 영국에서 노동자로 이주생활을 시작하였지만 현재는 봉제업에 성공한 기업가[117]가 되었다. 이들 사례처럼 마을 내에 호화주택을 소유

115) 영국에 거주하는 수크데브 싱(Shukdev Singh, 남 59)의 사촌 형인 발데브 싱 집은 응접실, 안방, 부엌 등이 고급 가구로 꾸며져 있으며, 요즘 부유한 인도인들이 즐겨 구매하는 LG전자와 삼성전자의 TV, 냉장고, 전자레인지, 에어컨 등이 구비되어 있다. 그러나 이 호화주택은 년 중 2-3개월만 사용된다.

116) 필자가 묶었던 자트 시크 구르다와르 싱의 집은 영국의 동생과 캐나다의 아버지가 공동으로 비용을 대서 4년 전에 신축되었는데, 5개의 수세식 화장실과 현대식 부엌시설이 설계되어 있어 편리한 3층 서양식 주택이다. 그러나 이 집은 구르다와르 싱 부부와 두 딸이 년 중 계속 사용한다는 점에서 다른 호화주택과 다르다.

그림 42. 해외 시크 자본으로 건축된 마을 내 호화저택

한 사람들은 비교적 이주 역사가 깊은 자트 시크들이다.

그러나 이주자 가족원을 두고 있는 소수의 불가촉천민 가정도 호화주택에 살고 있다. 2명의 발미키의 2층 호화주택은 주변의 동료 카스트의 초라한 집들과 큰 대조를 이룬다. 부부와 손자만 살고 있는 부타 람(Bhuta Ram, 남 60세)[118] 발미키의 2층 집은 영국에 있는 동생들과 15년 전에 브로커를 통해 이탈리아로 간 2명의 아들이 보내 준 현금으로 지어졌다. 2004년 당시 건축비용은 200만 루피(한화 약 5천만 원)였다. 2–3년에 한 번씩 마을을 방문하는 영국의 동생들과 이탈리아 아들의 송금으로 부타 람은 2006년 봄부터 마을에서 영화 DVD, 음악 CD, 오디오 카세트 대여업 그리고 시외 겸 국제전화를 걸 수 있는 전화 사업을 시작하였다. 또 다른 발미키인 찬드 람(Chand Ram, 남 65세)의[119] 2층

117) 발데브 싱은 1967년부터 치마 카란과 그 이웃 마을에 약 43에이커의 농지를 구입하였고 2000년에는 치마 카란에 호화주택을 지었다.

118) 1960년대 초에 싱가포르에서 노동일을 하던 부타 람의 아버지는 영국에 정착한 뒤 1966년에 어머니와 두 명의 남동생을 영국으로 초청하였다. 당시 자신은 나이가 초과되어 이주를 못했다.

119) 찬드 람의 큰 아들은 1980년에 브로커를 통해 영국으로 이주하여

집은 12년 전에 1층이 그리고 2001년에 2층이 완공되었으며, 총 공사비용은 약 300만 루피(한화로 약 7천 5백만 원)였다. 가옥 건축 비용은 영국에 있는 큰 아들이 보내왔으며, 현재도 큰 아들이 매월 100파운드를 찬드 람 부부의 용돈으로 송금하고 있다.

위의 사례들처럼 해외 송금으로 호화주택을 신축하지 않았더라도 기존 주택을 부분 개량한 마을 사람들의 수는 적지 않으며, 그 대부분은 자트 시크지만 불가촉천민도 포함되어 있다. 자트 시크인 룰리아 싱(Rulia Singh, 남 65세)은 영국에 살고 있는 아들과 딸의 송금으로 기존 집터에 지붕을 개량하고 서양식 화장실과 부엌을 설치하였다. 마두(Madhu, 남 35세) 발미키는 두바이에 있는 2명의 남동생 송금으로 기존 집을 개조하여 서양식 부엌과 욕조 등을 설치하였다. 3가구의 라비다스도 두바이에서 송금된 돈으로 현재 기존 집을 개량중이다.

한편 마을에는 호화주택이 신축 도중에 공사에 필요한 자금이 부족해 중단되어 있는 곳도 있다. 대개 이들 집 주인은 브로커를 통해 해외에 나가 단순 노무자로 일하면서 집으로 송금하지만, 한꺼번에 집을 완공할 만큼 목돈을 모을 수 없어서 해외에서 일을 더 해야 하는 사람들이다. 예컨대 2에이커의 농지를 소유한 아슈와니(Ashuwani, 남 47세) 브라만의 3층 주택의 공사는 해외 송금을 기다리며 중단되어 있다. 아슈와니 남동생 차란(Charan, 38세)은 10년 전에 브로커를 통해 두바이에 노동자로 가서 형 아슈와니에게 송금하였다. 송금된 동생의 돈으로 2002년부터 현재 공사중인 아슈와니의 3층 가옥의 건축이 시작되었다. 결혼 전에 사우디아라비아에서 일한 경험이 있던 아슈와니는 가옥 완공을 서두

공장 노동자로 이주생활을 시작하여, 시민권자인 인도 여성을 만나 혼인하였다. 둘째 아들은 10년 전에 관광비자로 영국에 입국하여 불법체류하다 시민권자 여성을 만나 혼인하였다.

르기 위해 3년 반 전에 브로커를 통해 영국으로 출국하여 공장노동자로 일하며 부인에게 송금하고 있다. 아슈와니의 경우처럼 부인과 자녀를 고향에 두고서 영국, 북미, 중동으로 남성 단독으로 나가 가족과 생이별을 길게는 10년 이상 하는 경우도 있다. 이런 유형의 이주자가 끊임없이 발생하는 이유는 국제이주를 통해 자신과 가족의 경제적 성공과 지위 상승을 단시일 내에 성취하고자 하는 시도가 격려되는 사회적 분위기 때문이다.

그러나 1950~60년대와는 달리 비숙련자의 국제이주가 현실적으로 거의 불가능한데도 펀잡 농촌 남성들이 이주의 꿈을 놓지 않고 있는 데는 해외와 펀잡의 노동 임금의 격차가 크기 때문이다. 그 격차는 최소 5배에서 최고 8-10배 정도로 매우 크다. 농지가 거의 없는 불가촉천민은 물론이고, 농가 당 평균 약 3에이커에 불과한 치마 카란의 농업규모에서 소수의 부농[120)]을 제외하면 농사에 종사하여 국제 이주한 가족이 이룬 경제적 도약을 성취하기란 거의 불가능하다. 특히 토지를 소유하지 못한 대부분의 불가촉천민에게 열악한 경제형편에서 벗어날 수 있는 유일한 길은 해외 이주노동 기회를 잡는 것이다.

그러나 특정 기술이 없는 농촌 사람이 국제이주를 할 수 있는 길은 '운 좋게' 관광 비자를 받아 불법 체류하는 행운을 제외하면 전문 이주 브로커를 통해 해외로 나가는 수밖에 없다. 대개 브로커 사무실은 잘란다르와 루디아나 등 대도시와 암리차르와 델리 등 국제공항이 있는 근처에 있다. 브로커를 통해 아랍 국가

120) 치마 카란의 가장 큰 농부는 수크데브 싱 형제들로 4명의 형제가 32에이커를 공동소유·경작하고 있다. 특히 이들은 각종 농기계를 완비하고 있어 국제 이주한 사촌 형제 발데브 싱의 43에이커와 마을 출신 자트 시크의 40에이커 농지를 소작으로 경영하고 있어 대농으로 분류된다. 수크데브 싱 형제 외에 3-4명의 자트 시크 대농이 해외 이주자의 농지를 소작 경영하고 있다.

를 가기 위해서는 대략 7-8만 루피(한화로 약 170만-200만원) 그리고 유럽과 북미를 위해서는 80-90만 루피(2천만-2천2백만 원)의 현금이 필요하다. 농촌사람들에게 이주경비를 마련하는 일은 쉽지 않다. 그나마 결합가족(joint family) 구성원으로부터 돈을 빌리거나 사채업자에게 저당 잡힐 농지를 소유한 자트 시크는 브로커를 통해서라도 국제이주를 시도해 볼 수 있지만, 경제력이 없는 불가촉천민에게는 거의 힘든 일이다.

자트 시크 우탈 싱(Utal Singh, 남 35세)은 동생과 공동 소유한 4 에이커 농지로는 잘 살 수 있는 길이 요원하여 영국으로 불법이주를 마음먹었다. 그는 농지의 일부를 저당하여 만든 70만 루피를 들여 1997년 여름에 영국으로 출국하여 건설 노동현장에서 막 노동자 생활을 5년 동안 했다. 부인과 아이들은 미혼인 동생과 부모님이 돌봐주었다. 5년 동안 영국에서 어렵게 번 돈으로 저당 잡힌 빚을 청산하였고, 남은 돈으로 집을 개량하였으며, 현재 타고 다니는 승용차와 모터사이클 그리고 물소 5마리를 구입할 수 있었다. 3년 전에는 남동생이 자신과 똑같은 경로를 통해 영국에 가 현재 건설현장에서 일하고 있다.

브로커를 통해 국제이주를 도모하는 경우 불가촉천민처럼 현금동원력이 낮은 경우 이주 대상 국가는 소위 '초타 데시'인 중동국가가 되기 쉽다. 불가촉천민 구르다스(Gurdas, 남 29세) 발미키는 2000년부터 치마 카란에서 이발소를 경영하고 있다. 그는 1992년부터 7년 동안 아랍에미리트 아부다비에서 단순 노무직으로 일한 바 있다. 그는 당시 5만 5천 루피 브로커 수수료와 항공료 1만5천 루피를 합친 총 7만루피를 부담하고 아부다비에 갔다. 그는 아부다비를 가기 위해 마을의 친척들과 사채업자로부터 돈을 빌렸기 때문에, 일을 시작한 3년 동안 고향으로 송금한 돈은 채무를 갚는데 들어갔다. 아부다비에서 벌어온 돈으로 집을 개량하고 이발소를 개업하였다. 그러나 이발소 경영으로는 큰 돈을 벌기 힘들다는 결론에 도달한 그는 다시 중동에 나갈 계획을 세우고 있다. 그의 표현에 따르면 "마을에서 목돈을 모으기는 거의 절망적이기 때문이다"

치마 카란에 팽배해 있는 국제이주 열풍은 마을의 공적 역할을 수행하고 있는 일부 사람들조차 자신의 역할을 쉽게 포기하고 국제이주를 하도록 한다. 이러한 역할 포기에 대해 마을 사람들은 비난보다는 이해해 주는 분위기가 지배적이다. 실제로 마을 촌장과 마을의 중앙 구르드와라 사제, 즉 그란티(Granthi)가 각각 자신들의 역할을 버리고 영국과 필리핀으로 국제이주를 하였다. 이들의 행위에 대한 마을 사람들의 반응은 거의 부정적이지 않았다. 구르드와라 사제였던 자트 시크 프리탐 싱(Pritam Singh, 남 45세)은 2005년에 필리핀 마닐라에 거주하는 친척이 초청하여 마닐라에서 봉제업에 종사하고 있다. 그의 부인과 자녀는 마을에 거주하고 있다. 그는 브로커를 통해 중동에 가고 싶었으나 돈이 없어 이주지로서 거의 매력이 없는 필리핀으로 일단 나가 있다. 그의 부인의 이야기로는 그가 필리핀에서 싱가포르나 다른 동남아 국가로 재차 이주할 계획을 세우고 있다고 한다.

전임 촌장이었던 길바르트 체르(Gilvart Cher, 남 48세)는 현재 영국에 있다. 나이가 많아 영국으로 이주하지 못했던 그는 영국에 동생들과 부모가 살고 있다. 2006년 초에 가족들을 방문하기 위해 관광 비자로 영국에 나간 그는 현지에서 불법체류하면서 마을로 돌아오지 않는다. 현 촌장 왈반트 싱(Walvant Singh, 남 49세)은 전임 촌장시절에 8명의 촌락위원들 중 한 명이었는데 현재는 촌장 대리직을 수행하고 있다.

현 촌장이 전임 촌장을 비난하지 않는 데에는 그만한 이유가 있었다. 자신도 그와 유사한 이주를 한 경험이 있고, 현재 그의 형제들 모두가 외국에 불법체류하고 있기 때문이다. 사실 현 촌장인 왈반트 싱은 5형제 중 맏이인데, 1989년에 영국에 나가 10년 동안 불법체류 한 바 있다. 부인과 자녀를 치마 카란에 두고서, 그는 10년 동안 가족과 생이별한 바 있었다. 현재 4명의 남동생들은 브로커를 통해 영국과 두바이에 2명씩 나가 있으며, 이들의 부인과 아이들은 치마 카란에 살고 있다.121)

브로커를 통해 해외로 나가는 일에는 늘 위험이 수반된다.122) 라메쉬 랄(Ramesh Lal, 남 56세) 브라만은 결혼 후 브로커에게 비싼 돈을 주고 8년 동안 두바이에서 일해 번 목돈으로 현재 살고 있는 준수한 집을 소유하였다. 지난해에 아들이 브로커를 통해 두바이로 가려 했는데 당시 컨테이너를 이용해 유럽으로 가는 불법이민자 50여명이 컨테이너 속에서 질식사한 사건이 해외 언론에

121) 촌장은 필자에게 자신의 이모 아들이 한국에서 노동자로 있다면서 자신을 한국의 이주 노동자로 갈 수 있도록 도와달라고 요청하였다. 자신은 다시 나가서 일하고 싶다고 말하면서, 자신의 아이들이 외국 시민권자와 혼인하면 좋겠다는 소망을 덧 붙였다.

122) 국제이주는 국제적인 산업이 되었으며, 이 산업에는 합법적인 브로커들이 노동자와 일자리를 연결해 주고 있다. 목적지에 아는 사람이 없어서 개인적으로 해외에서 일자리를 얻어야 하는 사람들은 브로커를 통할 수밖에 없다. 브로커는 일자리를 찾아 줄 뿐만 아니라 교통편과 숙박도 알선해 주고 여권, 비자, 노동허가 등에 관련된 사항도 대행해 준다. 노동력 수입국에서는 브로커를 이용하지 않으려 하지만 노동자들은 브로커에게 수수료를 내고 일자리와 필요한 서류를 구비하고자 한다. 합법적인 브로커의 경우에도 위령 회사를 만들어 이주를 알선하는 일을 하기도 한다. 불법적인 방법을 이용하는 불법 브로커들은 밀입국을 알선해주고 있다. 이들은 사람들을 트럭에 숨기기도 하고 서류를 위조하기도 하며, 이민 당국에 뇌물을 주기도 한다. 밀입국 알선자는 자기가 원해서 온 고객에게 서비스를 제공하는 사람으로 이주민이나 망명 신청자들을 그들이 원하는 나라에 보내주는 무허가 여행사쯤이라 생각하면 된다(피터 스토커, 2004).

보도되자 아들을 보내지 않기로 마음먹었다. 생명의 위험과 브로커에게 사기당할 수 있는 위험에도 불구하고 브로커를 통한 불법적 이주가 지속되는 배경에는 잘 살아보려는 욕망과 경제적 성공으로 가족의 사회적 지위를 올려보겠다는 지위 상향욕구 및 집안간 경쟁의식이 자리 잡고 있다.

영국과 북미에 거주하는 치마 카란 출신 자트 시크 이주민의 대부분은 단순 노동자로 이주생활을 시작했으며, 현재도 상당수가 이러한 직종에 근무한다. 또한 1980년대 후반부터 북미지역, 그리스 · 이탈리아 · 네덜란드 등의 유럽지역, 중동지역으로 이주한 사람들의 많은 수가 현지에서 단순 노무직에 종사한다. 이들은 현지의 사회 · 경제적 구조에서 가장 낮은 계층에 속하기 때문에 이들에게 있어서 지위 보상에 대한 욕구는 그 무엇보다도 높다.

따라서 마을 내에서 호화주택을 경쟁적으로 신축하는 자트 시크의 소비행위에는 개인과 가족의 명예 및 지위를 높이고자 하는 경쟁심이 밑바탕에 깔려있다고 볼 수 있다. 자트 시크에 대한 연구(Pettigrew, J. 1975)는 경쟁행위가 자트 시크들에게서 공통으로 발견되는 사회적 행위의 한 특성임을 밝히고 있다. 실제로 치마 카란의 호화저택 대다수 소유주인 자트 시크들이 영국에서 높고 넓은 전원주택을 소유하기란 거의 상상하기 어렵다. 또한 영국 현지에서 고급 주택과 고급 승용차를 소유한다 치더라도, 이것이 고향에서만큼 그들에게 지위 상승의 느낌을 줄 수 없다. 그러나 이들은 경쟁적으로 더 호화스런 주택을 고향에서 소유하게 되면 비록 2-3개월이라는 짧은 체류기간이지만 해외에서 충족치 못한 세속적인 성공의 느낌을 고향에서나마 만끽할 수 있다.

1957년에 7살의 나이에 아버지를 따라 영국에 이주한 모한 싱(Mohan Singh, 남 57세)은 고향에 호화주택을 건축하는 자트 시크의 행위를 '고향에 대한 애정의 표현' 또는 '자신이 태어난 곳을 기억하기 위한 노력'으로 설명하고자 한다. 그러나 그는 경쟁적으로 호화주택을 짓는 자트 시크의 행위를 일종의 경쟁행위임을 인정하고 있다. 물론 집안 간의 경쟁행위가 자트 시크들에게만 일어나는 것은 아니다. 앞서 언급한 바 있는 중동에서 두 아들이 보내 준 현금으로 집을 개조한 마두 발미키 어머니가 "자신의 집도 머지않아 부타 람 발미키(2층 집을 소유한) 집보다 더 높고 좋은 집을 소유하게 될 것이다"라고 호언장담 하는 데에서도 알 수 있듯이, 카스트를 불문하고 치마 카란에 팽배해 있는 국제이주로 나타나는 과시적 소비와 지위경쟁 행위는 이 지역에서 국제이주가 지속되는 이유를 부분적으로 설명해 주고 있다.

2) 결합가족과 '여성 역할 가중적인 가구'

일반적으로 인도는 남성 지배적인 사회이다. 특히 치마 카란과 같은 농촌지역에서는 남성 혈연을 토대로 구성되는 '지역 혈통집단'(local lineage group)이 남성 지배적인 사회구조를 유지하고 있다. 따라서 혼인으로 남성 집단으로 유입된 여성들은 직접적으로는 남편의 결합가족 구성원, 간접적으로는 남편의 지역 혈통 집단 구성원들의 통제를 받게 된다. 결합가족의 중요 사안 예컨대 자녀의 교육과 혼인, 농작물의 선택과 생산방식의 결정권은 권위와 책무를 지닌 남성 구성원들에게 있다. 이런 구조 속에서의 여성에게는 자녀 양육과 생산 활동의 보조라는 남성의 부차적인 역할이 기대된다.

19세기 말부터 도압지역에는 국내외 이주가 전혀 낯설지 않았다. 특히 국제이주로 인한 가구의 남성 가장의 장기적인 공백은 '여성 역할 가중적인 가구'(matri-weighted households)를 등장시켰고,

이를 비정상적으로 여기지 않는 사회적 분위기가 점차 조성되어 왔다. 이런 형태의 가구 속에서는 자녀 교육, 생산 방식, 자산의 투자 등 주요 사안을 해외의 남편 또는 마을 내 남편의 결합가족 구성원과의 협의를 통해 부인 스스로가 결정해야 했다.[123)]

영국식민지기에 인도의 시크 연대 군인으로 영국군 해외 주둔지에 나가 있던 시크 남성들 그리고 영국과 북미 등으로 이주 노동자로 갔던 남편들을 그리워하고 원망하면서, 가족 내에서 자신의 역할의 무거움을 느꼈던 당시 여성들, 특히 자트 시크 부인들은 아래와 같은 자신들의 애환과 남편에 대한 원망을 민요로 표현하였다(Tatler, D. S. 2004: 57).

> "여기 갓 시집온 신부들이 모여 앉아 남편들을 해외로 데리고 간 영국 왕을 저주하오.
> 오 주인이시여 ! 우리를 너무 오랫동안 기다리게 하면 당신은 전쟁에서 질게 뻔하오."

> "12년 동안 해외에서 헤매는 당신 도대체 무슨 행운을 찾았소? 돌아오는 길에 얼마나 많은 것을 가져오려 하시는 것이오? 해외에서 당신이 잃은 세월을 보상할 수 있을 만큼이오?"

1950년대부터 불어 닥친 국제이주 붐을 타고 영국으로 이주한 펀잡 남성들은 부인과 자녀를 고향에 두고 홀로 이주하여 영국에서 남자들끼리 함께 어우러져 살았다. 1960년대 후반부터 시작된 가족재결합 프로그램으로 부인과 자녀가 영국의 남편에게 합류하

---

123) 이런 형태의 가구는 남편의 사망이나 이혼 등으로 여성이 법적 가장이 됨으로써 더 이상 남성 가장과의 관계가 지속되지 않는 '여성 가장 가구'(female-headed households)와는 구분이 된다(Naveed-I-Rahat 1990: 13-14).

기 이전까지, 펀잡의 부인들은 남편의 송금으로 자녀를 포함한 결합가족원의 생계를 책임져야 했다(Ballard 1994). 사실 펀잡에서 결합가족의 존재는 남성 구성원들의 국제이주에 매우 유익하게 기여하여 왔다. 결합가족원의 도움으로 국제이주를 한 펀자비 남성들의 송금의 혜택은 당연히 결합가족원 전체에게 돌아가야 했다. 국제이주 기간 동안 홀로 된 아내에 대한 결합가족 구성원의 보살핌이 있었기 때문에, 남성들은 마음 놓고 해외 생활을 할 수 있다. 심지어 홀로 남아 있는 부인의 행동거지가 결합가족원에 의해 통제되는 일도 있었다.124)

2007년 1월 현재 브로커를 통해 나가거나 운 좋게 관광 비자를 받아 출국 한 후 현지에서 불법체류하고 있는 마을 남성들의 수를 정확히 파악하기 어렵지만 그 수는 적지 않다고 한다. 그만큼 남편과 생이별하여 마을에서 홀로 지내는 여성들도 많다는 말이다. 남편이 해외에서 심지어 20여년 이상을 가족과 떨어져 살고 있는 경우도 있는데 바잔 싱(Bajan Singh, 남 56) 자트 시크의 가족이 이에 해당한다. 1985년에 브로커를 통해 중동 바레인에 이주한 바잔 싱은 현재 운전기사로 일하고 있다. 바레인에 간 7년 만에 고향을 첫 방문한 후 줄곧 2-4년 정도 간격으로 펀잡을 방문하고 있다. 친정 식구들의 중매를 통해 세 번째 딸 혼사 이야

124) 갓 결혼한 후 8개월 만에 남편이 영국의 건설 현장에서 일하러 간 치마 카란의 발비르 싱(Balvir Singh, 남 24세)의 부인은 남편이 없는 동안 손위 동서인 바하두르 싱(Bahadur Singh, 남 30)의 부인이 어려운 일에 상담도 해주고 '바깥바람'을 쐬기 위해 자신과 함께 면소재지 장터를 다녀오기도 한다. 한편 파키스탄에 속한 펀자비 마을들에서는 남편의 국제이주 동안 고향에 남아 있는 결합가족원들에 의한 통제 때문에 여성의 삶을 속박하는 베일인 파르다(*pardah*) 착용 관습이 새롭게 생기거나(Naveed-I-Rahat 1990), 훨씬 더 강화되었다(Lefevre, A. 1990).

기를 시작한 바잔 싱 부인은 바잔 싱과의 수차례 전화통화를 통해 혼사를 결정하였다. 남편의 송금으로 세 딸을 출가시킨 장본인도 바잔 싱 부인인 셈인데, 자녀들 혼사에 지출된 금액만도 약 120만 루피(한화 약 3천만 원)나 된다. 현재 살고 있는 2층집도 남편의 송금으로 기존 집을 개량한 것이다. 딸들의 혼사, 집의 개량 등 돈의 지출이 걸린 문제는 늘 남편과 상의하였지만, 그나마 전화상으로 수월하게 상의할 수 있게 된 것은 통신 수단이 획기적으로 발전한 지난 5-6년 전부터였다.

바잔 싱처럼 20여년은 아니더라도 부인과 자녀와 생이별하며 상당 기간동안 해외생활을 하고 있는 남편들 때문에 치마 카란 부인들의 역할은 무거워져 갔다. 앞서 언급된 현 마을 촌장 왈반트 싱의 4명의 남동생 부인들은 사안에 따라 협력하면서 자신들에게 직면한 문제들을 해결해 나가고 있다. 이주로 인해 잠정적으로 남편이 없는 상황에 익숙한 마을 사람들은 전통적으로 남성 영역이라 여겨진 사안에 부인이 관여하는 것을 자연스럽게 생각하고 있다. 브라만 아슈와니가 영국에 체류하고 있기 때문에 5년째 진행 중인 그의 가옥 신축 공사에서 영국에서 목돈 올 때마다 남편의 자문을 받아가며 아슈와니의 부인이 공사의 일부를 진행시키기도 한다.

남성 가장 없는 가족들의 상시 존재와 이로 인한 부인의 과중한 역할 증대가 치마 카란에 지속되는 이유는 무엇인가? 무엇보다도 국제이주가 가져다줄 수 있는 과시적 소비행위와 지위의 상향 이동에 대한 남성 가장들의 강박관념 때문일 것이다. 해외 이주가 가져다주는 물질적 풍요를 늘 주변에서 보기 때문에, 심지어 결합가족원과 부인들이 남편들을 국제이주 하도록 설득하거나 압박을 가하는 일도 적지 않다.

펀잡 지역의 국제이주 당사자는 남성이다. 그러나 드물긴 하지만 국제이주의 기회가 여성에게 오는 경우도 있다. 이때 펀잡에 남은 남성은 여성의 역할을 기꺼이 감당하게 되는데, 이런 일은 국제이주가 일상화되어 있는 분위기에서는 크게 '흉잡힐' 일은 아니다. 자트 시크인 손 싱(Son Singh, 남 58세)의 부인은 약 15년 전 펀잡의 한 지방지의 보모 구인광고를 보고 브로커를 통해 합법적 절차에 따라 미국에 국제이주 하였다. 미국 뉴저지에 사는 펀잡 출신 의사부부가 자녀에게 펀잡의 언어와 문화를 가르치기 위해 인도 펀잡 출신의 보모를 구하고 있었다. 아버지로부터 물려받은 5에이커의 농지에 5명의 형제가 생계를 이어가는 힘든 경제형편을 고려하여, 손 싱은 부인을 미국에 보낼 수밖에 없었다. 손 싱 부인은 미국에서 7년 동안 보모로 일한 뒤 그린카드를 발급받았고, 이주 11년째 되는 해에 그녀의 남편과 자녀를 미국으로 초청하였다. 현재 모든 가족이 미국 영주권자가 되었으며, 남편은 공장에서 그리고 부인은 야채 가게에서 각각 일하면서 손 싱 가족은 안정된 이민 생활을 하고 있다.

인도를 포함한 남아시아 지역의 많은 나라에서는 이주 때문에 확대가족이 유지된다고 주장하는 학자(피터 스토커 2004: 154-5)도 있다. 부인 없이 지내는 10년 동안 자녀 양육과 집안 살림을 책임져야 했던 손 싱이 큰 탈 없이 지낼 수 있었던 것은 고향의 결합가족원들의 도움이 있었기 때문이다. 장기간 남편 없는 가정이 유지될 수 있는 것 또한 남편의 결합가족원의 도움과 통제가 있기 때문임을 알 수 있다.

3) 최상의 국제이주 전략, 초국가적 중매혼인

해외 거주 펀자비와 인도 펀자비 간의 친족관계와 '초국가적 중매혼인'(transnational arranged marriage)은 가족 구성원의 추가적인 해외 이주를 최대화하려는 유효한 사회·문화적 자원으로 활용되어 왔다. 특히 해외 거주 자트 시크는 경제적 여건이 허용되고 고향에 있는 친족원이 이주를 희망한다면 '가족재결합'(family reunification) 이민 프로그램[125)]을 이용하여 결합가족을 정착국에 부활시키는 일에 최선을 다 해 왔다(Walton-Roberts, M. 2003).[126)] 사실 자트 시크가 펀잡과 해외 정착국 간의 경계를 넘나들며 가족방문, 송금, 혼인중매 등의 사회·문화적, 경제적 행위를 하게한 핵심적 동인은 가족과 친족원에 대한 의무와 정서적 유대였다(Mooney, N. 2006).

특히 자트 시크는 가족의 자존심, 명예, 지위를 중요시하기 때문에 결합가족의 유지를 이상적으로 생각한다.[127)] 결합가족 구조

---

125) '캐나다 시민권과 이민국'(the Canadian Ministry of Citizenship and Immigration)은 이민 범주를 이분화 시키고 있는데, 한 가지는 사업이민이나 숙련공을 위한 포인트제도(point-based system)가 있고 다른 한 가지는 가족범주 스폰서(family class sponsorship)가 있다. 특히 후자는 가족 재결합을 우선시하고 있는데 영주권자의 배우자, 부모, 자녀(미혼으로 취학연령에 있는 자녀), 그리고 일부는 형제를 시민권자가 후원하면 이민을 원하는 사람의 직업, 부의 정도, 언어 능력 또는 직업의향에 관계없이 입국을 허용하는 제도이다. 사실 캐나다 정부의 입장에서는 포인트 제도를 통한 이민을 권장하지만 캐나다로 입국하는 펀자비 시크를 포함한 대부분의 인도인들은 가족재결합을 이용하고 있다.

126) 완톤-로버츠는 펀잡과 캐나다 시크에 대한 현지조사에서 결합가족원 대부분이 해외로 이주해 펀잡에 살고 있지 않거나, 결합가족원 전체가 캐나다로 이주한 연구대상을 경험하였다(Walton-Roberts, M. 2003). 필자 역시 2006년 1-2월에 걸친 밴쿠버의 시크 커뮤니티 조사에서 결합가족원 전체가 캐나다의 3층 가옥에서 함께 사는 사례에 대해 인터뷰한 적이 있다.

127) 시크 가치의 대부분은 자트 시크의 가치이며, 자트는 자신들이 시크 가운데 가장 상위 집단이라고 주장한다. 1960년대 말의 녹색혁명은 자트 자영농 계급의 경제적·정치적 위상을 더욱 높이는 계기가 되

속에서 사촌형제들은 친 형제자매처럼 그리고 형제의 자녀는 친 자녀처럼 취급한다. 먼저 외국에 나가 정착한 결합가족 구성원은 중매혼인을 통해 다른 가족원의 이민의 꿈을 실현시켜 준다. 이 일은 가족원으로서 해야 할 의무이자 일종의 호혜적인 것이다. 특히 이주를 갈망하는 인도 농촌 출신 미숙련 자트 시크에게 '가족재결합'과 '초국가적 중매혼인'은 개인과 결합가족의 물질적 풍요와 지위 상승을 위한 열망을 담아내는 유일한 통로가 된다.

흔히 국제이주는 남성이 주도권을 잡는, 즉 지극히 '남성적' 현상으로 이해하지만 이는 정형화된 남성 중심적 시각이다(Brettel, C. B. 2003). 예컨대 영국으로 이주한 펀자비의 경우 비록 남성이 먼저 영국으로 이주하고 후일 부인을 초청하였지만, 이주 생활 과정 속에서 모국의 남성 구성원을 지속적으로 이주시킬 수 있는 것은 여성의 혼인을 통한 국제이주 때문이다. 사실 이민 수용국가의 이민 정책의 변화에 구애받지 않고 이주를 안정적으로 지속시켜 온 것은 여성의 국제 혼인을 통해서였다(Ballard, R. 1990).

다음의 치마 카란의 구르다와르 싱 집안의 혼인 이야기를 통해 알 수 있듯이 여성은 친족의무, 혼인전략, 가족재결합이라는 일련의 사회·문화적 실천행위들을 통해 가족 연쇄이주과정의 핵심적인 역할을 하고 있다. 캐나다 밴쿠버에 살고 있는 우팔 싱(Uppal Singh, 남 60세)의 형은 구르다와르 싱의 이모부이다. 그는 구르다

었다. 게다가 자트 시크가 1962년 시크 최고기관인 시로마니 아칼리 달(SAD)의 지도력을 장악함으로써 이들의 하위 카스트들에 대한 지배력은 더욱 강력해졌다. 자트 시크는 시크 인구의 전체 약 60% 이상을 차지하는데, 이들은 힌두의 카스트 체계상으로는 슈드라에 속하지만 브라만의 사회적 지위를 무시하는 경향이 있다(Singh, I. P. 1977).

와르 싱의 누이를 10년 전에 캐나다의 자트 시크와 중매결혼 시킨 당사자이다. 캐나다에 정착한 구르다와르 싱의 누이는 2002년에 펀잡에 살던 부모를 가족재결합 프로그램으로 모셔갔다. 구르다와르 싱에게는 두 딸이 있는데, 그의 여동생과 우팔 싱이 캐나다의 자트 시크 남성과 혼인시키려 계획하고 있다. 큰 딸 라만(Rahman, 18세)은 루디아나에 있는 대학에 재학 중이며, 늘 캐나다로의 국제 혼인을 통하여 이민 가기를 학수고대하고 있으며, 이러한 기대가 현실로 이뤄질 것이라는 확신에 차 있다. 고등학교 1학년인 라만의 동생 사만(Sahman, 여 16세)도 같은 절차를 통해 캐나다로 이주할 것이다. 결국 두 딸이 캐나다로 시집가면 구르다와르 싱 부부는 가족재결합 프로그램을 이용해 손쉽게 캐나다로 이주할 수 있게 된다. 맏딸인 라만은 캐나다로 이주하여 큰 돈을 번 후 고향에 가장 호화로운 주택을 건축하여 집안의 명예를 높이고 싶어 한다. 캐나다를 동경하는 라만은 학교 등·하교길을 제외하고 집밖으로 나가지 않는다. 마을의 온갖 것들이 비위생적이고 더럽게 느껴져 문밖출입을 삼가고 있다.

브로커를 통해 국제이주의 경험이 있는 사람들과 해외에 먼 친족원이라도 있는 사람들은 자녀를 국제 혼인시켜 자신들도 국제이주할 수 있다는 가능성을 믿고 있다. 이들은 자녀들이 외국의 시민권자와 혼인할 수 있도록 해외 친인척에게 중매를 부탁한다. 혼인 당사자와 가족의 연쇄이주의 길을 열어주는 해외 시민권자와의 혼인에서 해외 시민권자 집안의 우위적 지위가 통상 인정된다. 해외 거주 펀자비와의 혼인은 가끔 광고를 통해서도 이루어진다. 일부 해외 이주 펀자비는 자녀의 혼인 대상자를 물색하기 위해 펀잡 지방 신문에 “잘 생긴 전문직 자트 시크 캐나다 시민권자 남성으로 가정과 전통을 지향하는 미모의 자트 시크 여성을 원함”이란 내용의 광고를 낸다. 이런 광고에서 ‘캐나다 시민권자’

라는 대목이 국제이주를 기다리는 펀잡인에게 가장 매력적인 문구이다. 펀잡 여성이 시민권자 남성과 혼인하는 경우 남성의 직업에 따라 신부지참금이 요구되기도 한다. 그러나 일반적으로 단순 노무직에 근무하는 해외 신랑감은 신부지참금을 요구하지는 않으나 신부 집안은 사돈에게 줄 각종 폐물과 전자제품 구입비를 신랑 측에 건네는 것이 일반적이다.[128)]

친인척의 중매를 통해서든 광고를 통해서든 펀잡에 거주하는 사람들은 미래의 가족연쇄이주 가능성을 바라보며 해외 시민권자와의 혼인을 추구하고 있다. 이러한 펀잡 사회의 분위기로 인해 전통적인 기준으로 볼 때 꺼리거나 금기시되는 혼인 대상과의 혼사도 마다하지 않는 경우가 있다. 예컨대 현재 캐나다에 5명의 가족원이 살고 있는 브라만 루리야 람(Ruriya Ram, 남 65세)은 1970년대에 캐나다로 시집 간 여동생의 아들에게 자신의 둘째 딸을 혼인시키는 소위 사촌혼(cousin marriage)[129)]을 강행하였다. 펀자비 결혼 전통에 어긋나는 혼사 덕분에 그의 모든 가족원이 캐나다로 이주 할 수 있었다. 또한 구르지트 싱(Gurjit Singh, 남 32)은 12년 전에 브로커를 통해 뉴질랜드로 나가 불법 체류 신분에서 5년 전에 영주권을 획득하였다. 가족재결합 프로그램으로 부모가 뉴질랜드로 초청되었으며, 2007년 1월에 구르지트 싱은 그의 세 번째 혼인을 하였다. 잘란다르 군의 다른 마을의 자트 시크인 구르지트 싱의 장인은 사윗감의 두 번의 이혼경력에도 딸의 혼사를 강행하였다. 딸이 향후에 자신을 비롯한 다른 가족원을 뉴질랜드로

128) 해외 자트 시크와 혼인하는 인도 신부의 경우 캐나다에서 신혼살림할 때 유용하지도 않을 물건 준비가 필수적이지 않을뿐더러 심지어 국제적 환율을 고려할 때 큰 돈 되지 않는 신부지참금도 초국가적 혼인에서는 요구되지 않는 경우도 적지 않다(Mooney, N. 2006)

129) 사촌혼은 인도 남부에서는 허용이 되지만 북부 인도에서는 철저히 금기시 되는 혼인관습이다.

부를 수 있기 때문이다.

구르지트 싱처럼 재외인도인(Non-Resident Indians, 이하 NRIs)은 혼인식에서 '과시적 소비'(conspicious consumption)를 보임으로써 집안의 지위 상승을 드러낼 수 있다. 고향 사람들 입장에서도 NRIs의 혼인은 의례히 '사치스런' 결혼 예식을 기대하고 있다. 구르지트 싱의 혼인식은 치마 카란의 면소재지인 누르메할에서 승용차로 약 40분 걸리는 파그와라(Phagwara) 읍 소재지에 있는 'Amar Palace'라는 야외 결혼식장에서 있었다. 약 4시간 이상 진행되는 혼인 예식에 따르는 부대 행사에는 방글라(Bangla) 댄스[130] 공연 등이 준비되었다. 또한 채식과 육식의 기호에 따라 별도로 준비된 뷔페, 쉴 새 없이 공급되는 맥주, 탄산음료, 홍차 등 먹고 마실 것이 풍성하고 다양하게 준비되어 있기 때문에 구르지트 싱의 혼인식은 NRIs 혼인식의 전형적인 과시적 소비가 분명하게 드러났다.

구르지트 싱의 혼인식에 쓰인 경비는 한화로 약 3천만 원을 넘는 것으로 추정되었으며, 이 경비는 신랑과 신부 양가에서 함께 부담하였다. 구르지트 싱의 혼인처럼 NRIs의 혼인은 현란한 공연과 풍성한 음식대접을 통해 NRIs와의 혼인은 성공한 혼인이며, 또한 NRIs는 자수성가하여 지위상승을 한 당사자임을 과시해야 한다. 1990년대부터 펀잡의 도압 지역에는 공연과 야외 뷔페 등이 딸린 '리조트'라는 이름의 혼인산업이 성업 중이다[131].

130) 원래 펀잡의 농부들의 춤으로 시작되었지만 현재는 펀잡을 포함한 전 인도 뿐 아니라 해외 인도인에게 유행하는 대중적인 춤으로 성장되었다. 동작이 거칠고 단순하며 빠른 비트에 맞춰 몸을 흔드는 방글라 댄스는 인도 영화에 자주 등장하고, 음악 또한 상업용으로 제작되어 판매에 흥행을 거두고 있다.

131) 해외 펀자비들이 고향에 끼치는 영향은 펀잡주의 결혼산업의 흥행과

4) 국제이주의 일상화를 촉진하는 초국가적 연결[132)]

국제이주자 집단은 초국가적 연결을 통해 모국에 남아 있는 가족과 공동체에 대해 경제·정치적, 사회·문화적 영향을 주고 있다. 매스 미디어 매체 기술과[133)] 인터넷과 통신 기술 그리고 보다 편리하고 신속하게 된 교통수단의 발달로 해외 인도인 이주자는 모국과의 유대를 예전보다 훨씬 더 효율적으로 지속할 수 있게 되었다.

전화 기술의 발달과 사용료의 저렴화는 해외 이주자를 모국 가족들과 큰 부담을 느끼지 않고서 실시간으로 연결해 주는데 큰 기여를 하였다. 1990년대 중반부터 치마 카란에 개인 전화회선의 보급이 확대되면서 현재 전체 가구의 약 50%가 개인 전화회선을

결혼에 따른 의복, 폐물을 위한 금은방의 증가 및 호황과 밀접히 관련된다(Thandi, S. S. 2006).

132) 바쉬와 동료 학자들(Basch *et al* 1994)은 초국가주의(transnationalism)를 이주자들이 모국과 정착국의 양쪽을 연결하는 다양한 사회적 관계를 형성하고 유지하는 과정으로 정의하고 있다. 초국가주의라 명명된 과정들은 오늘날 많은 이주자들이 지리적, 문화적, 정치적 경계를 넘나들며 '사회적 장'(social fields)을 만들고 있음을 강조하고 있다. 포르테스(Portes, A. G. 1997)는 이주자와 모국에 남아 있는 사람들이 사회·문화적, 정치·경제적 관계를 국가적 경계를 넘나들면서 밀도 있게 유지하고 있음을 강조하고 있다.

133) 예컨대 국제 이주한 펀자비 공동체가 펀자비 문화를 유지할 수 있는 데는 오디오 및 비디오카세트와 DVD 같은 기술문명의 발달이 있었기 때문이다. 영국 런던 사우쓰올(Southall)의 시크 가족에 대한 연구(Gillepsie, M. 1995)는 비록 시크 젊은 세대들이 부모 세대와는 달리 미국이나 영국 등 서구에서 만들어진 영화를 즐겨보는 경향이 발견되지만, 대부분 시크들이 소장한 50–100여개의 비디오테이프 가운데 약 70%이상이 인도 영화라고 밝히고 있다. 영상물 외에도 해외 현지의 인쇄매체, 라디오 방송국, 디아스포라 인터넷 사이트 등의 운영은 해외 인도인과 모국을 사회·문화적으로 연결해 주는 데 큰 역할을 하고 있다.

보유하고 있다[134]. 마을 내에 시외 및 국제 전화 통화가 가능한 5곳의 유료 전화사업자가 있기 때문에 마을 사람들이 해외 거주 가족에게 국제 통화하는데 어려움이 없다. 또한 2000년도부터 인도의 이동통신 시장의 확대에 따라 이동통신 단말기를 보유하고 있는 사람들, 특히 자트 시크들을 마을 내에서 어렵지 않게 발견할 수 있다[135].

한편 해외 거주 펀자비들은 현지에서 상상할 수 없을 만큼 저렴한 '폰 카드'(phone card)를 이용하여 마을의 가족과 통화하는 일이 일상화되어 있다. 폰 카드 이용료는 캐나다에서 인도로 분당 10센트에 불과할 만큼 저렴해졌다. 이처럼 저렴해진 국제전화비는 지구화되는 기술력의 대표적인 사례로서 해외 이주민과 펀잡의 가족원 간의 물리적 거리를 압축해 줌으로써 소위 '거리의 종말'(the death of distance)을 가져왔다(Cairncross, F. 1997). 유선 및 이동 통신의 발달로 인한 국제전화 사용의 급증과 가격의 저렴화는 모국의 가족과 해외 이주자를 연결해 주는 소위 사회적 접착제(social glue) 역할을 하고 있다(Vertovec, S. 2004).

통신수단 뿐 아니라 신속, 편리, 저렴해진 국제 항공은 이주자의 모국방문과 이주를 희망하는 사람들의 해외 진출을 손쉽게 하였다. 델리나 뭄바이 같은 인도의 대표적인 국제공항을 경유하지 않더라도 펀잡 지역의 소규모 국제공항을 통해서도 영국, 북미, 중동으로의 해외여행이 가능하게 되었다. 해외와 펀잡의 국제공

---

134) 1990년대 정보화혁명과 맞물려 인도 통신사업은 급속도로 발전해 가고 있으며 2000년에 전화 서비스가 33명에 한 대 꼴로 신장했으며, 인도가 세계에서 9번째로 큰 텔레커뮤니케이션 망을 보유한 국가가 되었다(라윤도 2005: 161).

135) 1997년부터 시작된 인도의 이동통신의 보급은 2007년 말에 약 2억 2,000만 명을 상회할 것으로 예상할 만큼 그 보급 속도가 빠르다(신승용 2007).

항을 직접 연결하는 항공편이 꾸준히 신설되거나 증편되고 있다. 해외 시크의 대다수가 거주하는 영국과 북미지역을 연결하는 직항노선, 예컨대 펀잡의 암리차르 국제공항과 캐나다의 밴쿠버 및 영국의 버밍엄(Birmingham)을 직항 운항하는 노선들이 개설됨으로써 펀잡을 방문하는 해외 펀자비들에게 큰 편리함을 주고 있다[136].

편리해진 교통수단을 이용해 해외 펀자비들이 고향을 매년 또는 격년으로 자주 방문하는 이유는 고향에 있는 농지 및 주택의 유지 및 관리 그리고 결혼식 참석을 위해서이다. 해외 펀자비가 고향에 가옥을 신·개축하는 사례는 늘어가지만, 허름한 집일지라도 허물거나 파는 하는 일은 거의 없다.[137] 해외 이주자는 친인척의 결혼식 참여와 가족단위 휴가를 보내기 위해 고향을 방문한다. 예컨대 우팔 싱은[138] 2006년 12월에 부인과 처제 부부 그

136) 암리차르 국제공항에서 해외로 향하는 국제선은 아직 크게 다양하지 않다. 따라서 아직도 많은 해외 펀자비들은 델리 공항으로 입국한다. 이들을 위해 11월-3월 사이에 델리 공항에서 도압지역의 파그와라, 잘란다르, 루디아나를 운행하는 리무진버스가 정기적으로 운행된다. 델리에서 펀잡행 기차와 버스를 다시 갈아타야하는 번거로움을 줄여줌으로써 해외 정착지와 고향의 거리감을 없애줄 뿐 아니라 펀잡 지역의 운송사업 발전에도 기여하고 있다.

137) 예외적으로 치마 카란에서 해외 송금으로 지어진 최초의 2층집인 다르와나 싱의 집은 본인이 사망하자 미국에 거주하는 그의 아들 아무리크 싱(Amurik Singh)이 2006년 7월에 누르메할 면소재지 사람에게 농지와 함께 판매하고 미국으로 돌아간 일이 있었다. 아무리크 싱은 어린 시절 미국에 이주했기 때문에 고향에 대한 정서가 아버지와는 크게 달랐다. 돌볼 사람도 없는 집과 농지는 관리하기에 짐이 된다는 이유 때문에 판매하였다고 전한다. 가드나와 슈쿠르(Gardner, K. & Shukur, A. 1994)는 그들의 연구에서 고향의 토지소유 등 재산 관리에 대해 영국 거주 인도인의 세대 간 차이를 보여주고 있다.

138) 필자는 2006년 1-2월 캐나다 밴쿠버 시크 커뮤니티 현지 조사 시

리고 장모님과 함께 결혼식 참여와 인도 남부지역 관광을 위해 인도에 왔다. 이들은 밴쿠버를 출발하여 암리차르 공항에 입국하여 2년 동안 비어 놓았던 자신의 집이 청소되는 동안 조카뻘 되는 구르다와르 싱 집에서 3일간 신세를 졌다. 우팔 싱은 파그와라 읍내의 렌터카 센터에서 승용차와 기사를 렌트한 후 부인의 친구 아들 결혼식에 참석차 찬디가르를 방문하였다. 우팔 싱 일행은 남부 인도 관광을 위해 방갈로르, 코치, 칸냐쿠마르, 트리반드럼을 방문하였다. 마지막으로 치마 카란의 구르지트 싱의 혼인식에 참석한 후 밴쿠버로 돌아갔다.

해외 이주자의 방문이 일상화 되고 있고 해외 이주를 바람직하게 여기는 펀잡에서는 해외 이주자의 우월성이 인정되고[139], 잠시 방문한 젊은 세대들의 특유한 헤어스타일과 복장, 마을과 읍 소재지에서 소란스럽게 오토바이를 타는 행태 등은 마을의 젊은 이들에게 영향을 주고 있다. 또한 해외 이주자가 소비하는 일상용품 또한 펀잡의 것보다 세련되고 유용하다는 인식이 마을 내에 팽배해 있다. 해외에 거주한 시크들이 고향을 방문하는 11월-2월 사이에 치마 카란에는 해외 거주 친지들이 선물로 가져온 해외 용품들이 풍성하다. 이들 선물들은 주로 의류나 펀잡에서 쉽게 구할 수 없는 생필품과 소모품들이다. 예컨대 구르다와르 싱의 영국에 사는 남동생과 캐나다에 사는 여동생이 겨울철 휴가를 보내기 위해 고향을 방문할 때면 그들은 화장품 등을 선물로 가져

우팔 싱을 인터뷰한 바 있었는데, 2007년 1월 겨울 펀잡의 치마 카란에서 우연히 그를 다시 만나게 되었다. 필자는 해외 인도인과 모국과의 유대가 지속되는 현장을 목격하였고, 초국가적인 시대적 성격을 피부로 느낄 수 있었다.

139) 앞서 언급한 현지조사 기간 참여관찰 했던 파그와라 결혼식장에 참석한 해외 이주자와 그들의 자녀들은 영어를 구사하고 식장을 몰려다니며 자신감 넘치는 제스처를 하고 있었다.

오곤 한다. 해외 물품을 사용해본 구드다와르 싱과 그의 부인은 델리나 찬디가르처럼 대도시를 방문할 때면 해외 친지들이 가져왔던 것과 유사한 브랜드를 찾는 습관이 생겼다[140]. 해외 이주자의 과시적 소비와 해외 소비상품의 마을 유입은 이주를 시도하는 사람들의 이주 욕망을 자극시키는 요인의 한 가지로 작용한다. 특히 해외 이주 노동을 하는 가족원이 잠시 귀국할 때 가져오는 의복, TV, 스테레오, 주방용품 등은 펀잡의 이주하지 못한 이웃들로 하여금 이주 욕구와 시샘을 불러일으킨다.

무엇보다도 초국가적 연결이 가장 드러나는 영역은 이주자의 마을 공동체에 대한 대규모의 송금이다. 많은 개발도상국들의 경우에서 알 수 있듯 이주자의 국내 송금액은 수출액과 거의 상응할 정도로 모국의 경제에 차지하는 비중과 역할이 지대하다.[141] 이주자가 보내는 현금은 가족뿐 아니라 지역 공동체의 상수도 시설, 사원, 스포츠 시설 등의 인프라 구축을 통해 지역사회 발전을 촉진시키고 종종 사회적 변혁의 원천이 되기도 한다.

해외에 거주하는 치마 카란 출신 시크들은 해외 사원모임을 통해 또는 비공식적 모임을 통해 후원회를 조직하여 마을에 지속적으로 현금을 기부하여 왔다. 특히 영국과 북미에 거주하는 자트 시크들은 학교, 보육원, 마을 보건소, 화장터, 시크 구르드와라,

140) 읍내 이발소에서 면도를 해오던 구르다와르 싱은 고향을 방문한 영국의 동생이 선물한 전동 면도기를 사용하기 시작하면서 이제는 자동면도기가 아니면 불편함을 느끼기 시작했다고 한다. 선물 받은 면도기가 고장 나자 델리에 가서 인도산 전동면도기를 구입하여 현재 사용하고 있다.

141) 세계은행의 통계에 따르면 2005년 한 해 동안 해외 인도인의 국내 송금액은 미화 220억 불로 2001년 130억불에 비해 크게 늘었다. 여기에 가족, 친지 등을 통한 비공식적 송금을 포함하면 송금액은 공식 통계치의 두 배는 될 것이라고 주장한다(Thandi, S. S. 2006).

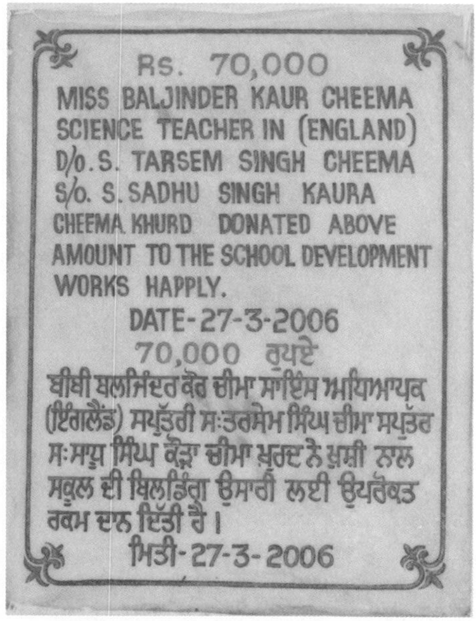

그림 43. 학교발전기금으로 기탁한 해외 시크를 기념하기 위해 학교 건물 벽면에 부착된 명판

마을 도로의 신·개축과 보수를 위해 수십만 루피부터 수천 루피에 이르는 크고 작은 액수를 마을에 지속적으로 기부하여 왔다. 예컨대 1954년 영국으로 이주한 자트 시크 다르바라 싱(Darbara Singh, 남자 81세)은 영국에서 생활기반을 잡기 시작한 1970년대 말부터 마을을 위해 크고 작은 기부를 꾸준히 해왔다. 그는 2006년 80세 되는 생일에도 축하하기 위해 모인 자트 시크들로부터 모금한 15만 루피(한화 약 3백 7십 오 만원)를 마을 학교발전을 위해 기부하였다[142].

142) 마을 학교에는 학교 발전을 위해 기부한 해외 이주자들의 성명과 가족사항 및 기부 내용이 담긴 수십 개의 명판(名板)들이 학교장실과 복도 벽에 부착되어 있는데, 여기에 여러 개의 다르바라 싱의 명

지난 20여 년 동안 '학부모교사연합회'(PTA)의 위원장과 학교 후원회의 마을 지부장을 맡고 있는 체탄 싱은 학교 후원금 모금에 자트 시크의 경쟁심을 자극하여 많은 액수를 모금하였다. 주로 겨울철에 고향을 방문하는 해외 자트 시크들에게 기부자의 명판부착과 감사패 전달 장면을 담은 사진을 보여주면서 새로운 후원자가 될 것을 부탁하였다. 학교 발전을 위한 기부금은 학교 '후원위원회'(committee of patron)의 이름으로 현재 70만 루피(한화 약 1천7백5십 만원)가 적립되어 있으며 여기서 발생하는 이자로 장학금을 지급하고 있다. 학교 후원 외에도 마을의 시크 사원의 개보수, 마을 도로, 화장터, 보건소 등의 시설 확충과 개선을 위한 후원금은 마을 전반적인 삶의 질을 개선하는 인프라 구축을 가져왔다. 이처럼 해외 거주 자트 시크가 중심이 된 마을 후원은 지역공동체의 인프라 구축 및 삶의 질을 향상시켜주는 데 기여함으로써 고향과의 초국가적 연계를 지속시키고 있다.

3. 펀잡의 국제이주 전망

이 장의 목적은 역사적으로 이주가 일상화되어 있는 펀잡, 특히 도압 지역 사람들의 사회·문화적 삶에 국제이주가 어떤 영향을 주고 있는가를 밝히는데 있었다. 이를 위해 필자는 '이주문화'라는 개념을 동원하여 치마 카란 사람들의 이주과정, 송금의 소비행위, 이주전략과 이주로 인한 특정한 가족과 혼인유형의 등장, 일상생활의 변화 등을 기술하고 설명하였다. 캔달과 메시(2002)의 주장처럼 치마 카란의 국제이주는 마을 사람들의 이주 지향적 가치와 태도의 형성에 중요한 영향을 끼쳐왔다. 치마 카란의 '이주

판이 부착되어 있었다.

그림 44. 해외 시크들의 자본으로 구입된 치마 카란 학교의 컴퓨터 교실

문화'의 특성은 마을에서 일감을 찾지 않고 브로커를 통해 해외 이주를 기다리는 태도, 가족과 오랜 기간 생이별하는 일과 이로 인해 발생하는 '여성 역할 가중적인 가구'의 등장, 초국가적 중매 혼인의 추구, 공동체의 공적 역할 포기 등을 당연한 것으로 인식하는 태도에서 분명하게 드러나고 있다.

하지만 치마 카란 사람들의 '이주문화'의 성격은 자생력(self-sustaining power)을 갖고서 독자적으로 생성·지속·운영되는 것은 아니다. 사실 치마 카란 사람들의 국제이주에 대한 적합한 이해는 이들이 놓여 있었던 역사적인 환경과 국제적 정치·경제구조라는 거시적인 측면과 이러한 환경과 구조 속에서 이주 당사자가 지닌 이주 여건과 전략이라는 미시적인 측면이 함께 고려될 때 가능하다.

따라서 이 장의 전반부의 내용은 주로 거시적인 구조적 환경, 즉 펀잡 지방의 국제이주를 발생시킨 영국식민지기 동안의 경제적 변화(캐널 컬러니 조성), 정치적 결정(시크 연대창설과 해외배치), 국제노동시장 환경의 변화(영국과 유럽의 단순 노동자의 적극 영입) 등 역사적이고 정치·경제적 요인들에 대한 설명으로 구성되었다.

후반부에는 이러한 거시적 구조 속에서 이루어지는 이주 당사자들의 국제 이주 지향적인 각종 사회·문화적 실천들(예컨대 친족과 혼인의 전략적 이용, 브로커를 이용한 불법 이주와 불법체류 등)을 검토하기 위한 '이주문화' 개념을 적극 활용하여 이해하고자 하였다.

자트 시크를 중심으로 한 펀잡 사람들은 선진국에 대한 경제적 의존도와 불균등한 임금환경으로 인해 주로 영국과 북미 및 중동 국가들로 지속적으로 국제이주를 하였다. '이주문화'라는 개념은 구조적 요인들로 인해 발생된 국제이주 흐름을 강화시키고, 국제이주로 인해 나타나는 다양한 사회·문화적 양상들을 이해하는데 도움이 된다. 특히 인도 펀잡지방의 '이주문화'는 국제이주를 당연시하고, 이주자가 우월하게 대접받고, 이주자의 생활양식을 부러워하는 펀잡 사람들의 이주 지향적인 사고와 태도를 이해하는데 매우 중요한 개념 틀이 될 수 있다.

본격적인 초국가적 시대를 맞이하여 해외 이주자와 모국에 남아 있는 사람들 간의 다양한 네트워크가 긴밀해지고 있다. 초국가적 중매혼인과 가족관계의 증가, 모국의 경제발전과 인프라 구축을 위한 해외 송금의 증가, '거리의 종말'과 '사회적 접착제' 역할을 하는 통신과 교통수단의 획기적 발전 등은 국제이주가 모국사회에 끼치는 영향을 증대시킬 수밖에 없는 외부적 환경이 된다. '이주문화'의 개념은 초국가적 연결이 가져온 모국 사회에 끼치는 사회·문화적, 정치·경제적 변화를 이해하기 위한 보조적 개념으로도 유용할 것으로 생각된다.

참고문헌

김경학, 1999, "의복과 정체성: 인도 의복의 사회사", 『사회와 역사』, 55권.

라윤도, 2005, "인도의 미디어 혁명", 『인도연구』, 10권 2호.

박정석, 2007, "케랄라의 귀환이주자: 이주과정과 소비행위를 중심으로", 『인도연구』, 12권 1호.

백좌흠, 이광수, 김경학, 김찬완, 이재숙, 2003, "힌두-무슬림 갈등의 구조적 성격과 동태 분석 : 아요디야 사태를 중심으로", 『인도연구』, 제8권 2호.

서민수. 2001, 『시크교』, 서울: 시공사.

신승용, 2007, "인도 이동통시시장 급팽창", 『CHINDIA』, 포스코경영연구소.

이광수, 2006, "'1984년 폭력'과 디아스포라에서의 시크 종족 정체성의 변화", 김경학 외, 『인도인 디아스포라: 경계를 넘나드는 사람들』, 서울; 경인문화사.

Agence France Press, 1992, "Punjab on Red Alert After Another Massacre", March 17.

All, Iran, 1989, *The Punjab under Imperialism 1885~1947*, Delhi: Oxford University Press.

Ali, S. 2007, "'Go West Young Man' : the culture of migration among Muslims in Hyderabad, India", *Journal of Ethnic and Migration Studies,* vol. 33:1. pp.37-58.

Amnesty International, 1992, *India: Torture, Rape & Deaths in Custody,* London, p.30.

Apparadurai, A. 1996, *Modernity at Large: Cultural Dimensions of Globalization*, Minneapolis: University of Minnesota.

Axel, B. K. 2001, *The nation's tortured body: violence, representation, and the formation of a Sikh Diaspora,* Durham : Duke University Press.

Bachu, P. 1985, *Twice Migrants : East African Sikh Settlers in Britain*, London: Tavistock.

Ballard, R. 1990, "migration and kinship", C. Clarke Peach & S. Vertovec(eds.), *South Asian Overseas: Context and Communities,* Cambridge: Cambridge University Press.

Ballard, R. 1994, "Differentiation and Disjunction among the Sikhs", R. Ballard(ed.). *Desh Pardesh: the South Asian Presence in Britain,* Delhi: B.R. Publishing Corporation.

Ballard, R. 2003, "The South Asian Presence in Britain and its transnational connections", Bhiku Parekh et. al(eds.), *Culture and Economy in the Indian Diaspora,* London and New York: Routledge.

Bally, L. R. 1997, *Dr. Ambedkar: Jeewan Atey Mission,* Jalandar: Bhim Patrika Prakashan.

Beach, L. Click Schiller, N. & Stanton Blanc, C. 1994, *National Unbound: Transnational Projects, Postcolonial Predicaments and Deterritorialized Nation-States,* Langhorne: Gordon and Breach.

Bolaria, B. S. & Peter S. R. 1988, *Racial Oppression in Canada,* Ottawa: Garamond Press.

Brettrell, C. B. 2003, *Anthropology and Migration: Essays on Transnationalism, Ethnicity, and Identity,* New York: Altamira Press.

Brown, W. N. 1963, *The United States and India and Pakistan,* Cambridge, Mass: Harvard University Press.

Butler, D. Ashok Lahiri and Pronnoy Roy, 1981, *India Decides: Elections 1952~89*, Faridabad: Thompson Press.

Cairncross, F. 1997, *The Death of Distance,* London: Orion.

Castles, S. & Alastair Davidson, 2000, *Citizenship and Migration: globalization and the politics of belonging,* New York: Routledge.

Chakravati U. & Nandita Haksar, 1987, *The Delhi Riots: three days in the life of a Nation,* New Delhi: Lancer International.

Chandra, Bipan, 1984, *Communalism in Modern India,* Delhi: Vikas.

Citizens' Commission, 1985, *Delhi: 31 October to 4 November 1984: Report of the Citizens' Commission,* Delhi: Citizens' Commission.

Cohen, J. 2004, *The Culture of Migration in Southern Mexico,* Austin: University of Texas Press.

Cole, W. O. & Sambhi, P.S. 1990, *A Popular Dictionary of Sikhism*, New Delhi: Rupa & Company.

Deol, H. 2000, *Religion and Nationalism in India: the case of the Punjab*, London and New York: Routledge.

Dogra, C. S. 2006, "Our lost sheep? Far From it", *Outlook*, 23, Oct.

Dusenbery, V. A. 1995, "A Sikh Diaspora? Contested Identities and Constructed Realities", Peter van der Veer(ed.), *Nation and Migration : the politics of space in the South Asian Diaspora,* Philadelphia: University of Pennsylvania Press.

Dyke, V. 1996, "the anti–Sikh riots of 1984 in Delhi: politicians, criminals, and the discourse of communalism", Paul R. Brass(ed.), *Riots and Pogroms,* London: Macmillan.

Economic Adviser to Punjab Government, 1989, *Economic Survey, 1988~89*, Chandigarh.

Freitag, S. 1989, *Collective Action and Community: Public Arenas and the Emergence of Communalism in North India,* Berkeley: University of California Press.

Gardner, K. & Abdus Shukur, 1994, "I am Bengali, I,m Asian, and I,m Living here: The changing identity of British Bengalis", R. Ballard(ed.), *Desh Pardesh: the South Asian Presence in*

Britain, Delhi: B. R. Publishing Corporation.

Gardner, K. & Filippo Osella, 2003, "an introduction", Filippo Osella & Gardner, K.(eds.), *Migration, Modernity and Social Transformation in South Asia*, New Delhi: Sage.

Gardner, K. & Ralph Grillo, 2002, "Transnational households and ritual: and overview", *Global Networks,* 2:3. pp.179–190.

Gardner, K. 1995, *Global Migrants, Local Lives: Travel and Transformation in Rural Bangladesh,* Oxford: Clarendon Press.

Gayer, L. 2000, "The Globalization of Identity Politics : The Sikh Experience", *International Journal of Punjab Studies,* vol.7.

Ghosh, A. 1992, *In An Antique Land,* London: Granta Books.

Gill, S. S. 2004, "Agricultural Development and Migratory Labour: a case of Indian Punjab", Ian Talbot & Shinder Thandi(eds.), *People on the Move: Punjabi Colonial, and Post-Colonial Migration,* Oxford: Oxford University Press.

Gillespie, M. 1995, *Television, Ethnicity and Cultural Change,* London: Routledge.

Gopal, S. 1957, *The Viceroyalty of Lord Irwin, 1926~31.* Oxford: Oxford University Press.

Goulbourne, H. 1991, *Ethnicity and Nationalism in Post-Imperial Britain,* Cambridge: Cambridge University Press.

Government. of India, 2001, *Census of India.*

Grewal, J. S. 1972, "Toynbee's Interpretation of Sikh History", *From Guru Nanak to Maharaja Ranjit Singh: Essays in Sikh History*, Amritsar: Guru Nanak University Press.

Grewal, J. S. 1990, *The Sikhs of the Punjab*, Cambridge: Cambridge University Press.

Grewal, J. S. 1998, *Contesting Interpretations of the Sikh Tradition*, Delhi: Manohar.

Grewal, J. S. 1999, "Nabha's Ham Hindu Nahin : A declaration of Sikh Identity". Singh, P. and N. G. Barrier(eds.), *Sikh Identity: Continuity and Change,* Delhi: Manohar.

Guarnizo & Smith, M. P. 1998, "The locations of transnationalism", M. P. Smith and L. E. Guarnizo(eds.), *Transnationalism from Below,* New Brunswick NJ: Transaction Publishers.

Gupta, D. 1996, *The Context of Ethnicity : Sikh Identity in a Comparative Perspective,* Delhi : Oxford University Press.

Gupta, D. 2005, *Learning to Forget : the anti-memoirs of modernity*, Delhi: Oxford University Press.

Helweg, A. W. 1979, *Sikhs in England: The Development of a Migrant Community,* Delhi: Oxford University Press.

Helweg, A. W. 1989, "Sikh Politics in India: The Emigrant Factor", Barrier and Dusenbery(eds.), *The Sikh Diaspora: Migration and the Experience beyond Punjab,* New Delhi: Chanakya Publications.

Helweg, A. W. 2004, *Strangers in a Not-So-Strange Land: Indian American Immigrants in Global Age*, UK: Thomson.

Hill, J. D. & Thomas M. Wilson, 2003, "Identity Politics and the Politics of Identity", *Identities,* pp. 10: 1–8.

Human Right Watch, 1994. *Dead Silence: the legacy of Abuses in Punjab,* p.38.

Indian Express, November, 2, 1984.

Jain, R. K. 1993, *Indian Communities Abroad: Themes and Literature,* New Delhi: Manohar.

Jeffrey, R. 1987, "Grappling with History: Sikh Politicians and the Past", *Pacific Affairs,* 60, 1(spring).

Jeffrey, R. 1994, *What happening to India: Punjab, Ethnic Conflict and the Test for Federalism*, London: Macmillan.

Jodhka, S. S. 2004, "Sikhism and the caste question: Dalits and their politics in contemporary Punjab", *Contributions to Indian Sociology,* 38(1&2). pp.165–192.

Joshi, C. 1984, *Bindranwale: Myth and Reality,* New Delhi: Vikas.

Judge, P. S. 2005, *Religion, Identity and Nationhood*, New Delhi: Rawat.

Juegensmeyer, M. 1988, "the Logic of Religious Violence: the case of Punjab", *Contributions to Indian Sociology*,(n.s.) vol.22, No.1

Kapur, R. 1987, *Sikh Separatism: the politics of faith,* Delhi: Vikas.

Kaur, Arvinder, 1997, *Impact of Communal Violence on Women: a sociological study of riot victims of Delhi and Surat,* unpublished Ph. D. dissertation, New Delhi : Jawaharlal Nehru University (India).

Kearny, M. 1995, "The local and the global : the anthropology of globalization and transnationalism", *Annual Review of Anthropology.* 24.

Keer, D. 1971, *Dr. Ambedkar, Life and Mission*, Bombay: Popular Prakashan.

Kendal, W. & Massey, D. 2002, "the culture of migration: a theoretical and empirical analysis", *Social Forces,* 80:3. pp.981–1004.

Kessinger, T. G. 1974, *Vilyatpur 1848~1968: Social and Economic Change in a North Indian Village*, Berkely: University of California Press.

Kim, Kyung-hak, 1994, *Dominance and Segmentation: An Ethnography of Group Dynamics in a Village of Northern Madhya Pradesh*, unpublished Ph. D. dissertation, Jawaharlal Nehru University, (India).

Kinnavall, C. 2006, *Globalization and Religious Nationalism in India*, London and New York: Routledge.

Kishwar, Madhu, 1998, *Religion at the service of Nationalism and other Essays,* Delhi: Oxford University Press.

Kothari, R. 1985, "The How and Why of it All", Kothari, S. & Harsh Sethi(eds.) *Voices from a Scarred City: The Delhi Carnage in Perspective,* New Delhi: Lokayan.

Kurien, P. 2002, *Kaleidoscopic Ethnicity: International Migration and the Reconstruction of Community Identities in India,* New Bruswick, NJ: Rutgers University Press.

Lefebvre, A. 1990, "international migration from two pakistani villages with different forms of agriculture", *The Pakistan Development Review,* vol.29:1.

Lessinger, J. 1995, *From the Ganges to the Hudson: Indian immigrants in New York City,* Boston: Allyn and Bacon.

Lessinger, J. 2003, "Indian immigrants in the United States: the emergence of a transnational population", *Culture and Economy in the Indian Diaspora,* London and New York: Routledge.

Lorey, D.E. & William H. Beezley.(eds.) 2002, *Genocide, Collective Violence. and Popular Memory: politics of remembrance in the twentieth century,* Wilmington: SR Books.

Mahmood, C. K. 1996, *Fighting for Faith and Nation: Dialogues with Sikh Militants*, Philadelphia: University of Pennsylvania Press.

Mahmood, C. K. 1996, "Why Sikh Fight" in Alvin Wolfe and Honggang Yang(eds.) *Anthropological Contributions to Conflict Resolution*, University of Gorgia Press.

Mand, Kanwal, 2002, "place, gender and power in transnational Sikh marriages", *Global Networks,* 2:3. pp.233–248.

Marcus, G. E. & Michael Fisher, 1986, *Anthropology as Cultural Critique,* Chicago: University of Chicago.

Mayer, A. C. 1966, *Caste and Kinship in Central India,* California: University of California.

McLeod, W. H. 1975, *The Evolution of Sikh Community: Five Essays*, Delhi: Oxford University Press.

McLeod, W. H. 1980, *Early Sikh Tradition: A Study of the Janam–Sakhis*, Oxford: Clarendon Press.

McLeod, W. H. 1984, *Textual Sources for the Study of Sikhism*, Manchester: Manchester University Press.

McLeod, W. H. 1986, *Punjabis in New Zealand,* Amritsar: Guru Nanak University Press.

McLeod, W. H. 1987, *The Chaupa Singh Rahit–Namas*, Dunedin: University of Otago Press.

McLeod, W. H. 1989, "The First Forty Years of Sikh Migration", in Barrier and Dusenbery, *The Sikh Diaspora,* Delhi: Chanakya Publications.

McLeod, W. H. 1992, *Who is a Sikh? The Problem of Sikh Identity*, Oxford : Clarendon Press.

McLeod, W. H. 2007, *Essays in Sikh History, Tradition, and Society*, Delhi: Oxford University Press.

Mooney, N. 2006, "aspiration, reunification and gender transformation in Jat Sikh marriages from Indian to Canada", *Global Networks,* 6:4. pp.389–403.

Nanavati Commission, 2005, *Report of Justice Nanavati Commission of Inquiry,* vols 1 and 2.

Nandy Chandan, 2002, "Lashkar to Train Khalistan Militants at ISI's Behest", *The Hindustan Times*, April 9.

Narang, A. S. 1983, *Storm over the Sutlej : the Akali politics,* New Delhi: Gitanjali.

Naveed–I–Rahat, 1990, *Male Outmigration and Matri–Weighted Households: a case study of a Punjabi Village in Pakistan,* Delhi: HPC.

Nayar, K. E. 2004, *The Sikh Diaspora in Vancouver,* Toronto: University of Toronto Press.

New York Times, 1990, "Attack by Punjab Gunmen Kills 13 and Wounds 15 at a Market", November 21.

Oberoi, H. 1994, *The Construction of Religious Boundaries: Culture, Identity and Diversity within the Sikh Tradition*, New Delhi: Oxford University Press.

Office of the Registrar General, 2003 *Census of India 2001*. Government of India.

Osella, C. & Filippo Osella, 2004, "migration and the commoditisation of ritual: sacrifice, spectacle and contestation in Kelala, India", Filippo Osella & Gardner, K.(eds.), *Migration, modernity and social transformation in South Asia,* New Delhi: Sage.

Pandey G. 1990a, *The Construction of Communalism in North India,* Delhi: Oxford University Press.

Pandey G. 1990b, "the Colonial Construction of Communalism: British Writings on Banaras in the 19c". Veena Das(ed.), *Mirrors of Violence: Communities, Riots and Survivors in South Asia,* Delhi: Oxford University Press.

Pandey G. 1993, "Rallying round the Cow: Sectarian strife in the Bhojpuri Region", Ranjit Guha(ed.), *Subaltern Studies II: Writings on South Asian History and Society,* Delhi: Oxford Uni- versity Press.

People's Union for Democratic Rights and the People's Union for Civil Liberties, 1984, *Who Are the Guilty? : Report of a Joint Inquiry into the Causes and Impact of the Riots in Delhi from 31 October to 10 November, 1984,* New Delhi: PUDR and PUCL.

People's Union for Democratic Rights, 1992, *1984 Carnage in Delhi: a Report on the Aftermath.*

Pettigrew, J. 1975, *Robber Nobleman: a study of the political system of the Sikh Jats,* London: RKP.

Pettigrew. J. 1995, "Achieving a New Frontier: Rural political Patterns and their Impact on Sikh Independence Movement", *International Journal of Punjab Studies*, April, 2:1.

Portes, A. & Guarnizo, L. E. 1995, "The study of transnationalism : pitfalls and promises of an emergent research field", *Ethnic and Racial Studies,* 22.

Portes, A. 1997, "immigration theory for a new century: some problems and opportunities", *International Migration Review,* 31.

Puri, H. K. 1992, "1992 Elections in Punjab: problems of democratization in a strife–torn state" conference paper at *the International Conference on the Democritization Process in South Asia*, 19–22 August 1992, Colombo, Sri Lanka.

Puri, H. K. 2003, "Scheduled castes in Sikh Community: a historical perspective", *Economic and Political Weekly,* June: 2693–2701.

Ranganath Mishra Commission, 1986, *Report of Justice Ranganath Mishra Commission of Inquiry. vols. 1 and 2*, New Delhi: S. N.

Rouse Roser, 1995, "Questions of identity, personhood and collectivity in the transnational migration to the US", *Critique of Anthropology,* 15(4).

Sandhu, K.S. 1972, "Indian Immigration and Racial Prejudice in British Colombia", J. V. Minghi(ed.) *Peoples of the Living Land,* Vancouver: Tantalus Research Limited.

Scott, G. M. 1990, "A resynthesis of the primordial and circumstantial approaches to ethnic group solidarity: towards an explanatory model, *Ethnic and Racial Studies,* vol. 13(2).

Shackle, C. 1995, *A Guru Nanak Glossary*, New Delhi: Heritage Publishers.

Shani, Giorgio, 2000, "The Construction of a Sikh National Identity", *South Asia Research*, 20:1.

Shiromani Akali Dal, 1978, *The Anandpur Sahib Resolution.*

Shiromani Akali Dal, 1992, "Appeal by Shiromani Akali Dal and Shiromani Gurdwara Parbandhak Committee to the United Nations", *World Sikh News,* 2 (June).

Singh Dhillon, Gurdarshan, 1996, *Truth about Punjab: S.G.P.C. White Paper,* Chandigarh: S.G.P.C.

Singh, Bhagat, 2001, *Canadian Sikhs through the Century, 1897~1997,* Delhi: Gyan Sagar.

Singh, Ganda, 1970, *The Sikhs in Canada and California*, Patiala: Punjabi University.

Singh, Gurharpal, 1992, "the punjab Elections 1992: Breakthrough or Breakdown?", *Asian Survey*, vol.32, No. 11.

Singh, Gurharpal, 1996, "Punjab since 1984: Disorder, Order, and Legitimacy", *Asian Survey*, April, 36: 4.

Singh, Gurhapal, 2000, *Ethnic Conflict in India: a Case study of Punjab*, Basingstoke: Macmillan.

Singh, Harbans, 1992, *The Encyclopedia of Sikhism: Vol 1*, Patiala: Punjab University Press.

Singh, Harbans, 1994, *The Heritage of the Sikhs*, Delhi: Manohar.

Singh, I. P. 1977, 'Caste in a Sikh Village' in H. Singh(ed.) *Caste among Non-Hindus in India*, Delhi: National Publishing House.

Singh, Jodh, 1998, *Varan Bhai Gurdas: Vols 1 and 2,* New Delhi: Vision and Venture.

Singh, Khushwant, 1963, *A History of the Sikh: Vol 2*, Princeton: Princeton University Press.

Singh, Manmohan, 1996, *Sri Guru Granth Sahib*, Amritsar: Shiromani Gurdwara Parbandhak Committee.

Singh, Mohinder, 1978, *The Akali Movement*, India: Macmillan.

Singh, M, P. 2005, "Religion and Conflict in India: A Sikh Perspective", *The Round Table: The Commonwealth Journal of International Affairs,* 94: 382, pp.589–598.

Singh, Narindar, 1994, *Canadian Sikhs : History, Religion, and Culture of Sikhs in North America,* Ottawa: Canadian Sikhs' Studies Institute.

Singh, Pashaura, 1999, *Sikh Identity: Continuity and Changes*, New Delhi: Manohar.

Singh, Teja, 1984, *Sikhism: Its Ideals and Institutions*, Calcutta: Orient Longman.

Sluka, J. A.(ed.). 2000, *Death Squad : the anthropology of state terror*, Philadelphia: University of Pennsylvania Press.

Smith Michael P. & Guarnizo, Luis, E. 1998, "The locations of Transnationalism" in M. P. Smith & L. E. Guarnizo(eds.), *Transnationalism From Below*, New Brunswick: Transaction Books.

Smith, R. C. 2006, *Mexican New York: transnational lives of new immigrants,* Los Angeles: University of California Press.

Spicer, E. 1971. "persistent identity system", *Science*. vol. 4011.

Stalker, P. 김보영 역, 2004, 『국제 이주』, 서울: 이소출판사.

Statistics Canada, 2005 *Census of Canada 2001.*

Surjeet, J. 1985. *Bindranwale Sant.* Jalandhar: Punjab Pocket Books.

Tambiah, S. J. 1996. *Leveling Crowds : ethnonationalist conflicts and collective violence in South Asia,* New Delhi : Vistaar Publication.

Tarlo, E. 2000. "welcome to History: a resettlement Colony in the making", Veronique Dupont et al.(eds.) *Delhi : Urban Space and Human Destinies,* New Delhi: Manohar.

Tatla, D. S. 1999 *The Sikh Diaspora : the search for statehood,* Seattle:

University of Washington Press.

Tatla, D. S. 2004, "Rural Roots of the Sikh Diaspora", Ian Talbot & Shinder Thandi(eds.), *People on the Move: Punjabi Colonial, and post-Colonial migration,* Oxford: Oxford University Press.

Tatla, D. S. 2006, "The Morning After: Trauma, Memory and the Sikh Predicament since 1984", *Sikh Formations*, 2:1, pp. 57–88.

Telegraph, 1991, "Candidates Elimination Plan in Punjab", May 15.

Telford, H. 1992. "the Political Economy of Punjab", *Asian Survey*, vol. 32:11. pp.969–987.

Thakar, O. K. 2005, *Sikh Identity: An Exploration of Groups among Sikhs*, Aldershot: Ashgate.

Thandhi, S. S. 2006, "Punjabi diaspora and homeland Relations", *Seminar : Re-Imaging Punjab*. No. 567.

The Indian Express, 2001. 11. 11 일자

Oberon, J. P. S. 1969. "The Five Symbols of Sikhism'. in Fauja Singh. et al.(eds.)", *Sikhism,* Patiala: Punjabi University Press.

United Press International, 1987. "Two more bus attacks bring death toll to 67 in 24 hours", July 7.

Varshney, A. 2002. *Ethnic Conflict and Civic Life*, New Delhi: Oxford University Press.

Vertovec, S. & Cohen, R. 1999, "Introduction" Vertovec, S. & Cohen, R.(eds.). *Migration, Diaspora and Transnationalism : Theory, Context, and Practice,* Oxford: Oxford university Press.

Vertovec, S. 2004, "cheap calls : the social glue of migrant transnationalism", *Global Networks,* 4(2).

Voigt-Graf, C. 2004, "towards a geography of transnational spaces: Indian transnational communities in Australia", *Global Networks,* 4:1. pp.25–49.

Wallace, P. 1989, "Religious and Ethnic Politics: political mobilization in Punjab" in F. R. Franel and M. S. A. Rao(eds.) *Dominance and State Power in Modern India: decline of a social order,* vol. II, Delhi: Oxford University Press.

Wallace, P. and S. Chopra(eds.). 1981, *Political Dynamics of Punjab,* Amritsar: Guru Nanak Dev University Press.

Walton-Roberts, M. 2001, "Returning, Remitting, Reshaping: Non-Resident Indians and the Transformation of Society and Space in Punjab, India", *Research on Immigration and Integration in the Metropolis Working Paper Series.*

Xiang, B. 2001, "structuration of indian information technology professionals's migration to Australia: an ethnographic study", *International Migration,* 39: 5. pp.73-88.

색인

ㄱ

거리의 종말___236, 243
결합가족___221, 225, 226, 227, 230, 231
계약노동자___53, 204, 211
고드라 사건___106, 107
고빈드 싱___18, 19, 20, 21, 24, 39, 43, 44, 58, 61, 72, 77, 80, 172
고인드왈___16, 17
고트라___48
구 이민자___135, 136, 145, 146, 148, 152
구루___13~18, 23, 25, 28, 29, 32, 43~45, 50, 55, 58~61, 80, 101, 140, 141, 147, 153, 159, 160, 172, 183, 185, 190, 198, 199
구루 그란티 사힙___17, 23, 28, 29, 50, 80
구루 나낙 사원___150, 151, 153, 155, 156, 158, 164
구루므크___15
구르다스푸르___38, 80, 117, 210
구르드와라___23, 24, 26~28, 33, 46, 48~50, 53, 61, 62, 66, 69, 125, 127, 128, 130~132, 134, 136, 137, 147~150, 163, 164, 166, 173, 174, 182, 185~187, 193, 195, 196, 198, 199, 214, 222, 239
구르드와라 중앙운영위원회___24, 27, 33, 48, 50, 61
구르바니___16
국가자원봉사단___64
국가 집단폭력___84, 106, 107
국제 바바르 칼사___112, 122, 129, 130
국제시크청년연맹___127, 128, 130, 131, 136, 151, 156, 166
국제이주___6, 204~211, 216, 220~223, 225~229, 231~233, 235, 241, 243
그란티___17, 22, 26, 222
근원주의___6, 57, 73, 74
급진파___105, 108, 123, 125~127, 130, 132, 136, 142, 147, 151~155, 158, 162, 164~166, 169, 172~174

ㄴ

나나와티 위원회___87, 92, 102, 103
나낙___13~17, 43, 54, 58, 157, 159, 161, 162
남바르다르___181, 182, 183, 199, 214
네루___37, 64, 65
NRIs___234
니란카리___66, 80, 81

ㄷ

다문화주의___124, 134, 145, 146, 163, 165, 166, 170, 171, 174

다쉬메쉬 다르바르___131, 142, 156 ~160, 162, 164, 169
다쉬메쉬 다르바르 사원___150, 155, 158~161
달리트___50, 53, 141
담다미 타크살___39, 66, 112
델리___6, 20, 21, 39, 41, 70, 71, 83, 84, 87~89, 92~99, 101, 104, 105, 110, 150, 152, 220, 236, 237, 239
도아비___42, 62
도압___42, 207, 211, 212, 216, 225, 234, 237, 241

ㄹ

라비다스___44, 49, 50, 53, 54, 139, 140~143, 207, 213, 214
라비다스 사원___140~142
라지브 간디___40, 72, 88, 101, 102, 104, 108, 109, 111
라히트나마___19, 23
란간나쓰 미스라 위원회___87
란지트 싱___21, 22, 45, 47, 61, 155
람가리아___47, 51, 52, 139, 142, 143
랑가르___43, 45, 49, 140~142, 154, 155, 158~161, 164
레하트 마르야다___24, 29, 30
루디아나___38, 80, 114, 178, 210, 213, 220, 232, 237

ㅁ

마자비 시크___46, 47, 49, 53, 62, 97, 180, 185~187, 189, 193, 196 ~198
마자이___42, 62
마하사바___64, 65
마한트___26~28
만모한 싱___102, 103
만무크___15
만지___16
말와___42, 76, 138
말와이___42, 62, 138
모나___30
무갈제국___17, 20, 21, 26
무슬림___13, 14, 18, 19, 20, 32, 35, 36, 45, 51, 56, 57~59, 61, 62, 64, 70, 85, 86, 105~107, 153, 178, 179, 183, 186, 190, 206, 244
무장 게릴라___75, 107, 108, 112, 115~117, 119~121, 126, 131, 152
무장투쟁___82, 83, 108, 111, 113, 116~118, 121

ㅂ

바르나___42, 45, 55
바바르 칼사___127, 128, 136, 152, 168
바이 구르다스___14, 15
바이샤___14
방글라 댄스___98, 234
방기___94, 179, 185, 186, 189, 193
배사키___16, 17, 18, 171~174
밴쿠버___34, 126, 127, 130~133, 137~139, 141, 143, 144, 147, 149 ~152, 154, 160, 161, 163, 169, 172, 173, 210, 211, 230, 231, 237, 238
밴쿠버 선___131
분리주의 운동___56, 57, 75, 108
불가촉천민___25, 26, 42~44, 46~

50, 54, 94, 95, 97, 139~141, 160, 195, 196, 198~200, 213~216, 218~221
브라만__14, 23, 25, 42, 45, 47, 48, 180, 182, 203, 207, 214, 217, 219, 223, 231
블랙턴더작전__113
블루스타작전__39, 70, 72, 82, 83, 107, 108, 123, 168, 173
빈드란왈레__39, 66~68, 70, 77~80, 82, 83, 110~112, 172, 173

ㅅ

사하즈다리__19, 21, 23, 30
상무적__46, 17, 20, 46, 58, 71, 108
상황주의__57, 73, 74
서리(Surrey)__34, 132, 142, 148, 149, 150, 153, 155, 156, 158, 160, 171~173
서트레즈__22, 42
세계시크조직__127, 131, 137, 151, 156, 166~168, 173
세속주의__56, 64, 72, 80
세피다르__52
세피다리__52
순교자__110, 117, 118, 129, 151, 172, 173
슈드라__45, 47, 51, 231
시로마니 아칼리 달__28, 36, 49, 231
시크교__13~17, 21, 23~25, 28, 34, 35, 41~49, 54, 55, 57~59, 70, 71, 73, 79, 80, 101, 110, 141, 147, 152~154, 157, 162, 180, 182~185, 192
시크 게릴라__108
시크 대학살__72, 74~76, 83, 84, 86, 87, 90~93, 95, 96, 98, 99, 101~108, 110, 122, 125, 126, 132, 137, 142, 145, 150, 168, 169, 173
시크 민족주의__38, 76, 77, 79
시크 분리주의 운동__98, 107, 121, 125, 151, 169
시크 연대__46, 70, 124, 133, 211, 226, 242
시크 전투주의자__38, 71
시크 정체성__16~18, 21, 23, 26, 30, 42, 57~59, 61~63, 71~75, 108, 165, 168, 174
시크 종족성__56, 68, 72, 73
신 이민자__127, 135~137, 144~148, 151, 152, 164
싱(Singh)__18, 29, 200
싱사바__23~26, 60, 61, 142, 156, 158
싱사바 사원__150, 155~157, 160, 161, 164
싱사바 운동__22, 25, 26, 42, 48, 60, 61, 73, 75

ㅇ

아난드푸르__69
아난드푸르 사힙 결의안__38, 67, 69, 78, 79, 81, 82
아디 그란티__17
아로라__47, 54, 55, 76, 179, 180, 182, 187, 196~198, 201
아르잔__17
아리야 사마즈__24, 25, 60, 64
아마르다스__16, 17

아므리크 싱___39, 82, 112
아므리트___44
아므리트다리___19, 22, 30
아요디야 사건___106, 107
아칼 타크트___18, 59, 68, 70, 154, 155, 161
아칼리___26~29, 39
아칼리 달___28, 36, 37, 39, 40, 49, 62~69, 76~82, 111, 112, 122, 231
아칼리 운동___22,26~28, 61, 73, 75
암리차르___18, 21, 24, 28, 38, 48, 60, 67, 80, 81, 112, 114, 154, 210, 220, 237, 238
암베드카르___48, 49, 50, 141
에어 인디아 폭파사건___130, 131, 170
여성 역할 가중적인 가구___225, 242
온건파___39, 109, 125, 128, 132, 136, 146, 149, 152, 154, 155, 157, 161, 162, 164
우타르프라데시___94, 115, 215
이주___32, 33, 36~38, 53, 95, 110, 124, 126, 132, 136, 142, 143, 147, 148, 160, 161, 163, 166, 178~180, 183, 185, 189, 190, 194, 204~212, 215~233, 236, 239, 241~243
이주문화___32, 204, 206~212, 216, 241~243
인권침해___90, 108, 116, 118~123, 125, 167~169
인도국민회의___62, 75, 81, 86~95, 98, 101~107
인디라 간디___39, 66, 67, 69~72, 75, 78, 80, 81, 83, 84, 86~90, 92, 94, 98, 102, 104, 108, 109, 110, 111, 126, 127, 150, 173, 174
인정의 정치___170, 174
입문식___15, 16, 19, 22, 29, 30, 144, 145, 152, 153, 157, 159, 164, 181, 184

ㅈ

자나 상___64, 65, 66
자나타 당___79, 122
자트___17, 43~46,48, 50, 51~54, 76, 95, 121, 137, 139, 140, 142, 180, 183
자트 시크___32, 44~53, 62, 65, 77, 97, 121, 137, 139, 140~143, 145, 160, 164, 179~185, 187, 189~191, 194, 196~201, 203, 207, 210, 211, 213~217, 219~222, 224~227, 229~233, 233, 236, 239~241, 243
잘란다르___37, 207, 210, 213, 216, 220, 233, 237
재정착지구___88, 89, 91, 94~98, 100
전인도 시크학생동맹___77
전투주의자___71
정체성___13, 14, 16, 19, 20, 24~26, 30, 56, 59, 60, 62, 72~76, 132, 138, 161, 165, 166, 170, 171, 174, 190
정체성의 정치___132
종족 갈등___56
종족성___57, 58, 63, 73, 74

종파적 운동___56
중앙운영위원회___28, 29

ㅊ

차마르___44, 53, 94, 141, 187, 193, 199
찬디가르___33, 37, 38, 41, 69, 112, 238, 239
초국가적___33, 124, 167, 204, 205, 208, 229, 235, 239, 241, 243
초국가적 중매혼인___229, 231, 233, 242, 243
초국가주의___235
최고칼사기구___26, 60

ㅋ

카라 프라사드___43, 47
카스트구조___25
카스트제도___14, 18
카트리 시크___32, 62, 97
칼리스탄___40, 67, 68, 70, 112, 118, 121, 127~130, 137, 151~153, 158, 166, 169, 171, 173, 174
칼리스탄 운동___33, 57, 75, 105, 108, 113, 118~124, 127, 128, 130, 131, 141~143, 150, 151, 153, 156, 161, 166~174
칼리스탄 카운슬___127, 137, 155, 168
칼리스탄 코만도 병력___112~114, 131, 153
칼리스탄 해방군___112, 128
칼사___14, 18~22, 24, 25, 43, 44, 47, 61, 66, 71, 72, 79, 109, 149
칼사 디완 소사이어티___132~135, 143, 154, 155, 157, 158, 163
칼사 라즈___77
칼사 판쓰___59
칼사단___14, 20, 72, 172
캉가___18
캐널 컬러니___37, 46, 124, 210, 211, 242
케스___14, 18, 30
케스다리___19, 30
코르(Kaur)___19, 29, 48, 163
코뮤날리즘___85, 86, 91
쿠르타-파자마___182
쿠르티-가그라___190
쿠르티-렝가___190
크샤트리아___14, 55, 203
키르판___18, 77, 128, 134, 136, 144, 156, 159, 184

ㅌ

터번착용___19, 21, 30~34, 128

ㅍ

파르다___18, 227
5Ks___18~20, 22, 23, 29, 30, 46, 60, 61, 73, 143, 146, 147, 152, 155, 158~159, 162, 164, 184, 185
판쓰___21, 59
판즈 피아레___61
펀자비___21
펀자비 수바___37, 63, 65, 69, 73, 75, 76
평등주의___25, 47, 121, 154, 164

ㅎ

하르고빈드__17, 18, 72
하리야나__37, 38, 41, 76, 94, 115, 117, 178, 182, 186~189
하만디르 사힙__17, 21
할랄__18, 19, 153
호시아르푸르__38, 210
황금사원__17, 18, 21, 28, 39, 47, 48, 68, 70, 71, 75, 81~83, 86, 104, 107~110, 112, 113, 123, 126, 130, 137, 142, 150
힌두__13, 14, 16~18, 21, 23~28, 31, 36, 37~39, 42~48, 50~62, 64~66, 68, 70~74, 77, 80, 83~86, 88, 90~95, 97~99, 104~108, 110, 112~116, 122, 144, 151, 166, 178~182, 183, 185~195, 197, 199~203, 214, 215, 231

저자

김경학

인도 자와할랄 네루대학교에서 인류학 박사학위를 받고 현재 전남대학교 인류학과 교수로 재직중이다.
주요 저서로 「인도문화와 카스트 구조」, 「국제이주와 인도인 디아스포라」, 「카스트: 지속과 변화」(공저), 「암소와 갠지스」(공저), 「귀환의 신화: 해외 인도인의 이주와 정착」(공저), 역서로는 「남자도 아닌 여자도 아닌 히즈라」 등이 있다.

터번의 문화정치

-시크의 초국가적 민족주의-

인쇄 | 2008년 11월 1일
발행 | 2008년 11월 5일

저자 | 김경학
발행 | 김윤수
발행처 | 전남대학교출판부

등록 | 1981. 5. 21. 제53호
주소 | 500-757 광주광역시 북구 용봉동 300
전화 | (062) 530-0571~3
팩스 | (062) 530-0579
홈페이지 | http://altair.chonnam.ac.kr/~cnup

값 10,000원

ISBN 978-89-7598-694-9 (93300)

이 도서의 국립중앙도서관 출판시도서목록(CIP)은 e-CIP홈페이지 (http://www.nl.go.kr/cip.php)에서 이용하실 수 있습니다.
(CIP제어번호: CIP2008003244)